Tschechisch

kommunikativ

Tschechisch 1
kommunikativ

Jana Maidlová | Marek Nekula

Bibliografische Informationen *Der Deutschen Bibliothek*
Die Deutsche Bibliothek verzeichnet diese Publikation in der Deutschen Nationalbibliografie; detaillierte Daten sind im Internet über http://dnb.ddb.de abrufbar

Bildnachweise:
ČTK: Milan Kundera, S. 19, Jaromír Jágr, S. 97
Vladimír Renčín, S. 70
Umělecké sbírky Pražského hradu: Božena Němcová, S. 111
Archiv LN: Karte, S. 121
ČMH: Bedřich Smetana, S. 128
Dalibor Kusák: Litomyšl, S. 128
Dědicové: Josef Lada, S. 141
DIMA: Schwejk, S. 142
MUSÉE D´ORSAY, PARIS: Vincent van Gogh, S. 148
Weitere Fotos: Dana Kolářová

Schmetterling Verlag GmbH
Lindenspürstr. 38b
70176 Stuttgart
www.Schmetterling-Verlag.de
Der Schmetterling Verlag ist Mitglied von aLiVe.

ISBN 3-89657-863-4
2., überarbeitete Auflage 2009
Printed in Czech Republic

Satz und Reproduktionen: Schmetterling Verlag
Druck und Binden: EURO PB, Pribram

Tschechisch kommunikativ – zum Geleit

Das vorliegende Lehrbuch verfolgt ein einfaches Ziel, wie es sich der Fremdsprachenunterricht allgemein setzt. Es will Tschechischlektoren und philologisch nicht geschulten Studierenden mit deutschem Sprachhintergrund eine Stütze bei der gemeinsamen Erarbeitung aktiver und passiver Kompetenzen im gesprochenen und geschriebenen Tschechisch sein. Im Vordergrund steht dabei die Entwicklung aktiver und passiver Kompetenzen in der gesprochenen Sprache anhand alltagstypischer Kommunikationssituationen. Die Konzeption des Lehrbuchs löst damit ein, was der Titel verspricht: es ist ein kommunikatives Lehrbuch, nach Wahl der Themen und Dialogsituationen ebenso wie nach seinem Aufbau, seiner Gliederung, den grammatischen Erläuterungen sowie Art und Form der Übungen.

Dieses kommunikative Prinzip bestimmt nicht nur die Auswahl, sondern auch die Abfolge der Texte, die alltagstypische Kommunikationssituationen spiegeln und von elementaren zu differenzierteren, komplexeren Dialogstrukturen voranschreiten: Begrüßung, Vorstellung, Verweis auf Dinge, Zuordnung von Eigenschaften, Besitzen und Inbesitznehmen von Dingen, Richtungsangaben, Zugehörigkeit, Mittelgebrauch etc.

Jede dieser Modellsituationen ist in eine modellhafte Satzkonstruktion gefasst, deren Kern das Verb bildet. Das Verb ist also nicht nur Zentrum des Satzes, sondern zugleich die Achse des Kommunizierens über gegenwärtige, zukünftige und vergangene Wirklichkeit, über Dinge, die sich ereignet haben, ereignen konnten oder ereignen sollen bzw. die geschehen sind, geschehen konnten oder geschehen sollten. Somit bildet das Verb gleichsam die Achse des vorliegenden Lehrbuchs, das besonderen Nachdruck auf eine rasche Vermittlung der Verbalkategorien legt (neben Person und Numerus vor allem Tempus und Aspekt), um baldmöglichst ein komplexeres Kommunikationsniveau zu erreichen.

Anhand der Modellsituationen, und somit über das Verb, wird Schritt für Schritt die im Tschechischen differenzierteste Nominalkategorie eingeführt – der Fall (Kasus). Die grammatischen Erläuterungen zu den Modellsätzen unterscheiden dabei bewusst nicht zwischen substantivischer, adjektivischer und pronominaler Deklination. Es wird umgekehrt gerade deren Ähnlichkeit hervorgehoben, um positive Synergien im Lernprozess zu aktivieren.

Die grammatischen Erläuterungen selbst orientieren sich vor allem an kommunikativen Prinzipien. Ausgangsbasis ist der Text bzw. die Modellsituation, wobei das jeweils im Text verankerte Phänomen über Fragen als allgemeines, paradigmatisches Phänomen der tschechischen Sprache erkennbar wird. Die grammatischen Erläuterungen stützen sich auf einen Modellsatz, eine modellhafte Verbindung etc., nicht auf eine abstrakte Terminologie. Diese ist bewusst auf ein Minimum reduziert, wie es zumindest bei Abiturienten vorausgesetzt werden kann. Wo nötig, verweisen die Erläuterungen zu Grammatik und Lexik auf Unterschiede zwischen dem Tschechischen und Deutschen (so ist beispielsweise in den Vokabellisten ein Genusunterschied bei Äquivalenten farbig markiert); umgekehrt machen sich die Erläuterungen auch Parallelen zwischen dem Tschechischen und Deutschen zunutze und lassen sich somit meist vereinfachend in einem Modellsatz oder einer Modellverbindung zusammenfassen.

Auch bei den anderen Wortarten lag den Autoren daran, die Erläuterungen im Text zu verankern bzw. sie aus dem Text heraus zu motivieren. Wo möglich, wie z. B. bei Adverbien, Präpositionen und Konjunktionen, beschränken sich die jeweiligen Erläuterungen auf einen Modellsatz und eine vereinfachte Beschreibung der Bedeutungsbeziehungen.

Teil I und II des Lehrbuchs Tschechisch kommunikativ vermitteln nach und nach alle grundlegenden Verbal- und Nominalkategorien, die grundlegenden Konjugations- und Deklinationsparadigmen (Überblick in Teil II), die wichtigsten Satz- bzw. Satzgefügetypen, die für ein richtiges und erfolgreiches Kommunizieren im Alltag relevant sind.

Das Lehrbuch gibt also keine komplexe Beschreibung der Grammatik und Lexik des Tschechischen, einschließlich aller Ausnahmen und ephemeren Erscheinungen sowie deren historischer Genese. Es will keineswegs eine Grammatik ersetzen. So finden zwar in Teil II z. B. die Transgressiva Erwähnung, doch nur um ihre passive Beherrschung zu sichern sowie deren Bildung für einzelne, frequentierte Verben vorzustellen. Andererseits vermeidet das Lehrbuch eine künstliche Vereinfachung des sprachlichen Systems des Tschechischen, denn eine erfolgreiche Kommunikation in den Alltagssituationen ist anders nicht zu erreichen. Daher werden die geläufigen (systematischen) Alternationen innerhalb der Konjugations- und Deklinationsparadigmen eingeführt, nicht jedoch die Alternationen im Randwortschatz, ephemere Unregelmäßigkeiten oder stilistische und territoriale Dubletten. Das gilt insbesondere für die Formen des Gemeinböhmischen (sog. obecná čeština), denen weder in territorialer noch in funktional-stilistischer Hinsicht Allgemeingültigkeit zukommt.

Von kommunikativen Richtlinien gelenkt war ebenso die Eingrenzung des Wortschatzes. Vermittelt wird in erster Linie ein Grundwortschatz von ca. 2 000 – 2 500 lexikalischen Einheiten, mit dem problemlos 80% der geläufigen Texte verstanden und alltagstypische Kommunikationssituationen bewältigt werden können. Die Autoren haben hier zum einen aus den von František Čermák (Ústav Českého národního korpusu) zur Verfügung gestellten Materialien für das Frequenzwörterbuch geschöpft, zum anderen haben sie sich an dem Gemeinsamen europäischen Referenzrahmen für Sprachen orientiert, der für Tschechisch vom tschechischen Schulministerium herausgegeben wurde.

Auch die Wahl und konkrete Konzipierung bestimmter Übungstypen, die Text und Grammatik jeweils weiter ausführen, erfolgte unter kommunikativen Gesichtspunkten. Dies findet seinen deutlichen Ausdruck in den zahlreichen dialogischen und phonetischen Übungen, in den Hörübungen auf Grundlage der zum Lehrbuch gehörigen CD sowie in der graphischen Gestaltung. Obwohl wir davon ausgehen, dass das Lehrbuch unter Anleitung eines Lektors eingesetzt wird, der, falls nötig, die grammatischen Erläuterungen ergänzt oder bei den Übungen Hilfestellungen gibt, enthält das Lehrbuch einen Schlüssel zu den Übungen. Das ermöglicht und erleichtert ein selbständiges Arbeiten mit dem Lehrbuch.

Das Lehrbuch war ursprünglich konsequent zweisprachig konzipiert. Doch haben sich die Autoren in Hinblick auf den Umfang des Buches letztlich dazu entschlossen, neben den deutschen Erläuterungen zur Grammatik auch die Aufgabenstellung u. ä. nur auf Deutsch anzugeben, sofern dadurch nicht – sei es in einer Überschrift oder Anleitung – ein tschechisches Schlüsselwort verloren geht, auf das sich der Text oder die Übung bezieht und das gelernt und geübt werden soll. Auf eine vollständige Zweisprachigkeit haben die Autoren auch verzichtet, weil diese sich in der Praxis nicht in der erwarteten Weise bewährt hat. Eine tschechische Aufgabenstellung hätte zudem – auch dies ein Grund davon abzusehen – Terminologie in tschechischer Sprache mit sich gebracht, die man in die deutschen Erläuterungen zur Grammatik hätte inkorporieren müssen, was zu einer Überfrachtung des Textes geführt hätte.

Das vorliegende Lehrbuch erwuchs zunächst auf der Grundlage von Lehrmaterialien für Studierende des Bohemicum an den Universitäten Regensburg und Passau, d. h. für Studierende verschiedener z.T. überwiegend nichtphilologischer Fächer, die im Rahmen des Bohemicum-Programms neben fachlichen Kenntnissen auch Grundkenntnisse des Tschechischen erwerben. Nach und nach zeigte sich, dass die Lehrmaterialien, die auch anderweitig, z. B. in Kursen für die Regierung der Oberpfalz, zum Einsatz kamen, gerade wegen ihrer nichtphilologischen Ausrichtung auch für eine Verwendung außerhalb des universitären Kontextes sehr gut geeignet sind. Dies war den Autoren Anlass, sich zu einer Veröffentlichung in Buchform zu entschließen.

Danken möchten die Autoren an dieser Stelle etlichen Generationen von Studierenden für ihre inspirative Mitarbeit während ihrer Studienzeit am Bohemicum Regensburg-Passau, in der sie das Lehrbuch in konkretem Einsatz auf die Probe stellten. Den Lektorenkollegen, insbesondere Eva Trnková, Kateřina Šichová, Renata Sirota-Frohnauer, Kristine Kallert, Lenka Nerlich und Václav Maidl, gilt unser Dank für Hinweise und Anregungen, die aus der Arbeit mit dem Lehrbuch hervorgingen. Dank gebührt ebenso der Fotografin Dana Kolářová, den Korrektoren Solveig Schlee und Kristina Kallert sowie den Rezensenten Lea Vyskočilová, Norbert Nübler und Oldřich Uličný, die das Manuskript in seinem Entstehen mit hilfreichen sachlichen und formalen Anmerkungen begleitet haben.

Genau wie die oben genannten Kolleginnen und Kollegen haben auch die beiden Autoren auf unterschiedliche Weise und in unterschiedlichem Maße zu diesem Lehrbuch beigetragen. Die intensivste Zusammenarbeit bestand in der Anfangsphase, als es darum ging, die oben skizzierte Gesamtkonzeption des Lehrbuchs zu entwerfen, d.h. das kommunikative Konzept zu formulieren, den grundlegenden inhaltlichen Umfang abzustecken und den formalen Aufbau festzulegen. Dieser Konzeption hat Jana Maidlová durch die Auswahl der Basis- und Ergänzungstexte, der Illustrationen und Übungen, durch die Entwürfe der Grammatiktexte und Vokabelteile eine konkrete Form verliehen, wobei sie auf ihre langjährige Erfahrung als Lektorin für Tschechisch als Fremdsprache zurückgreifen konnte. Der Koautor begleitete diese Phase als kritischer Leser des Manuskriptes. Die dritte Phase war wiederum von enger Zusammenarbeit beider Autoren bestimmt. Tabellen und grammatische Erläuterungen wurden einer grundsätzlichen Revision unterzogen und gewannen auf der Grundlage ihrer ursprünglichen Skizzierung neue Gestalt – nicht selten als Ergebnis wiederholter Debatten, in denen nicht nur um eine möglichst unkomplizierte Form der Präsentation gerungen wurde, sondern häufig auch um einen annehmbaren Kompromiss zwischen Theorie und Praxis. Beide Autoren haben diese Diskussionen als bereichernd empfunden. Mag das vorliegende Lehrbuch auch seinen Benutzern eine Bereicherung sein.

Regensburg, den 26. Juni 2007
Jana Maidlová und Marek Nekula

Inhalt

Inhalt

Erklärung der Symbole / Piktogramme im Lehrbuch

T Texte
Fettdruck von Vokalen und Sonanten in Texten bezeichnet die Wortbetonung, Unterstreichung die Satzbetonung

T Interessante Orte / Persönlichkeiten in der Tschechischen Republik

§ Grammatik, allgemeine Regeln
Das Geschlecht der Substantive wird durch die Farben Blau, Rot, Grün angezeigt: Maskulinum, Femininum, Neutrum

P Redewendung, Phrase

P Sprichwort

ÜA Übungen – Aussprache

ÜB Übungen

V Vokabeln zum Lernen – aktiver Wortschatz

V Vokabeln zu landeskundlichen Texten – passiver Wortschatz,
m – Maskulinum, f – Femininum, n – Neutrum, Adj. – Adjektiv, Adv. – Adverb, Präp. + A. – Präposition mit Akkusativ, Konj. – Konjunktion, Pl. – Plural, i. – imperfektiv(es Verb), p. – perfektiv(es Verb), umg. – umgangssprachlich]

Hörtext (Originaltexte finden sich im Schlüssel zu den Übungen)

Arbeit zu zweit oder in Gruppen

Text oder Übung zum selbständigen Lesen

schriftliche Übung

Hörübung, Originaltext findet man im Schlüssel zu den Übungen

siehe Schlüssel zu den Übungen

zusätzliche Aufgaben

grammatische Übungen

? Fragen zur Grammatik und zu allgemeinen Regeln

T1 Posloucháme a opakujeme. Texte zum Hören und Wiederholen.

track 01

KDO JE TO?
Wer ist das?

CO JE TO?
Was ist das?

TO JE KATEŘINA HOROVÁ.
Das ist Katharina Hora.

KATEŘINA JE ČEŠKA.
Katharina ist Tschechin.

JE STUDENTKA.
Sie ist Studentin.

TO JE VIKTOR KELLNAR.
Das ist Viktor Kellnar.

VIKTOR JE ŠVÝCAR.
Viktor ist Schweizer.

JE UČITEL.
Er ist Lehrer.

RODINA KATEŘINY JE VELKÁ.
Katharinas Familie ist groß.

OTEC, MATKA, STARŠÍ BRATR, MLADŠÍ BRATR A SESTRA.
Der Vater, die Mutter, der ältere Bruder, der jüngere Bruder, die Schwester.

RODINA VIKTORA JE MALÁ.
Viktors Familie ist klein.

OTEC PRACUJE JAKO MANAŽER.
Der Vater arbeitet als Manager.

MATKA JE SEKRETÁŘKA.
Die Mutter ist Sekretärin.

VIKTOR A KATEŘINA BYDLÍ V PRAZE.
Viktor und Katharina wohnen in Prag.

MAJÍ HEZKÝ BYT.
Sie haben eine schöne Wohnung.

BYT LEŽÍ VE STŘEDU MĚSTA.
Die Wohnung liegt in der Stadtmitte.

TO JE ŠKOLA. TADY VIKTOR PRACUJE.
Das ist die Schule. Hier arbeitet Viktor.

TO JE UNIVERZITA.
TADY KATEŘINA STUDUJE.
Das ist die Universität. Hier studiert Katharina.

TO JSOU JEJICH KAMARÁDI – AMERIČAN BOB, NĚMEC THOMAS A ITALKA JULIA
Das sind ihre Freunde – der Amerikaner Bob, der Deutsche Thomas und die Italienerin Julia.

T2 První rozhovory Erste Gespräche

rack 02

pozdrav — **Gruß**

A:	Dobrý den. Jak se máte?	Guten Tag. Wie geht es Ihnen?
B:	Děkuji, dobře. (docela dobře, výborně, (u)jde to, fajn, prima, fantasticky, špatně...) A vy?	Danke, gut. (ganz gut, ausgezeichnet, es geht, fein, prima, fantastisch, schlecht...) Und Ihnen?
A:	Děkuji, mám se taky dobře. Na shledanou.	Danke, es geht mir auch gut. Auf Wiedersehen.
B:	Na shledanou.	Auf Wiedersehen.

jméno — **Name**

A:	Ahoj. Jak se máš?	Hallo. Wie geht es dir?
B:	Díky, fajn. A ty?	Danke, prima. Und dir?
A:	Jde to. Tak ahoj.	Es geht. Also tschüß.
B:	Ahoj.	Tschüß.

A:	Jak se jmenujete?	Wie heißen Sie?
B:	Jmenuji se ... . (Jsem ... .) A jak se jmenujete vy?	Ich heiße ... . (Ich bin ... .) Und wie heißen Sie?
A:	Já se jmenuju ... . (Já jsem ... .)	Ich heiße ... . (Ich bin ... .)
B:	Těší mě.	Freut mich.

národnost — **Nationalität**

A:	Jste Čech / Češka?	Sind Sie Tscheche / Tschechin?
B:	Ne, nejsem. Jsem Němec / Němka. (Rakušan / Rakušanka, Švýcar / Švýcarka, Evropan / Evropanka)	Nein, das bin ich nicht. Ich bin Deutscher/Deutsche. (Österreicher / Österreicherin, Schweizer / Schweizerin, Europäer / Europäerin.)

A:	Odkud jste?	Woher sind Sie?
B:	Jsem z Německa. (z Rakouska, ze Švýcarska...)	Ich bin aus Deutschland. (aus Österreich, aus der Schweiz)
A:	A odkud konkrétně jste?	Und woher sind Sie genau?
B:	Jsem z Berlína. (z Řezna, z Pasova...) A odkud jste vy?	Ich bin aus Berlin. (aus Regensburg, aus Passau...) Und woher sind Sie?
A:	Z České republiky, z Prahy.	Aus der Tschechischen Republik, aus Prag.

jazyk — **Sprache**

A:	Mluvíte česky? (německy, anglicky, francouzsky, španělsky, italsky...)	Sprechen Sie tschechisch? (deutsch, englisch, französisch, spanisch, italienisch...)
B:	Ne, ještě ne, ale učím se česky. A vy? Rozumíte už dobře česky?	Nein, noch nicht, aber ich lerne Tschechisch. Und Sie? Verstehen Sie schon gut Tschechisch?
A:	Ne, rozumím jen trochu (málo) česky.	Nein, ich verstehe nur ein bisschen (wenig) Tschechisch.

prosím ? — **Bitte ?**

A:	Promiňte, jak se jmenujete?	Entschuldigung, wie heißen Sie?
B:	Ivana Pátková.	Ivana Pátková.
A:	Prosím? Nerozumím. Ještě jednou, prosím. Pomalu, zřetelně a nahlas.	Bitte? Ich verstehe nicht. Noch einmal bitte. Langsam, deutlich und laut.
B:	I v a n a P á t k o v á .	Ivana Pátková.
A:	Děkuju. Těší mě.	Danke. Freut mich.

Die Aussprache im Tschechischen

§1 DAS ALPHABET Abeceda

Das tschechische Alphabet, nach dem sich auch die Anordnung der Wörter im Wörterbuch richtet, besteht aus folgenden Einheiten:

a	b	c	č	d	ď	e	f	g	h	ch	i	j	k	l	m	n	ň	o	p	q	r	ř	s	š	t	ť	u	v	w	x	y	z	ž
á	bé	cé	čé	dé	ďé	é	ef	gé	há	chá	í	jé	ká	el	em	en	eň	ó	pé	kvé	er	eř	es	eš	té	ťé	ú	vé	dvojité vé	iks	ypsilon	zet	žet

Die tschechischen Buchstaben sind jedoch weitaus mannigfaltiger:
a, á, b, c, č, d, ď, e, é, ě, f, g, h, ch, i, í, j, k, l, m, n, ň, o, ó, p, q, r, ř, s, š, t, ť, u, ú, ů, v, w, x, y, ý, z, ž

? Was fällt an den tschechischen Buchstaben auf den ersten Blick auf?

? Welche diakritischen Zeichen fehlen im Tschechischen im Vergleich mit dem Deutschen?

´	**čárka**	Strich, Dehnzeichen, indiziert die lange Aussprache der Vokale
ˇ	**háček**	Häkchen, hat mehrere Funktionen; gedruckt hat es auch folgende Form: *ď, ť*
ů	**kroužek**	Kringel, indiziert die lange Aussprache von *u* im Wortstamm und in den Endungen

§2 DIE VOKALE

Das Tschechische hat fünf kurze und fünf lange Vokale sowie den Diphthong ***ou*** (in Fremdwörtern auch ***au***, ***eu***...). Im Wörterbuch sind Lang- und Kurzvokale jedoch eine Ordnungseinheit, d.h. ***é*** = ***e*** u.a.

- ***i/y*** und ***í/ý*** sind zwei Schreibungen desselben Vokals [i] und [i:]
- ***ú/ů*** sind zwei Schreibungen desselben Vokals [u:], wobei ***ú*** am Wortanfang, in Fremdwörtern auch im Wortstamm steht
- ***ia/ie/iu/ii*** bezeichnen keine Diphthonge, diese Buchstabenkombinationen werden als [ija/ije/iju/iji] ausgesprochen
- ***eu*** wird nicht [oj] wie im Deutschen, sondern [eu] ausgesprochen
- ***ě*** jeweils in Kombinationen ***bě*** [bje], ***ně*** [ňe], ***mě*** [mňe] u.a. ☞ § 4

Track 03

		ähnlich wie	**andere Beispiele**
a	**pas**	Pass	tam, mapa, pan, hala, karta, lampa, Jana
á	**pár**	Paar	já, mám, ráda, pátek, káva, nová, dává
e	**den** (Tag) *(offener, fast wie ä)*	Hände	teta, deset, jeden, les, pes, Egypt, jedeme
é	**lék** (Medikament)	Bär	mléko, lépe, léto, velké, nové, atašé
i/y	**list** (Blatt) / **my** (wir)	Fisch	mi, Iva, pivo, Igor, psi, byt, ryby, byli, psy
í/ý	**mír** / **mýt** (waschen)	Frieden	mít, místo, jídlo, prosí, sýr, dobrý, být, bílý
o	**rok** (Jahr)	Rosse	Olga, maso, komora, robot, to, potok
ó	**móda**	Rose	pól, sólo, móda, góly, hypnóza, óda
u	**rum**	Rum	ruka, nesu, kupuju, kultura, Ulrich
ú/ů	**úkol** (Aufgabe) / **dům** (Haus)	Ruhm	úl, úkol, pedikúra, půl, můra, dolů, pilotů
ou	**mouka** (Mehl)	*engl.* low	nesou, dlouho, houby, louka, jedou, veselou
au/eu	**auto/eufemismus**	Auto/ —	fauna, autor, pseudonym, leukémie, euro

(ia/ie/iu/ii) **Marie** Francie, v Anglii, médium, rádio, diagnóza
[ija/ije/iju/iji] [Marije]

§3 DIE KONSONANTEN

Das Tschechische hat 25 Konsonanten.

- ***ch*** ist eine Buchstabenkombination für die Bezeichnung eines Konsonanten. Im tschechischen Alphabet wird ***ch*** als eine Einheit verstanden und hinter ***h*** und vor ***i*** genannt: ... – *e* – *f* – *g* – *h* – ***ch*** – *i* – ... Im Wörterbuch finden sich Wörter, die auf ***ch*** anfangen, wie *chata, chápat, chlap* u.a., demnach hinter den Wörtern, die auf ***h*** anfangen (ähnlich auch im Wortstamm).
- ***p***, ***t***, ***k*** werden ohne Aspiration ausgesprochen, also tsch. *Petr* [petr], aber dt. *Peter* [p^he:tɐ].
- ***r*** und ***l*** (ausnahmsweise auch ***m***) können Silben bilden: *k**r**k, sve**tr**, ty**gr**, v**l**k, jab**lk**o, sed**m**, os**m***. ☞ L 6 ÜA 1
- ***ř*** wird wie gerolltes Zungenspitzen-*r* bei gleichzeitigem Zischen ausgesprochen.

In der tschechischen Rechtschreibung werden **harte**, **weiche** und **ambivalente** Konsonanten unterschieden. Diese Unterscheidung der Konsonanten ist v.a. bei Maskulina auch für die Deklination von Bedeutung.

Track 04

		ähnlich wie im Dt.	andere Beispiele
Harte Konsonanten: in Wörtern und Endungen tschechischen Ursprungs kann nach diesen in der Regel kein i/í folgen			
g	**guma**	**G**ummi	Golem, gram, laguna, legát, gól
h	**hora** (Berg) *(immer ausgesprochen)*	**H**onig	Hana, Hugo, nahá, mnoho, tehdy
ch	**chyba** (Fehler) *(nur ach-Laut)*	la**ch**en	chór, chaos, socha, kachna, smích
k	**klavír** *(nicht aspiriert)*	**K**lavier	Karel, koruna, pátek, peklo, rok
r	**rok** (Jahr)	**R**ock	Rudolf, ryba, horor, sestra, rek
d	**doma** (zu Hause)	**D**amm	Dita, dáma, jede, tady, týden
t	**tato** (diese) *(nicht aspiriert)*	**V**ater	Tereza, také, most, táta, let, ten
n	**ne** (nein)	**n**ein	Norman, ano, duben, nosit, ten

Weiche Konsonanten: y/ý sind danach ausgeschlossen			
ž	**žurnál**	Journal	žurnalista, žena, nože, růže, žába
š	**šál**	**Sch**al	škola, píše, náš, šest, šaty, myš
č	**česky**	**tsch**echisch	Čech, proč, čas, číslo, kočka, míč
ř	**řeka** (Fluss)	*bai.* Wur**sch**t	moře, dobře, tři, řada, přítel, lékař
c	**citron**	**Z**itrone	co, cibule, police, celý, otec, moc
j	**jak** (wie)	**j**eder	Jana, myje, háj, pokoj, jeden
ď	**Naďa** *(Zunge in j-Stellung)*	(Na**dj**a) [ď] nicht [dj]	ďábel, Maďar, Vláďa, ďas
ť	**Taťána** *(Zunge in j-Stellung)*	(Ta**tj**ana) [ť] nicht [tj]	plať, neboť, vrať, taťka
ň	**koňak** *(Zunge in j-Stellung)*	Ko**gn**ak	kůň, Máňa, braň, chraň, Táňa
Ambivalente Konsonanten: nach diesen richtet sich die Schreibweise von **i, í / y, ý** nach spezifischen Regeln			
b	**bomba**	**B**ombe	byl, bílý, sobota, babička, nebe
f	**forma**	**F**orm, **V**ater	film, fyzika, filozof, Francouz
l	**láska** (Liebe)	**L**iebe	Lenka, malý, ukulele, král, nával
m	**móda**	**M**ode	my, mám, maminka, vím, vidíme
p	**Pavel** *(nicht aspiriert)*	Rau**p**e	Petr, pop, lépe, Praha, pípa, pivo
s	**syn** (Sohn)	Stra**ß**e	Simona, kus, nese, systém, atlas
v	**víno** (Wein)	**W**ein	Viktor, nová, vy, vyvede, voda
z	**zlato** (Gold)	bö**s**e, **R**ose	Zita, zase, sezam, zinek, zima

§4 DIE AUSSPRACHE VON BUCHSTABENKOMBINATIONEN

(in Wörtern tschechischen Ursprungs und Endungen)

track 05

d		**[ď + i/í]**	rodina, divadlo, dívka, hadi, vidí, divný	
t	**+ i/í**	**[ť + i/í]**	ti, tisíc, ticho, nutí, platí, tikat, potíže, na trati	☞ **L 3 ÜA 1,2**
n		**[ň + i/í]**	kniha, nic, nikdo, zedník, ničit, polní, niť	
d		**[ď + e]**	dělat, dělo, neděle, děti, děkuji, lodě, dělník	
t	**+ ě**	**[ť + e]**	stěna, těšit, tělo, těžký, kotě, v botě, na kontě	☞ **L 3 ÜA 1,2**
n		**[ň + e]**	něco, někdo, snědl, několik, v Brně, o Daně	
b		**[bje]**	obě, běžet, oběť, běsi, v době, na chodbě, oběd	
p	**+ ě**	**[pje]**	pět, pěkný, na mapě, pěstuje, napětí, pěst	☞ **L 4 ÜA 1**
v		**[vje]**	věc, vědět, věta, v kávě, věž, vězení, Věra	
f		**[fje]**	v Alfě, na harfě	
m	**+ ě**	**[mňe]**	město, měsíc, náměstí, změna, mě, země, měřit	☞ **L 4 ÜA 1**

Folgende Konsonantengruppen werden anders ausgesprochen als im Deutschen:

sp, st	**[sp, st]**	~~[šp, št]~~	sport, spát, stůl, stačí, stabilní, stan, spálit
sch = zwei Laute	**[sch]**	~~[š]~~	schody, schéma, schránka, schází, schizofrenie
ck = zwei Laute	**[ck]**	~~[k]~~	německý, vědecký, herecký

§5 DIE ASSIMILATION

Die meisten Konsonanten bilden Paare, die sich durch den Gegensatz stimmlos – stimmhaft unterscheiden: ***p – b, t – d, ť – ď, k – g, f – v, s – z, š – ž, ch – h***. ☞ **L 2 ÜA 3** Ähnlich wie im Deutschen wird dieser Gegensatz am Wortende (Neutralisation) und in der Kombination von Konsonanten aufgehoben (Assimilation). ☞ **L 8 ÜA 1,2** Stimmhafte Konsonanten, die keine Paare bilden wie ***r, l, m, n, ň, j*** sind an der Assimilation nicht beteiligt:

Neutralisation am Wortende vor der Pause:

b → [p]	dub, chléb	v → [f]	páv, dav	d → [t]	hlad, lid	
z → [s]	bez, obraz	ď → [ť]	teď, loď	ž → [š]	muž, pláž	☞ **L 8 ÜA 1**
g → [k]	gong, geolog	h → [x]	sníh, práh			
ř → [ř]	keř, tvář	☞ **L 4 ÜA 2**				

Assimilation in Konsonantengruppen:

- assimiliert wird in der Regel **regressiv**: der letzte assimilatorisch aktive Konsonant bestimmt die Aussprache der Konsonantengruppe:

stimmhafter K. (SH) + stimmloser K. (SL) = SLSL	*ry**bk**a* [ri**pk**a], *ste**zk**a* [ste**sk**a], *o**dp**or* [o**tp**or], *o**vš**em* [o**fš**em], *lo**ďk**a* [lo**ťk**a], *tu**žk**a* [tu**šk**a], *le**hk**ý* [le**xk**i:], ***v s**udu* [**fs**udu], ***z P**rahy* [**sp**rahi], ***od t**ebe* [o**tt**ebe] ***vzt**ah* [**fst**ax] ☞ **L 8 ÜA 2**
stimmloser K. (SL) + stimmhafter K. (SH) = SHSH	*pro**sb**a* [pro**zb**a], ***k d**omu* [**gd**omu], *fo**tb**al* [fo**db**al], ***kd**o* [**gd**o], ***sh**oda* [**zh**oda], *lé**čb**a* [le:**dž**ba]

- bei der Gruppe ***sh*** gibt es auch eine **progressive** Assimilation: die Aussprache richtet sich nach dem ersten Konsonanten; diese Aussprache ist in Böhmen üblich: ***sh**oda* [**sx**oda], *na **sh**ledanou* [na**sx**ledanou]
- ***v*** unterliegt der Assimilation, bedingt sie aber nicht: ***vš**ichni* [fšichňi], ABER ***sv**ést* [sve:st]

§6 BETONUNG UND INTONATION

Im Tschechischen liegt die Betonung auf der ersten Silbe: *Zuzana, Berlín, literatura, proti domu.*

Einsilbige Präpositionen übernehmen die Wortbetonung vom folgenden Wort und bilden mit ihm auditiv eine Einheit (**na** koncert, **do** školy, **za** hodinu); treffen dabei Konsonanten aufeinander, erfolgt auch hier regressive Assimilation (**nad** postel [natpostel]). ☞ **L 9 ÜA 1, 2**

Nichtsilbische Präpositionen tragen keine Betonung und werden zusammen mit dem folgenden Wort ausgesprochen: *v Bernu* [vbernu], *s Karlem* [skarlem], regressive Assimilation: *v Praze* [fpraze], *z pošty* [spošti].

Die Silbenlänge wird vom Akzent nicht beeinflusst, die Länge wird in allen Positionen voll ausgesprochen; eine lange Silbe wird nur betont, wenn sie am Wortanfang steht: *nový, Dvořáková, paní, veselé, máma, dále.*

Aussagesätze und Ergänzungsfragen zeichnen sich wie im Deutschen durch eine fallende Kadenz aus. Da tschechische Entscheidungsfragen (Antwort: Ja/Nein) die gleiche Wortfolge haben können wie Aussagesätze, ist bei ihnen eine steigende Kadenz (Antikadenz) obligatorisch.

To je český student? Bydlíš v Praze? Učíte se česky? — — — _ ‾ ‾ Antikadenz
Entscheidungsfrage

Jak se jmenuješ? Kde Jana bydlí? — — ‾ — _ | ‾ — — _ _ Kadenz
Ergänzungsfrage ☞ **L 2 ÜA 1**

T3 Beispiele tschechischer Lyrik

Karel Hynek Mácha: Máj

Tschechischer Dichter der Romantik und Begründer der modernen tschechischen Lyrik

track 06

Byl pozdní večer – první máj – večerní máj – byl lásky čas. Hrdliččin zval ku lásce hlas, kde borový zaváněl háj. O lásce šeptal tichý mech; květoucí strom lhal lásky žel, svou lásku slavík růži pěl, růžinu jevil vonný vzdech	Ein Abend spät – der erste Mai – ein Abendmai – der Liebe Zeit. Wo Föhren Düfte streuen weit, das Täubchen ruft zur Lieb herbei. Von Liebe lispelt leis das Moos, Leid log der Baum im Blütenschwall, der Rose sang die Nachtigall, ihr, deren Duft war Liebe bloß. (übersetzt von **Otto F. Babler**)

Jan Skácel: Naděje s bukovými křídly

Mährischer Dichter der 2. Hälfte des 20. Jahrhunderts

rosniček rosných hlasy rosné (a ráno bývá neúprosné) za všechny co jsou v srdci bosí hlasitě z čisté rosy prosí	die laubigen laubfrösche bitten laut (der morgen stellt sich häufig taub und blind) mit laub auf den stimmen mit zungen betaut für alle die im herzen barfuß sind (übersetzt von **Reiner Kunze**)

T4 EIN TSCHECHISCHES VOLKSLIED

track 07

Česká

NA TOM PRAŽSKÝM MOSTĚ

2. Já tam tudy půjdu, zalejvat ji budu,
ona se mi zazelená, já ji trhat budu.

1. *Auf der Prager Brücke,*
wächst Rosmarin,
niemand gießt ihn,
er wächst ganz von selbst.

2. *Ich werde dort entlang gehen,*
werde ihn gießen,
er wird für mich grünen,
ich werde ihn pflücken

T5 Was wissen Sie über die Tschechische Republik?

Wichtige Daten aus der tschechischen Geschichte

Was passt zusammen?

a)	863	**1. upálení Mistra Jana Husa v Kostnici** Verbrennung von Magister Johannes Hus in Konstanz
b)	929 (935)	**2. první Habsburk na českém trůně** der erste Habsburger auf dem böhmischen Thron
c)	1306	**3. existence protektorátu Čechy a Morava** Protektorat Böhmen und Mähren
d)	1348	**4. převratová „sametová" revoluce** „samtene" Revolution (Wende)
e)	1415	**5. Cyril a Metoděj přišli na Moravu** Kyrill und Method kamen nach Mähren
f)	1526	**6. okupace Československa tzv. „bratrskými" státy** Okkupation der Tschechoslowakei durch die sog. „Bruderstaaten"
g)	1620	**7. komunistický puč „Vítězný únor"** kommunistischer Putsch „Siegreicher Februar"
h)	1918	**8. vznik Československa** Entstehung der Tschechoslowakei
i)	1939–45	**9. smrt svatého Václava** Tod des heiligen Wenzel
j)	1948	**10. vznik České republiky** Entstehung der Tschechischen Republik
k)	1968	**11. konec přemyslovské dynastie** Ende der Přemysliden-Dynastie
l)	1989	**12. Karel IV. založil Karlovu univerzitu** Karl IV. gründete die Karlsuniversität
m)	1993	**13. bitva na Bílé hoře** Schlacht am Weißen Berg

[Lösung **a** 5, **b** 9, **c** 11, **d** 12, **e** 1, **f** 2, **g** 13, **h** 8, **i** 3, **j** 7, **k** 6, **l** 4, **m** 10]

JMÉNO – JAZYK – ZEMĚ – POVOLÁNÍ

T1 Kdo je to? Wer ist das?

ack 08 Kateřina Horová je z České republiky, konkrétně z Brna. Je Češka. Bydlí v Praze a je studentka. Mluví německy a učí se anglicky. Je to energická a atraktivní žena.

• Dobrý den. Jak se jmenujete?	Kateřina: Jmenuji se Kateřina Horová.
• Jste Češka?	Kateřina: Ano, jsem Češka.
• Odkud jste? Jste z Prahy?	Kateřina: Ne, nejsem. Jsem z Brna.
• Kde bydlíte?	Kateřina: Bydlím v Praze.
• Pracujete v Praze?	Kateřina: Ne, nepracuji, jsem studentka.
• Mluvíte dobře anglicky?	Kateřina: Ne, mluvím jen trochu anglicky.

Viktor Kellnar je učitel. Bydlí také v Praze, ale je ze Švýcarska, z Bernu. Je Švýcar. Mluví francouzsky, německy, trochu italsky a docela dobře česky. Je to sympatický, aktivní muž.

Anworten Sie anstelle von Viktor:

• Ahoj. Jak se jmenuješ?	Viktor: . . . .
• Kde bydlíš?	Viktor: . . . .
• Odkud jsi?	Viktor: . . . .
• Odkud konkrétně jsi?	Viktor: . . . .
• Mluvíš česky?	Viktor: . . . .
• Jsi student?	Viktor: . . . .

T2 Jak mluví ... ? Wie sprechen die ... ? Ergänzen Sie:

? česky – italsky – německy – slovensky – polsky – maďarsky – francouzsky?

Německo
Němec a Němka mluví
. . . .

Polsko
Polák a Polka mluví
. . . .

Česká republika
Čech a Češka mluví
česky

Slovensko
Slovák a Slovenka mluví
. . . .

Švýcarsko
Švýcar a Švýcarka mluví
švýcarsky?

Rakousko
Rakušan a Rakušanka mluví
. . . .

Maďarsko
Maďar a Maďarka mluví
. . . .

ale	aber
ano, ne	ja, nein
bydlí, bydlet	er/sie/es wohnt, wohnen
bydlíš	du wohnst
docela dobře	ganz gut
jazyk	Sprache
je, být	er/sie/es ist, sein
jen	nur
jméno	Name
jmenovat se	heißen
jmenuješ se	du heißt
jmenujete se	Sie heißen
jsi	du bist
jste, být	Sie sind, sein
mluví, mluvit	er/sie/es spricht, sprechen
mluvíš	du sprichst
muž	Mann
odkud, kde	woher, wo
povolání	Beruf
pracujete, pracovat	Sie arbeiten, arbeiten
také	auch
to	das
trochu	ein bisschen
učí se, učit se	er/sie/es lernt, lernen
učitel	Lehrer
v Praze	in Prag
z Bernu	aus Bern
z České republiky	aus der Tsch. Rep.
z Brna	aus Brünn
ze Švýcarska	aus der Schweiz
země	Land
žena	Frau

Česká republika	Tsch. Republik
jak	wie
Maďarsko	Ungarn
Německo	Deutschland
Polsko	Polen
Rakousko	Österreich
Slovensko	Slowakei
Švýcarsko	Schweiz

Versuchen Sie nach Ihren ersten Erfahrungen mit der tschechischen Sprache folgende Fragen zu beantworten:

? Welche Wörter schreibt man im Tschechischen mit großen Anfangsbuchstaben? Notieren Sie Beispiele aus den Texten **T 1–3** . . . .

? Benutzt man im Tschechischen vor Substantiven einen Artikel? . . . .

§1 DIE SUBSTANTIVE

Jedes tschechische Substantiv zeichnet sich durch ein grammatisches Genus aus: **Maskulinum** *(student)* – **M**, **Femininum** *(studentka)* – **F** oder **Neutrum** *(auto)* – **N**.

Beim **Maskulinum** unterscheidet man noch die Kategorie **belebt** *(student)* – **Mb** und **unbelebt** *(problém)* – **Mu**. Tschechische Substantive haben keinen **Artikel.** Die Ausdrücke **ten**, **ta**, **to** (der, die, das), die das Genus indizieren können, sind Demonstrativpronomina, die beim Substantiv vorkommen können, aber nicht müssen: *To auto je luxusní. / Auto je luxusní.* Das Auto ist luxuriös.

Das **Genus** kann man im Tschechischen nach der **Endung** bzw. ihrem Fehlen im Nominativ Singular bestimmen. Der Konsonant im Auslaut bestimmt auch, ob das Substantiv **hart** oder **weich** dekliniert wird. Dies ist v.a. für Maskulina relevant. Bei Auslaut auf harten Konsonanten (**h, ch, k, r, d, t, n**) wird „hart" dekliniert – wie **pán** und **hrad**, Maskulina mit weichen Konsonanten im Auslaut (**ž, š, č, ř, c, j, ď, ť, ň**), mit Endung *-e* (*soudce* Richter) oder Suffix *-el* (*přítel* Freund) werden „weich" dekliniert – wie **muž** und **stroj**. In einigen wenigen Fällen werden auch Substantive mit ambivalenten Konsonanten im Auslaut „weich" dekliniert (*Francouz, Klaus*); in der Regel jedoch folgen die Substantive mit ambivalenten Konsonanten im Auslaut (**b, f, l, m, p, s, v, z**) der harten Deklination.

Nominativ Singular

Genus			Musterwort	Endung	
Maskulinum	**belebt**	„hart"	**pán**	∅	
		„weich"	**muž**		
	unbelebt	„hart"	**hrad**		
		„weich"	**stroj**		
Femininum			**žen**	**a**	1
			růž	**e**	2
			píseň		
			kost	∅	3
Neutrum			**měst**	**o**	
			kuř		
			moř	**e**	2
			nádraž	**í**	4

pán (Herr), **muž** (Mann), **hrad** (Burg), **stroj** (Maschine); **žena** (Frau), **růže** (Rose), **píseň** (Lied), **kost** (Knochen); **město** (Stadt), **kuře** (Huhn), **moře** (Meer), **nádraží** (Bahnhof)

✓[1] Endung *-a* haben auch einige Maskulina, ausschlaggebend für die Zuordnung zum grammatischen Genus ist in diesen Fällen das natürliche Geschlecht (*kolega, Ota, turista, fotbalista* – Suffix ***-ista*).**

✓[2] Bei den Substantiven mit Endung ***-e (-ě)*** muss das Genus gelernt werden (*akce*, *krize*, *televize*, ABER *slunce* Sonne, *nebe* Himmel und einige wenige wie *soudce* Richter).

✓[2,3] Substantive auf ***-ie*** (*teorie, Francie*), ***-kyně/-yně*** (*přítelkyně* Freundin), ***-ice*** (*ulice* Straße) und ***-ost*** (*radost* Freude) sind immer Feminina.

Feminina mit Konsonantenauslaut muss man lernen wie ***píseň*** Lied, *noc* Nacht, *postel* Bett.

✓[4] Substantive auf ***-í*** (mit Ausnahme von *paní* Frau) sowie Substantive lateinischen Ursprungs auf ***-um*** (*studium, muzeum, datum*) und Substantive griechischen Ursprungs auf ***-a*** (*téma*, *klima*, *schéma*) sind immer Neutra.

Das Genus im Tschechischen zu bestimmen ist daher meistens ziemlich leicht. Urteilen Sie selbst:

M	F	N
banán	**čokoláda**	**kakao**
citron	**limonáda**	**espreso**
koňak	**vodka**	**dynamo**
svetr	**blůza**	**sako**
Berlín	**Praha**	**Brno**

1. Bestimmen Sie von der Endung ausgehend das Genus der Substantive, indem Sie diese mit ten, ta, to verbinden:

rádio — proces — sport — kasino — jogurt — firma — kefír — gymnázium — matematika — kravata — banán — profesorka — Itálie — salám — mafie — systém — cyklus — náměstí (Platz) — pivo (Bier)

2. Bestimmen Sie das Genus der Fremdwörter sowie der Städte- und Ländernamen durch Eintrag in das entsprechende Viereck:

fotoaparát, kazeta, vesta, mandarinka, mandle, režisér, kokos, tango, špenát, konzerva, mango, salát, omeleta, režim, akvárium, klavír, vagon

Praha, Berlín, Maroko, Amerika, Francie, Indie, Hamburk, Ostrava, Německo, Ústí nad Labem

T3 Kdo je kdo? Wer ist wer?

Je dobrý sportovec.
Bydlí ve Londýně.
Není Angličan, je Čech.
Je výborný fotbalista.
Pracuje v Chelsea FC.

Jmenuje se . . . .

Není Polák, je Němec.
Bydlí ve Vatikánu.
Je profesor teologie.
Není mladý, je už starý.
Je papež.

To je . . . .

Je Italka.
Bydlí v Paříži.
Není modelka, je zpěvačka.
Je ještě mladá a velmi atraktivní.
Je první dáma Francie.

To je . . . .

Není žena.
Bydlí v Americe.
Je velmi optimistický.
Nemluví německy, ale anglicky.
Je první černý prezident USA.

Jmenuje se . . . .

Angličan	Engländer
černý	schwarz
dobrý	gut
fotbalista	Fußballer
ještě	noch
Italka	Italienerin
mladá	jung
modelka	Modell
papež	Papst
první	r,e erste
sportovec	Sportler
starý	alt
už	schon
velmi	sehr
v Americe	in Amerika
v Londýně	in London
v Paříž	in Paris
zpěvačka	Sängerin

Co patří ke komu? Was gehört zu wem?

VÁCLAV HAVEL

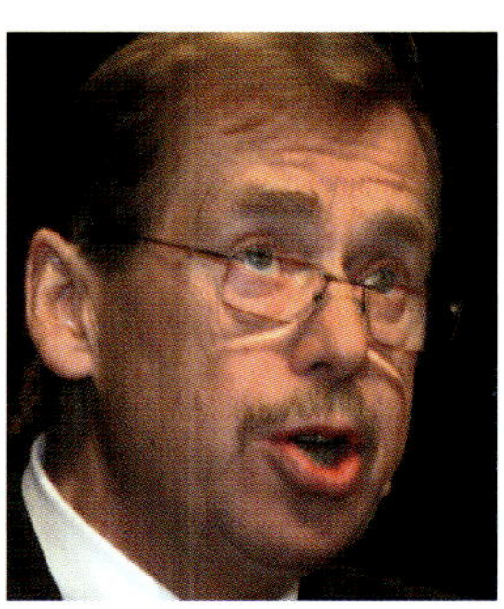

Bydlí ve Francii.
Je emigrant.
Je dramatik.
Bydlí v Praze.
Je exprezident.
Je Čech.
Je autor.
Je slavný muž.
Je politik.
Mluví dobře francouzsky.
Není Francouz.

MILAN KUNDERA

slavný	berühmt
ve Francii	in Frankreich

§2 DIE ADJEKTIVE

Im Tschechischen stimmen die Adjektive mit den Substantiven in Genus, Numerus und Kasus überein. Ähnlich wie bei den Substantiven unterscheidet man in der Deklination **harte** und **weiche** Adjektive. Harte Adjektive haben im Nominativ Singular unterschiedliche Formen für Maskulinum, Femininum und Neutrum, weiche Adjektive haben für alle drei Genera nur eine Endung.

Nomitativ Singular

Genus	hart		weich		
Maskulinum	star	ý	atraktivn	í	**muž**
Femininum	star	á	atraktivn	í	**žena**
Neutrum	star	é	atraktivn	í	**auto**

Die Adjektive stimmen mit dem Substantiv, auf das sie sich beziehen, in Genus, Numerus und Kasus überein, und zwar sowohl in attributiver wie in prädikativer Stellung:

1. **Attribut** vor dem Substantiv: To je starý muž. To je stará žena. To je staré auto.
2. Teil des **Prädikats:** Ten muž je starý. Ta žena je stará. To auto je staré.

▸▸ 1. Verbinden Sie die unten angegebenen Substantive

a)	**mit dem Adjektiv**	**nový**	**nová**	**nové**	neu
b)	**mit den Demonstrativpronomina**	**ten**	**ta**	**to**	
		tento	**tato**	**toto**	dieser, diese, dieses
		tamten	**tamta**	**tamto**	der/die/das dort

kytara — telefon — lampa — taška — piano — fotografie — televize — kino — opera — individuum — náměstí — computer — kalendář — disketa — blok — sanatorium — klinika — bar — kancelář — salon — klub

Adjektive fremden Ursprungs, die im Deutschen auf ***-isch*** enden, enden im Tschechischen auf ***-ický*** (***-iský***) / ***-ická*** / ***-ické***. Es sind also harte Adjektive. Beispiele:

realist**ischer** Roman	realist**ický** román
demokrat**ische** Politik	demokrat**ická** politika
fantast**isches** Auto	fantast**ické** auto

Adjektive fremden Ursprungs, die im Deutschen **kein** spezifisches **Suffix** haben, enden im Tschechischen auf ***-ní*** und gehören zu den weichen Adjektiven: subjektiv**ní** problém, naiv**ní** studentka, extravagant**ní** sako.

▸▸ 2. Übersetzen Sie folgende Adjektive fremden Ursprungs ins Tschechische:

kapitalistisch — objektiv — kritisch — modern — optimistisch — chaotisch — arrogant — aggressiv — fantastisch — korrekt — pragmatisch — sensitiv — komisch

▸▸ 3. Übersetzen Sie aus dem Tschechischen ins Deutsche:

bizarní architektura, kapitalistický systém, kritický dialog, problematické datum, naivní studentka, atraktivní žena, chaotická situace, komunistický stát, nervózní profesor, eventuální konflikt, demokratické Německo, japonský turista, extravagantní sako, psychická bariéra, fyzický kontakt

➲ Und jetzt umgekehrt!

(optimistisch) ... doktor, (modern) ... univerzita, (objektiv) ... problém, (realistisch) ... fotografie, (extravagant) ... žena, (aktiv) ... politika, (passiv) ... charakter, (philosophisch) ... literatura, (demokratisch) ... režim, (komisch) ... film, (fantastisch) ... auto

▸▸ 4. Suchen Sie das passende Adjektiv und setzen Sie die richtige Form ein:

dobrý český starý
fantastický naivní
špatný komický
mladý solidní
nový kritický atraktivní

To je . . . . studentka.
Škoda je . . . . auto.
Ten kufr je . . . .
Je to . . . . dialog?
Ta univerzita je . . . .
To je . . . . román.
Je to sako. . . . . ?
Miloš Forman je . . . . režisér.

dobrý	gut
mladý	jung
nový	neu
starý	alt

Sie haben sicher in T 1–3 weibliche und männliche Substantive oder Familiennamen bemerkt. Versuchen Sie anhand T 1–3 folgende Fragen zu beantworten:

? Wie unterscheiden sich Bezeichnungen der Männer und der Frauen? . . . .

? Welche Endung haben tschechische weibliche Familiennamen? . . . .

§3 DIE MOVIERUNG. FEMININA VON MASKULINA

Weibliche (Berufs)bezeichnungen werden am häufigsten mit ***-ka*** gebildet, seltener mit ***-(k)yně, -(n)ice***.

student, učitel, tenist**a**	student**ka**, učitel**ka**, tenist**ka**
ministr, přítel, koleg**a**	ministr**yně**, přítel**kyně**, koleg**yně**
sportov**ec** (auf *-ec,-ce*)	sportov**kyně**
úřed**ník** (auf *-ník*)	úřed**nice**

FAMILIENNAMEN

Weibliche Familiennamen werden meistens mit ***-ová*** gebildet. Ist der Familienname des Mannes der Form nach ein Adjektiv, hat der Frauenname die entsprechende feminine adjektivische Endung.

pan Kellnar	paní Kellnar**ová**
pan Hor**a**	paní Hor**ová**
pan Mar**ek** (auf *-ek, -el*) (*-e-* entfällt)	paní Mark**ová**
pan Dobr**ý**	paní Dobr**á** (hartes Adjektiv)
pan Koč**í**	paní Koč**í** (weiches Adjektiv)

✓ aber rodina Hor**ova** Familie Hora, rodina Kellnar**ova** Familie Kellnar (vgl. Possessivadjektiva im Buch 2, L16 §3)

✓ Hor**ovi** (die) Horas, Kellnar**ovi** (die) Kellnars

! To je **pan** Kellnar. Das ist Herr Kellnar. x ohne Nachnahmen: To je ten **pán**. Das ist der Herr.

▸▸ 1. Wenn eine Frau folgenden Beruf ausübt, ist sie ... *fotograf — **fotografka***

ekonom — kontrolor — šéf — reportér — inženýr — profesor — dirigent — premiér — žurnalista — doktor — manažer — režisér — kameraman — asistent — prezident — tenista — klavírista

▸▸ 2. Wie heißt die Ehefrau? *pan Novák — **paní Nováková***

pan Hynek — pan Starý — pan Nekuda — pan Kraus — pan Vorel — pan Forman — pan Navrátil — pan Seleš — pan Marek — pan Nový — pan Moderní

▸▸ 3. Bilden Sie Feminina von männlichen Substantiven und übersetzen Sie (falls nötig mit Wörterbuch):

M	F	Übersetzung	M	F	Übersetzung
doktor	doktorka	. . . .	žurnalist**a**	žurnalistka	. . . .
inženýr		. . . .	kamarád		. . . .
sekretář		. . . .	laborant		. . . .
manažer		. . . .	architekt		. . . .
člověk	. . .	. . . *Mensch*. . .	profesor		. . . .
pán	**paní**	. . . .	**muž**		. . . .
turist**a**		. . . .	optimista		. . . .
soused		. . . .	manžel		. . . .
Čech	Češka	. . . .	Něm**ec**	Něm**ka**	. . . .
Rus		. . . .	Angličan		. . . .
přítel	přítel**kyně**	. . . .	kolega		. . . .
úřed**ník**		. . . .	tlumoč**ník**	tlumoč**nice**	*Dolmetscher/-in*
! král	král**ovna**	. . . .	princ	princ**ezna**	. . . .

4. Ergänzen Sie mittels geeigneter Substantive die Informationen über ...

Kateřina *je žena, Češka, studentka, kamarádka... Není princezna, ale je optimistka...*
Pan Kellnar *je muž. Není Čech, je Švýcar. Je manažer, šéf, kolega...*
Viktor — pan Hora — princezna Diana — Bill Clinton — Claudia Schiffer — Boris Becker — já?

5. Wie heißt der Partner?

Lendl – . . . .
. . . . – Šrámková
Bican – . . . .
Pánek – . . . .
. . . . – Clintonová
Štácha – . . . .
Plachý – . . . .
. . . . – Vorlová
. . . . – Dlouhá
Bush – . . . .

Und wie heißt ihre Familie? rodina ***Lendlova, Lendlovi...***

T4 Čím jste? Was sind Sie (von Beruf)?

Pan Hora je inženýr.

Paní Horová je laborantka.

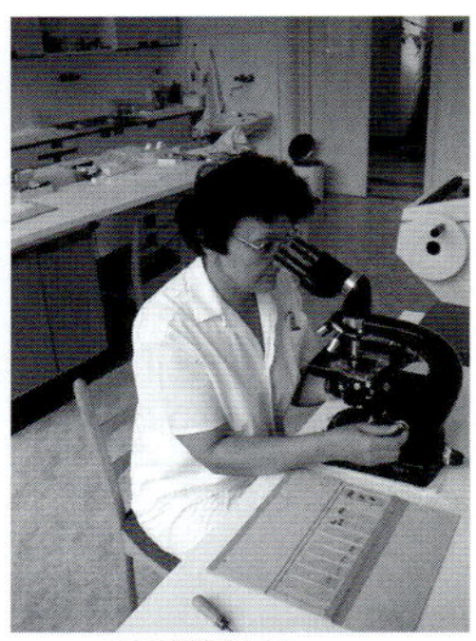

rodina Horova

Pan Kellnar pracuje jako manažer.

rodina Kellnarova

Paní Kellnarová je sekretářka.

Bratr Jan pracuje jako diplomat.

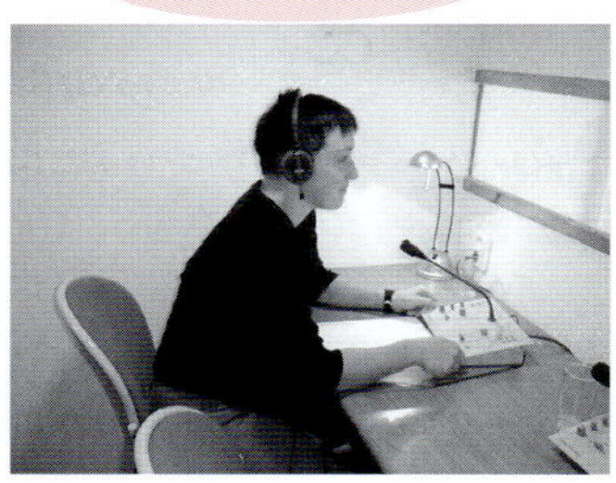

Sestra Eva je tlumočnice.

Bratr David je student gymnázia.

track 09

- Viktore, jsi student? V: Ne, jsem učitel.
  - Kateřino, jste také učitelka? K: Ne, jsem ještě studentka.
- Kateřino, sestra Eva je studentka? K: Ne, Eva je tlumočnice.
  - Kde pracuje bratr Jan? K: Jan pracuje jako diplomat v Berlíně.
- Pane Kellnare, čím jste? Pan K: Jsem manažer ve firmě Quartz.
  - Čím je paní Kellnarová? Pan K: Paní Kellnarová pracuje jako sekretářka.
- Davide, pracujete už? D: Ne, jsem ještě student.
  - Pane Hora, jste inženýr? Pan H: Ano, jsem inženýr projektant.
- A vy? Čím jste? ? . . . .

bratr	Bruder
cestuje, cestovat	er/sie/es reist, reisen
často	oft
ještě	noch
most, mosty	Brücke, n
pracuje jako	er/sie/es arbeitet als
rodina	Familie
sestra	Schwester
také	auch
tlumočnice	Dolmetscherin
už	schon
v Berlíně	in Berlin
ve firmě	in der Firma

Pan Hora je inženýr, inženýr projektant. Projektuje mosty. Pracuje ve firmě Mostprojekt. Bydlí v Brně, ale často cestuje.

Pan Kellnar je manažer ve firmě Quartz. Je Švýcar. Normálně bydlí v Bernu, ale momentálně pracuje v Praze.

In unseren Texten sind Sie Verben in den verschiedenen Personen des Singulars und Plurals begegnet. Können Sie nun folgende Fragen beantworten?

? Ist im Tschechischen das Personalpronomen als Subjekt notwendig? . . . .

? Welche Person benutzt man für die höfliche Anrede? . . . .

? Wie wird im Tschechischen die Verneinung ausgedrückt? . . . .

§4 DAS VERB

Das Verb ist der Ausgangspunkt des Satzes. An das Verb binden sich andere Satzglieder. Die Verben werden **konjugiert**, das heißt, dass sie Formen wie *děkuji* (ich danke), *bydlíš* (du wohnst), *jmenuje se* (er heißt) u.a. bilden. Das Tschechische unterscheidet beim Verb 3 Personen im Singular und im Plural. Das Tschechische hat nur drei Zeitformen: **Präsens** für die Gegenwart, **Präteritum** für die Vergangenheit und **Futur** für die Zukunft. In dieser Lektion konzentrieren wir uns auf das Präsens.

Bei der Anrede gibt es im Tschechischen neben dem informellen **Duzen** wie *Jak se jmenuješ?* (Wie heißt du?) die übliche **höfliche Anredeform** in der 2. Person Plural wie *Jak se jmenujete?* (Wie heißen Sie?) oder *Jste unavený?* (Sind Sie müde?), die funktional dem deutschen Siezen entspricht.

Die Negation wird im Tschechischen mittels der Partikel ***ne-*** gebildet, die dem Verb vorangestellt und mit diesem zusammengeschrieben wird: *nejsem, nebydlíš, nemluví*. Eine spezifische Negationsform des Verbs kommt nur in der 3. Person Singular des Verbs *být* sein (*je* – ***není***) vor.

▸▸ 1. Ausführlichere Informationen über die Konjugation der Verben finden Sie in L 3 § 2. Versuchen Sie hier die Verben aus T 1–4 einschließlich ihrer Negation einzufügen:

Personalpronomen	**být** sein	**jmenovat se** heißen	**mluvit** sprechen	**mít** haben
	SINGULAR			
1. já	jsem/**ne**jsem	jmenuji se / **ne**jmenuji se	................./**ne**mluvím	mám/.................
2. ty	jsi/**ne**jsi	jmenuješ se /..................	mluvíš/......................	máš/....................
3. on (M) **ona (F)** **ono (N)**	je/**není**	................/**ne**jmenuje se	mluví/........................	................/**ne**má
	PLURAL			
1. my	jsme/**ne**jsme	jmenujeme se/...............	.............../**ne**mluvíme	máme/...............
2. vy	jste /**ne**jste	............./**ne**jmenujete se	................./**ne**mluvíte	............./**ne**máte
3. oni (Mb) **ony (Mu, F)** **ona (N)**	jsou/**ne**jsou	jmenují se/.....................	mluví/........................	mají/..................

✓ Bei den **Reflexivverben** ändert sich das Reflexivpronomen ***se*** bei der Konjugation nicht, es hat nur eine Form für alle Personen im Sg. und Pl. und steht im Satz immer hinter dem ersten, betonten Glied bzw. Satzglied, da es keinen Wortakzent trägt.

Já	**se**	jmenuji Kateřina.
Ten učitel	**se**	jmenuje Viktor.
Jmenuje	**se**	Petr.
Jak	**se**	máš?

▸▸ 2. Auch wenn Personalpronomina als Subjekt im Tschechischen (bis auf Hervorhebungen) meistens nicht verwendet werden, ergänzen Sie sie hier entsprechend der Verbform von *být*:

...... jsem Češka. ***Já jsem Češka.***

. . . . . nejsi Švýcar? . . . . . není učitelka. . . . . . jsme v Praze. . . . . . je z Bernu. . . . . . není Rakušan, ... je Němec. . . . . . jste studentka? . . . . . jsou z Berlína. . . . . . jsi tady a . . . . . je tam. . . . . . . není dobrý student. . . . . . nejste inženýr? . . . . . nejsem profesor, ... jsem asistent. . . . . . je Polák a . . . . . je Němka.

▸▸ 3. Und jetzt umgekehrt! Ergänzen Sie die richtigen Formen von *být*:

Viktor . . . . . učitel. ***Viktor je učitel.***

Kateřina . . . . . studentka. Viktor a Kateřina . . . . . z Prahy. Kellnarovi . . . . . z Bernu. Ty . . . . . Němec? Vy . . . . . profesor? Pan Mareš . . . . . architekt. Já . . . . . sekretářka. Čím . . . . . ty? Petr a Pavel . . . . . tady. On . . . . . Američan a ona . . . . . Italka. Oni . . . . . v Praze. Já . . . . . z Berlína a odkud . . . . . vy?

➲ Lesen Sie die Sätze noch einmal, aber negiert:

Viktor . . . . . učitel. ***Viktor není učitel.***

▸▸ 4. Den deutschen Verben mit ***-ieren*** entsprechen im Tschechischen die Verben mit ***-ovat***. Diese Verben gehören demselben Konjugationstyp an wie das Verb ***jmenovat se***.

stud**ieren** — stud**ovat**
inform**ieren** — inform**ovat**
diskut**ieren** — diskut**ovat**
kritis**ieren** — kritiz**ovat**
inform**ieren** — . . . . .
reag**ieren** — . . . . .

Sg.	1. stud**uji/u**	**Pl.**	1. stud**ujeme**
	2. stud**uješ**		2. stud**ujete**
	3. stud**uje**		3. stud**ují/ou**

Verben, die in der 3. Sg. auf ***-uje*** enden, haben in der 1. Sg. und in der 3. Pl. **zwei korrekte Endungen**, wobei die Endungen ***-uji*** bzw. ***-ují*** als etwas förmlicher empfunden und daher auch im schriftlichen Ausdruck verwendet werden, die Endungen ***-uju*** bzw. ***-ujou*** hingegen im Alltagsstil geläufig sind.

Wie ist es deutsch?

rezervovat	***reservieren***	ilustrovat	. . . .	informovat	. . . .
modernizovat	. . . .	korigovat	. . . .	kontrolovat	. . . .
realizovat	. . . .	charakterizovat	. . . .	fotografovat	. . . .
faxovat	*faxen*	tancovat	*tanzen*	citovat	. . . .

Wie ist es tschechisch?

tolerieren	***tolerovat***	kapitulieren	. . . .	emigrieren	. . . .
argumentieren	. . . .	kombinieren	. . . .	illustrieren	. . . .
imitieren	. . . .	respektieren	. . . .	trainieren	. . . .
kommentieren	. . . .	realisieren	. . . .	initiieren	. . . .

Bilden Sie die 1. Sg. (1. Pl., 3. Pl. ...) von diesen Verben:

adresovat	***adresuji***	dirigovat	. . . .	fungovat	. . . .
specializovat se	. . . .	kopírovat	. . . .	inspirovat	. . . .
sympatizovat	. . . .	demonstrovat	. . . .	blokovat	. . . .
reprezentovat	. . . .	komentovat	. . . .	praktikovat	. . . .

T5 Jak se máš? Jak se máte? Wie geht es dir? Wie geht es Ihnen?

track 10

• Dobré ráno, paní Horová.
o Dobré ráno, Viktore. Jak se máte?
• Děkuji dobře. A vy?
o Taky dobře. Děkuji.
• Na shledanou a hezký den.

• Dobrý den, pane Kellnare. Jak se máte?
o Děkuji, výborně. A vy, Kateřino?
• Děkuji, docela dobře.
o Na shledanou.
• Večer na shledanou.

a vy?	und Ihnen?
děkuji, díky	danke
dobře	gut
dobré ráno	guten Morgen
hezký	schön
na shledanou	auf Wiedersehen
večer na shledanou	bis abends
výborně	ausgezeichnet

- Dobrý **v**ečer, Evo.
  - o **A**hoj, Viktore. Jak se máš?
- Díky, jde to, ale jsem **unavený**. A ty?
  - o Já se **m**ám fajn. Čau.
- Ahoj.

- Dobrou **noc**, Katko.
  - o Dobrou noc, Viktore.
- Dobrou a hezkou noc.

a ty?	und dir?
dobrou noc	gute Nacht
dobrý večer	guten Abend
jde to	es geht
unavený	müde

? Wie verändert sich die Form der Namen bei der Anrede? Schreiben Sie Beispiele aus **T 5** auf:

. . . .

§5 DIE ANREDE

Für die Anrede benutzt man im Tschechischen eine spezifische Form, den sog. **Vokativ**. Den Vokativ verwendet man in der Regel nur bei der Anrede von Personen oder Tieren.

Maskulinum	Nominativ	Vokativ	Endung
hart	Viktor	Viktor**e**!	**-e**
auf *-h, -ch, -k, -g*	Honzík	Honzík**u**!	**-u**
weich	Tomáš	Tomáš**i**!	**-i**

✓ Namen auf *-el, -ek* (*-e-* entfällt) pan Havel, pan Pávek pane Hav**le**! pane Páv**ku**!

✓ selten kommt es zum Konsonantenwechsel člověk, Bůh člově**če**! Mensch! Bo**že**! Gott!

? Warum kommt es – Ihrer Meinung nach – bei einigen Maskulina auf ***-r*** zum Konsonantenwechsel?
Petře! bratře! švagře! × Vladimíre! doktore! Oskare! . . . .

Femininum	Nominativ	Vokativ	Endung
auf *-a*	Kateřina	Kateřin**o**!	**-o**
✓ so auch Maskulina auf *-a*	Ota	Ot**o**!	
andere Endungen	Marie, Doris	Marie! Doris!!	---
	paní Horová	paní Horová!	

⏩ 1. Die Namen Kateřina und Jan haben viele Koseformen. Wie werden sie zu Hause oder von ihren Freunden angeredet?

Katka — Kačka — Katrin — Kačenka — Katuška — Káča — Katy — <u>Kateřina *Kateřino!*</u>

Jeník — Honza — Jenda — Honzík — Jeníček — Johan — Honzíček — <u>Jan *Jane!*</u>

2. Wie reden Sie Ihre Freunde an? Und Ihre Kollegen im Kurs? **Pavel — *Pavle!***

Milena — Cyril — Jirka — paní Nová — Ilona — Otýlie — Miloš — Karin — pan Rejtar — Josef — Jitka — Zuzana — paní Zemanová — Matěj — Patrik

➲ Wie reden Sie folgende Personen offiziell an?

pan profesor Nový — paní doktorka Veselá — pan rektor Mareš — paní inženýrka Soukupová — pan primátor — pan prezident — pan asistent — pan kolega — paní kolegyně

§6 DIE ZAHLWÖRTER 1 bis 10

0	**nula**		
1	**jedna**	**6**	**šest**
2	**dva**	**7**	**sedm**
3	**tři**	**8**	**osm**
4	**čtyři**	**9**	**devět**
5	**pět**	**10**	**deset**

0 + 1 = 1	nula a jedna **je** jedna
1 + 1 = 2	jedna a jedna **jsou** dva
2 + 1 = 3	dva a jedna **jsou** tři
2 + 2 = 4	dva a dva **jsou** čtyři
4 + 1 = 5	čtyři a jedna **<u>je</u>** pět
5 + 5 = 10	pět a pět **<u>je</u>** deset

(die Form *je* bei Gleichungen mit Variablen ≥ **5**)

✓ Das Genus wird nur bei den Zahlwörtern **jeden**, **jedna**, **jedno** und **dva** (+ M), **dvě** (+ F oder N) in Verbindung mit gezählten Gegenständen ausgedrückt.

▸▸ 1. Lesen und lösen Sie die folgenden mathematischen Aufgaben:

4 – 2 = 2 ***čtyři minus dva jsou dva***

3 + 3 =	5 + 3 =	9 – 2 =	5 – 2 =	4 + 4 =	0 + 4 =	5 + 5 =	8 – 5 =
7 – 1 =	1 + 8 =	2 – 2 =	3 + 7 =	10 – 8 =	6 – 4 =	4 + 3 =	0 + 5 =

P 1

Ano.	**Ne.**
Děkuji. Díky.	**Prosím.**
	Není zač.
Dobrý den. Ahoj.	**Na shledanou. Ahoj. Čau.**
Dobré ráno.	**Dobrý večer.**
	Dobrou noc.
Jmenuji se Kateřina.	**Těší mě.**
Čím jste?	**Pracuji jako ...**

ÜA VÝSLOVNOST Aussprache

1. Wo liegt im Tschechischen die Betonung? Sprechen Sie mit richtiger Betonung:

track 11

matematika	**pro**fesorka
sympatický	**stu**dent
reprezentant	**pa**sivní
čokoláda	**ta**bák
restaurace	**po**litika
inženýr	**A**merika
Evropa	**in**teligentní
univerzita	**or**ganizace

2. Unterscheiden Sie (bei der Aussprache) sorgfältig lange und kurze Vokale! Beachten Sie: eine lange Silbe wird nur betont, wenn sie am Wortanfang steht.

track 12

laská — **lá**ska, **pe**če — **pé**če, **psi** — **psí**, **u**stup — **ú**stup, **bi**li — **bí**lí, **háj** — **haj**ný, **rá**di — **ra**dí, **ká**va — **ka**várna, **při**stát — **pří**stav, **lí**pa — **li**pový, **je**den — **sa**tén, **dlou**hé — **dlou**ze

➲ Schreiben Sie die Vokallängen wie gehört:

track 13

. . . .

. . . .

3. Ordnen Sie die Eigen- und Ortsnamen alphabetisch:

Rudolf — Zora — Běla — Ctirad — Žofie — Hynek — Čestmír — Charvát — Řehoř — Vratislav — Šárka

. . . .

. . . .

Hamburk — Milán — Moskva — Bělehrad — Mariánské Lázně — Sofie — Vídeň — Řezno — Pasov

. . . .

. . . .

ÜB

1. Nennen Sie das Antonym:

ano	***ne***	dobrý den	je
dobré ráno		děkuji	dobrý
aktivní		pracuje	dobrou noc
mladý		tady	špatně
nemoderní		nediskutuje	nový
subjektivní		on	žena

2. Schreiben Sie nach Diktat:

Track 14

. . . .
. . . .
. . . .

3. Ergänzen Sie die fehlenden Wörter:

Viktor . . . . Čech, je Švýcar. Momentálně . . . . v Praze, ale je . . . . Bernu. Pracuje jako . . . . Viktor. . . . . francouzsky, ... , trochu italsky a docela . . . . česky. Viktor je sympatický mladý . . . .

4. Welche Adjektive sind antonym?

extravagantní, výborný, dobrý, pesimistický, moderní, agresivní, aktivní, temperamentní, starý, komický, demokratický, naivní, malý, starší, psychický

mladší, pasivní, nemoderní, decentní, špatný, elegantní, mladý, fyzický, totalitní, realistický, apatický, velký, tragický, optimistický

(demokratický → totalitní)

➲ Ordnen Sie den folgenden Substantiven verschiedene Adjektive zu:

manažer — ***korektní, inteligentní, mladý...*** *advokátka* — ***solidní, mladá, šarmantní, dobrá...***
pilot — kostým — muž — sako — teorie — režim — sekretářka — studium — situace — piano — matematik — modelka . . . . — já ?

➲ Übersetzen Sie ins Tschechische:

(kreativ)	. . . .	autor	(kritisch)	. . . .	fejeton
(dynamisch)	. . . .	firma	(elegant)	. . . .	kravata
(kompetent)	. . . .	šéf	(sympathisch)	. . . .	člověk
(energisch)	. . . .	režisérka	(initiativ)	. . . .	organizace

5. Ergänzen Sie die fehlenden Personalpronomina entsprechend der Verbform:

. . . . pracuji a . . . . ještě studuje. — . . . . ještě nemluvíme česky. — . . . . je Němka a . . . . je Ital. — . . . . bydlíš v Berlíně? — Viktor je učitel a čím jsi . . . . ? — . . . . se máme výborně. — . . . . mluvíte anglicky a . . . . mluvíme španělsky. — . . . . jsou z Brna.

6. Setzen Sie in die Höflichkeitsform: *provokuješ* ***provokujete***

trénuješ	kombinuješ	reprezentuješ
parkuješ	nemluvíš	sympatizuješ
nemaluješ	jsi	nerozumíš

➲ Schreiben Sie die 1. Sg. vom Infinitiv: *tankovat* ***tankuji/u***

bydlet	montovat	referovat
faxovat	studovat	nemít
prosit	nebýt	děkovat

7. Was alles machen diese Menschen?

politik *komunikuje, polemizuje ...*
žurnalista
profesor
student

informovat iniciovat realizovat
??? respektovat komentovat blokovat
tolerovat kontrolovat modernizovat
diskutovat inspirovat

8. Welche Zahlen hören Sie? Schreiben Sie sie zunächst als Ziffer, dann als Wort:

track 15

. . . .

➲ Addieren und subtrahieren Sie bis zehn:

tři plus **2** je pět; — plus **5** je deset; — minus **8** jsou dva; — ...

9. Kdo je kdo? Wer ist wer?

režisér	Tomáš G. Masaryk	Polka
tenistka	Bill Clinton	Čech
filozof	Kurt Masur	Američan
prezident	Marie Skłodowska-Curie	Němec
dirigent	Jan Ámos Komenský	Češka
autor	Martina Navrátilová	Rakušan
fyzička	Miloš Formann	Američanka

10. Übersetzen Sie:

Guten Tag, wie heißen Sie? Ich heiße Peter. Woher sind Sie? Ich bin aus Prag. Sind Sie Deutscher? Nein, ich bin Schweizer. Sprechen Sie tschechisch? Nein, noch nicht, aber ich lerne Tschechisch.

11. Hörübung. Ergänzen Sie in der Tabelle, wie es den einzelnen Personen geht?

track 16

Kateřina	
paní Kellnarová	
Viktor	
pan Hora	
Eva	

12. Welche Antwort gehört zu welcher Frage?

Jak se máte?	Jsem z Brna.
Jsi Češka?	Ne, jsem ještě student.
Bydlíte v Berlíně?	Děkuji, výborně.
Pracuješ jako učitel?	Jsem architekt.
Mluvíte anglicky?	Ne, jsem Němka.
Je to Ivan?	Ne, v Praze.
Odkud jsi?	Ne, to je Viktor.
Čím jste?	Ano, ale jen trochu.

13. Ergänzen Sie die diakritischen Zeichen (Häcken und Striche):

Katerina Horova je z Ceske republiky, konkretne z Brna. Je Ceska. Bydli v Praze a je studentka. Mluvi nemecky a uci se anglicky. Je to energicka a atraktivni zena.

Schreiben Sie den Text T 4 über Herrn Hora ab! Welche Wörter schreibt man im Tschechischen mit großen Anfangsbuchstaben?

T 6 KDO JE ...? Wer ist ...?

Václav Havel (* 1936)

rack 17

Taxikář, chemický laborant, dělník v divadle, dramaturg, dramatik, žurnalista, spisovatel, filozof, disident, vězeň, politik, poslední československý a první český prezident – to všechno byl Václav Havel.

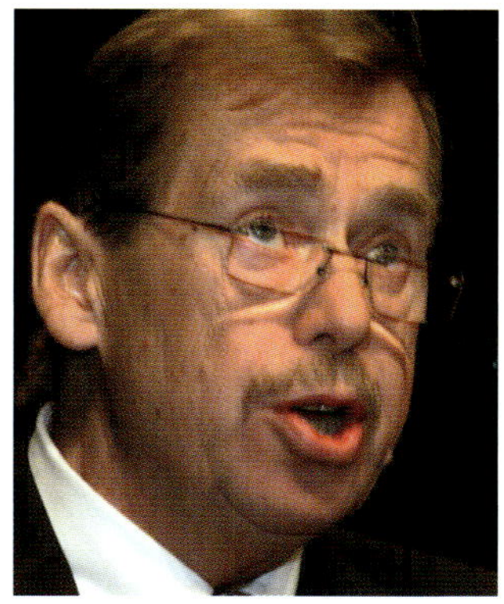

byl	er war
dělník	Arbeiter
poslední	der letzte
první	der erste
spisovatel	Schriftsteller
v divadle	im Theater
vězeň	Häftling
všechno	alles

T 7 KDE JE ...? Wo ist ...?

Česká republika

rack 18

Česká republika leží v srdci Evropy, má asi deset milionů obyvatel. Úřední jazyk je čeština. Hlavní město je Praha. Českou republiku tvoří tři historické země – Čechy, Morava a Slezsko.

velký státní znak

malý státní znak

hlavní město	Hauptstadt
ležet	liegen
obyvatel	Einwohner
tvořit	bilden
úřední jazyk	Amtssprache
v srdci	im Herzen
země	Land
znak	Wappen

T 8 VÍTE, ŽE ... Wissen Sie, dass ...

... die tschechischen Wörter **robot** (nach dem Drama R.U.R. von Karel Čapek, 1920) und **píšťala** (eine von den Hussiten benutzte Schusswaffe) in viele Sprachen übernommen wurden? Wie heißen sie auf Deutsch?

P 2

ČESKÉ PŘÍSLOVÍ

Bez práce nejsou koláče.

V1

		Anwendung	Antonym
a	und	Kateřina ~ Viktor	
ale	aber	nemluvím česky, ~ učím se česky	
Amerika *f*, **Američan/ka**	Amerika, Amerikaner/in		
anglicky *Adv.*	englisch	učí se ~	
Anglie *f*, **Angličan/ka**	England, Engländer/in		
ano	ja	Jsi Čech? ~	ne
a také, i	und auch	Kateřina ~ Viktor	
bratr *m*	Bruder	sestra	
Brno *n*	Brünn		
bydlet,-ím	wohnen	~ v Praze	
být, jsem	sein	~ Češka	
cestovat,-uji/u	reisen	často ~	
často	oft	~ cestuje	
Čech *m*, **Češka** *f*	Tscheche,-in	je ~	
česky *Adv.*	tschechisch	mluvím ~	
český,á,é	tschechisch	~ jazyk	
čím? *(Instr. co)*	was ...	~ jste?	
člověk *m*	Mensch	je dobrý ~	
děkovat,-uji/u	danken	děkuji	prosím
děl/ník *m*,**-nice** *f*	Arbeiter/in	pracuje jako ~	
den *m*	Tag	dobrý ~	noc
díky *Adv.*	danke	~	prosím
dítě *n*	Kind	malé ~	
dobrý,á,é	gut	~ student	špatný
dobře *Adv.*	gut	mám se ~	špatně
docela *Adv.*	ganz	mám se ~ dobře	
dramati/k *m*,**-čka** *f*	Dramatiker/in	český ~	
firma *f*	Firma		
Francie *f*, **Francouz/ka**	Frankreich, Franzose, Französin		
francouzsky *Adv.*	französisch	mluví ~	
francouzský,á,é	französisch	~ profesor	
gymnázium *n*	Gymnasium	student gymnázia	
hezký,á,é	schön	~ večer	ošklivý
inženýr/ka *m, f*	Ingenieur/in	pracuje jako ~	
Itálie *f*, **Ital/ka**	Italien, Italiener/in		
italsky *Adv.*	italienisch	mluví ~	
jak?	wie	~ se máte?	
jazyk *m*	Sprache, Zunge	český ~	
jen, jenom	nur, bloß	mluvím ~ trochu česky	
ještě, ještě ne-	noch, noch nicht	nemluvím ještě česky	
jít, jdu	gehen	jde to	
jméno *n*	Name		
jmenovat se,-uji/u se	heißen	~ se Kateřina	
kde?	wo	~ bydlíte?	
kdo?	wer	~ je to?	
kolega *m*,**-yně** *f*	Kollege,-in		
konkrétně *Adv.*	konkret, genau	jsem z České republiky, ~ z Brna	
král *m*,**-ovna** *f*	König/in		
Maďarsko *n*, **Maďar/ka**	Ungarn, Ungar/in		

maďarský,á,é	ungarisch	~ stát	
málo	wenig	rozumím ~	moc, mnoho
manžel/ka *m, f*	Ehemann, Ehefrau		
ministr/yně *m, f*	Minister/in		
mít, mám	haben	~ se dobře	
mladý,á,é	jung	~ učitel	starý
mluvit,-ím	sprechen, reden	~ anglicky	
moc (mnoho)	sehr, viel	mám se ~ dobře	málo, trochu
modelka *f*	Model		
momentálně *Adv.*	zur Zeit, momentan	~ studuji/u v Praze	
moře *n*	Meer, die See		
most *m*	Brücke	projektuje ~	
muž *m*	Mann	sympatický ~	žena
na *Präp.+A/L*	auf (in...)	~ shledanou	
nádraží *n*	Bahnhof		
náměstí *n*	Platz, Markt, Ring		
ne	nein	~, nejsem Čech	ano
Německo *n*	Deutschland		
Něm/ec *m*,**-ka** *f*	r Deutsche, e ~		
německy *Adv.*	deutsch	učím se ~	
německý,á,é	deutsch	~ autor	
noc *f*	Nacht	dobrou ~	den
normálně *Adv.*	normalerweise	~ bydlí v Bernu	
nový,á,é	neu	~ román	starý
odkud?	woher	~ jste?	
pán *m*, **paní** *f*	Herr, Frau	to je ~ Horová	
papež *m*	Papst		
pivo *n*	Bier		
pokoj *m*	Zimmer		
politika, politi/k *m*,**-čka** *f*	Politik, Politiker/in	aktivní ~	
Polsko *n*, **Pol/ák** *m*,**-ka** *f*	Polen, Pole,-in		
polsky *Adv.*	polnisch	mluví ~	
polský,á,é	polnisch	~ student	
povolání *n*	Beruf		
pracovat,-uji/u	arbeiten, tun	~ jako učitel	
Praha *f*	Prag		
princ/ezna *m, f*	Prinz/essin		
přítel/kyně *m, f*	Freund/in	dobrý ~	
Rakousko *n*, **Rakušan/ka**	Österreich, Österreicher/in		
ráno *n, Adv.*	Morgen, am Morgen	dobré ~	večer
republika *f*	Republik	česká ~	
restaurace *f*	Restaurant		
rodina *f*	Familie	~ Horova	
sekretář/ka *m, f*	Sekretär/in	pracuje jako ~	
sestra *f*	Schwester		bratr
slavný,á,é	berühmt	~ muž	
Slovensko *n*	Slowakei		
Slov/ák *m*,**-enka** *f*	Slowake,-in		
slovensky *Adv.*	slowakisch	mluví ~	
slovenský,á,é	slowakisch	~ jazyk	
soused *m*,**-ka** *f*	Nachbar/in		
sportov/ec *m*,**-kyně** *f*	Sportler/in	dobrý ~	

starý,á,é	alt	~ muž	mladý, nový
student/ka *m, f*	Student/in	německý ~	
studovat,-uji/u	studieren	~ v Praze	
špatně *Adv.*	schlecht, falsch	mám se ~	dobře, správně
špatný,á,é	schlecht, falsch	~ student	dobrý, správný
Švýcarsko *n*, **Švýcar/ka**	Schweiz, Schweizer/in		
švýcarský,á,é	schweizerisch	~ manažer	
tady hier	Viktor je ~	tam	
také, taky	auch	bydlí ~ v Praze	
tam	dort, dorthin	Viktor je ~	tady
tamten, tamta, tamto	der, die, das dort		
ten, ta, to	der, die, das		
tenist/a *m*,**-ka** *f*	Tennisspieler/in		
tento, tato, toto	dieser, diese, dieses		
těšit, těší	freuen, es freut	těší mě	
tlumoč/ník *m*,**-nice** *f*	Dolmetscher/in	pracuje jako ~	
trochu	ein bisschen	mluvím ~ německy	moc, mnoho
učit se,-ím se	lernen	~ se anglicky	
učitel/ka *m, f*	Lehrer/in	pracuje jako ~	
unavený,á,é	müde	jsem ~	
úřed/ník *m*,**-nice** *f*	r Beamte, e Beamtin	pracuje jako ~	
už	schon	pracujete ~?	
v/ve *Präp.+L*	in	~ Praze	
velmi	sehr	~ starý	
večer *m, Adv.*	Abend, am Abend	dobrý ~	ráno
výborně *Adv.*	ausgezeichnet	mám se ~	špatně
z/ze *Präp.+G*	aus	~ Prahy	
země *f*	Land, Boden, Erde		
žena *f*	Frau	atraktivní ~	muž
žurnalist/a *m*,**-ka** *f*	Journalist/in		

V2

bez *Präp.+G*	ohne	~ práce	
být, byl	sein, er war	to ~ Václav Havel	
Čechy *Pl.*	Böhmen	historická země ~	
československý,á,é	tschechoslowakisch	~ prezident	
čeština *f*	Tschechisch	~ je úřední jazyk	
divadlo *n*	Theater	pracuje v divadle	
Evropa *f*	Europa	v srdci Evropy	
filozof *m*	Philosoph	je ~	
hlavní *Adj.* **město** *n*	Hauptstadt	Praha je ~	
chemický *Adj.*	chemisch	~ laborant	
koláč, e *m*	Kuchen	bez práce nejsou ~	
ležet, leží	liegen, es liegt	~ v srdci Evropy	
milion *m*	Million	deset milionů	
Morava *f*	Mähren	historická země ~	
obyvatel *m*	Einwohner	deset milionů ~	
poslední	der, die, das letzte	~ československý prezident	první
práce *f*	Arbeit	bez ~	
první	der, die, das erste	~ český prezident	poslední
Slezsko *n*	Schlesien	historická země ~	

spisovatel *m*	Schriftsteller	český ~
taxikář *m*	Taxifahrer	pracuje jako ~
tvořit, tvoří	bilden	Českou republiku ~ tři země
úřední	Amts-	~ jazyk
znak *m*	Wappen	státní ~

Bez práce nejsou koláče. Ohne Arbeit gibt es keine Kuchen. (Ohne Fleiß kein Preis.)

Schlüssel zu den Übungen:

▸▸2. § 5

Mileno — Cyrile — Jirko — paní Nová — Ilono — Otýlie — Miloši — Karin — pane Rejtare — Josefe — Jitko — Zuzano — paní Zemanová — Matěji — Patriku.

➲ pane profesore Nový — paní doktorko Veselá — pane rektore Mareši — paní inženýrko Soukupová — pane primátore — pane prezidente — pane asistente — pane kolego — paní kolegyně.

Ü 2 Aussprache

➲ mám, já, jako, dává, rada, je, tam, mít/mýt, maminka, nové, půl, káva, mi/my, úkol, pól, jedeme, pán, radí, rádi

Ü 3 Aussprache

Běla — Ctirad — Čestmír — Hynek — Charvát — Rudolf — Řehoř — Šárka — Vratislav — Zora — Žofie
Bělehrad — Hamburk — Mariánské Lázně — Milán — Moskva — Pasov — Řezno — Sofie — Vídeň

Ü 2

Dobrý den. Jmenuji se Kateřina Horová. Jsem studentka. Bydlím v Praze, ale jsem z Brna. Mluvím česky, německy a učím se anglicky. A kdo jste vy?

Ü 3

není — bydlí — z — učitel — mluví — anglicky — dobře — muž

Ü 4

kreativní — dynamická — kompetentní — energická — kritický — elegantní — sympatický — iniciativní

Ü 5

já, on/ona — my — ona, on — ty — ty — my — vy, my — oni/ony

Ü 6

trénujete — parkujete — nemalujete — kombinujete — nemluvíte — jste — reprezentujete — sympatizujete — nerozumíte
➲ bydlím — faxuji/u — prosím — montuji/u — studuji/u — nejsem — referuji/u — nemám — děkuji/u

Ü 8

3, 8, 1, 10, 0, 4, 6, 8, 5, 7, 2, 5

Ü 10

Dobrý den, jak se jmenujete? Jmenuji se Petr. Odkud jste? Jsem z Prahy. Jste Němec? Ne, jsem Švýcar. Mluvíte česky? Ne, ještě ne, ale učím se česky.

Ü 11

Ahoj, Evo, jak se máš? — Ahoj Katko! Díky, dobře. A ty? — Mám se prima. Tak ahoj. — Čau.
Dobrý večer, paní Horová, jak se máte? Děkuji, jde to. — A jak se máte vy, paní Kelnarová? Děkuji, mám se docela dobře. A jak se má pan Hora? — Má se moc dobře. Je momentálně v Bernu. Na shledanou. — Na shledanou.
Dobré ráno, Petře, jak se máš? — Děkuji, výborně. A ty, Viktore? — Jde to, ale jsem unavený.

Ü 13

Kateřina Horová je z České republiky, konkrétně z Brna. Je Češka. Bydlí v Praze a je studentka.
Mluví německy a učí se anglicky. Je to energická a atraktivní žena.

RODINA – BYDLIŠTĚ – BYT

T1 Kateřina a její rodina Katharina und ihre Familie

track 19

Horovi

dědeček

babička

otec Petr

matka Zuzana

strýc Josef **teta** Hana

starší bratr Jan
mladší bratr David
starší sestra Eva
já

bratranec Miloš

sestřenice Alice

pes Filip

Dovolte, abych se představila. Jmenuji se Katka Horová. Bydlím teď v Praze, ale moje rodina bydlí v Brně.
Můj tatínek se jmenuje Petr Hora a je inženýr, moje maminka Zuzana Horová pracuje jako laborantka. Mám dva bratry – staršího Jana a mladšího Davida – sestru Evu a také Filipa. Ale to není člověk, to je pes. V Brně bydlí také dědeček a babička Horovi a strýc Josef a teta Hana. Jejich syn Miloš a dcera Alice – můj bratranec a moje sestřenice – studují v Brně a v Olomouci.
Je to prima mít velkou rodinu.

babička	Großmutter
bratranec	Cousin
bydliště	Wohnort
byt	Wohnung
dcera	Tochter
dědeček	Großvater
Dovolte, abych se představil(a).	Gestatten Sie, dass ich mich vorstelle.
jejich	ihr
její	ihr
mladší	jünger
můj, moje	mein,-e
pes	Hund
sestřenice	Cousine
starší	älter
strýc	Onkel
syn	Sohn
teď	jetzt
teta	Tante
velký	groß

T2 Viktor a jeho rodina Viktor und seine Familie

track 20

- Viktore, je tvoje rodina velká?
  V: Ne, bohužel, naše rodina je malá. Nemám ani bratra, ani sestru.To je škoda.
- Kde bydlí rodiče?
  V: Otec a matka bydlí v Bernu. Ale můj otec pracuje momentálně v Praze. To je fajn.
- Líbí se ti Praha?
  V: Ano, Praha se mi moc líbí. Jsem rád, že tady pracuji a bydlím.
- Máš už v Praze kamaráda?
  V: Ano, mám. A taky mám sympatickou a hezkou přítelkyni. Jmenuje se Kateřina a ta má naštěstí velkou rodinu.

ani-ani	weder-noch
bohužel	leider
jeho	sein
jsem rád, že ...	ich bin froh, dass ...
líbit se	gefallen
malý	klein
náš, naše	unser,-e
naštěstí	zum Glück
rodiče	Eltern
škoda	schade
ti, mi	dir, mir
tvůj, tvoje	dein,-e

§1 DIE POSSESSIVPRONOMINA

Die tschechischen Possesivpronomina ***můj, tvůj, jeho, její***... entsprechen den deutschen Possessivpronomina *mein, dein, sein, ihr*...

NOMINATIV

	Person	Personal-pronomen	Possessivum		
			Mb, Mu	F	N
Singular	1.	já	**můj**	**moje / má**	**moje / mé**
	2.	ty	**tvůj**	**tvoje / tvá**	**tvoje / tvé**
	3.	on, ono	**jeho**	**jeho**	**jeho**
		ona	**její**	**její**	**její**
Plural	1.	my	**náš**	**naše**	**naše**
	2.	vy	**váš**	**vaše**	**vaše**
	3.	oni, ony, ona	**jejich**	**jejich**	**jejich**
			bratr, pokoj	sestra	auto

- ✓ Possessivpronomina erfragt man mit dem Fragepronomen **čí?** wessen? (wem gehört?) *Čí je to auto? Jejich.* Wessen Auto ist das? Das ist ihr Auto. *Čí je to? Moje.*
- ✓ die Possessivpronomina **jeho** und **jejich** haben eine Form für alle Genera und werden nicht dekliniert
- ✓ die Possessivpronomina **můj** und **tvůj** haben in einigen Fällen neben der langen Form (*moje*) auch eine kurze Form (*má, mé*), die v.a. in der gehobenen Sprache verwendet wird

▸▸ 1. Verbinden Sie folgende Substantive mit der richtigen Form des Possessivpronomens:

1. můj/moje *svetr* — ***můj svetr*** **2. váš/vaše** *vesta* — ***vaše vesta***

blůza — kravata — sako — diář — kakao — kolega — studium — problém — přítelkyně — organizace — styl — institut — limonáda — ananas

▸▸ 2. Čí je ...? — káva (já) — ***Čí je ta káva?*** Wessen Kaffee ist das? *To je moje káva.* Das ist mein Kaffee.

— fotoaparát (Katka a Viktor) — *Čí je ten fotoaparát? To je jejich fotoaparát.*

auto (Petr) — kancelář (paní Milanová) — fotografie (ty) — gymnázium (my) — učitelka (já a ty) — telefon (tatínek) — čokoláda (Zuzana) — piano (vy) — přítel (Kateřina) — firma (pan Veselý) — kolega (oni) — pes (Petr a Zuzana) — kakao (ty) — studium (já a ty)

§2 DIE DEKLINATION

Substantive, **Adjektive**, **Pronomina** und **Numeralia** werden bis auf Ausnahmen dekliniert, d.h. sie haben Endungen, mit denen Kasus (sieben Fälle), Numerus (Singular und Plural) und Genus (Maskulinum belebt / unbelebt, Femininum, Neutrum) indiziert werden. Im Tschechischen gibt es eine spezifische **Deklination** der **Pronomina** (die Typen *ten* und *náš*), der **Adjektive** (die Typen *nový* und *moderní* – wie *nový* dekliniert man auch Kurzformen der Pronomina wie *můj, tvůj;* wie *moderní* dekliniert man auch das Pronomen *její*) und der **Substantive**. Beachten Sie die Parallelen.

NOMINATIV SINGULAR

To je ... Das ist ... **KDO? CO?** Wer? Was?

Pronomen „hart“		Pronomen „weich“		Adjektiv „hart“		Adjektiv „weich“		Substantiv		Genus	
ten, jeden	∅	náš, můj	∅	nov	ý	modern, jej	í	pán	∅	„hart“	Mb
								muž	∅	„weich“	Mb
								hrad	∅	„hart“	Mu
								stroj	∅	„weich“	Mu
t, jedn	a	naš, moj	e	nov, m	á	modern, jej	í	žen	a		F
								růž	e		F
								píseň	∅		F
								kost	∅		F
t, jedn	o	naš, moj	e	nov, m	é	modern, jej	í	měst	o		N
								kuř	e		N
								moř	e		N
								nádraž	í		N

1. Verbinden Sie die folgenden Wörter zu einem korrekten Satz:

To je ... ***ten její český přítel, jedno staré auto ...***

ten ta to jeden jedna jedno	**můj moje jejich náš naše jeho její váš vaše tvůj tvoje**	starý, -á, -é atraktivní sympatický, -á, -é český, -á, -é nervózní špatný, -á, -é dobrý, -á, -é komický, -á, -é	**román žurnalistka člověk rádio rodina teta problém sako muzeum auto paní turista**

T3 Jak bydlí Katka a Viktor? Wie wohnen Katka und Viktor?

track 21

Katka a Viktor mají malý, ale hezký dvoupokojový byt v Praze. Byt leží ve středu města, ale naštěstí není drahý. Má docela velkou chodbu, malou kuchyni, obývací pokoj, ložnici, koupelnu a WC. V bytě bohužel není pracovna, ale byt má balkon a odtud mají Viktor a Katka krásný výhled na město.

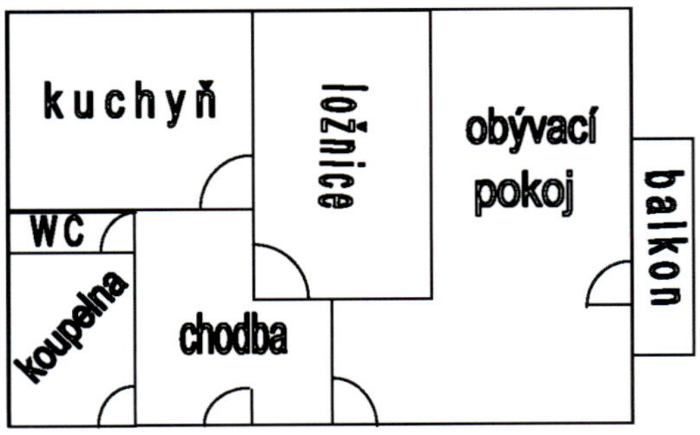

drahý teuer
dvoupokojový Zweizimmer-
chodba Flur
koupelna Badezimmer
kuchyň, kuchyně Küche
ložnice Schlafzimmer
na město auf die Stadt
obývací pokoj Wohnzimmer
odtud von da
pracovna Arbeitszimmer
výhled Aussicht

? Welche Verben aus den Texten T 1, T 2, T 3 erfordern ein Objekt im Akkusativ?

? Wie verändern sich belebte Maskulina (Mb) und unbelebte Maskulina (Mu) im A Sg. und wie verhalten sich Feminina in diesem Fall? Fügen Sie die jeweils fehlenden Formen (N Sg. bzw. A Sg.) sowie das Genus in die Tabelle ein:

N Sg.		sestra	Filip		pokoj			
A Sg.	rodinu			přítelkyni		kuchyni	město	byt
Genus			Mb			F		Mu

§3 DER AKKUSATIV SINGULAR

Das direkte Objekt steht im Akkusativ: ***Mám sestru.*** Ich habe eine Schwester. ***Studuji bohemistiku.*** Ich studiere Bohemistik. Im Akkusativ sind auch alle Grüße und Wünsche: ***Dobrou noc!*** Gute Nacht! ***Dobrou chuť!*** Guten Appetit! ***Šťastnou cestu!*** Glückliche Reise! Den Akkusativ verlangen auch einige Präpositionen: ***Na shledanou!*** Auf Wiedersehen! *To je* ***pro Kateřinu.*** Das ist für Katharina.

Mám rád/a ... Ich habe gern/mag ... **KOHO? CO?** Wen? Was?

Pronomen „hart“		Pronomen „weich“		Adjektiv „hart“		Adjektiv „weich“		Substantiv			Genus
t / jedn	**oho**	naš	**eho**	nov / m	**ého**	modern / jej	**ího**	pán	**a**	„hart“	**Mb**
								muž	**e**	„weich“	**Mb**
ten / jeden	∅	náš / můj	∅	nov	**ý**		**í**	hrad	∅	„hart“	**Mu**
								stroj	∅	„weich“	**Mu**
t / jedn	**u**	naš / moj	**i**	nov / m	**ou**			žen	**u**		**F**
								růž	**i**		**F**
								píseň / kost	∅		**F**
	o		**e**		é			měst	**o**		**N**
								kuř / moř	**e**		**N**
								nádraž	**í**		**N**

✓ Der Akkusativ wird im Satz mit den Formen ***koho? co?*** wen? was? erfragt.

✓ Bei den **M** auf ***-ek, -ec, -el*** entfällt ***-e-***: *dědeček* — ***dědečka***, *bratranec* — ***bratrance***, *pes* — ***psa***, *orel* — ***orla***, auch *jeden* — ***jednoho***, ABER *přítel* — *přítele*.

✓ Den Akkusativ verlangen die Präpositionen ***na*** auf, an (z.B. *výhled* ***na*** *město*), ***pro*** für (z.B. ***pro*** *Kateřinu*), aber auch ***před*** vor, ***za*** hinter, ***nad*** über, ***pod*** unten, ***mezi*** zwischen (mit einem Verb der Bewegung auf die Frage KAM? wohin? ☞ **L 6 § 1**), ***přes*** über, ***o*** um, ***mimo*** außer(halb) und andere; ihre Verwendung auch mit anderen Fällen ☞ weitere Lektionen.

▸▸ Beantworten Sie mit Hilfe der Tabelle die Frage:

Co / koho máte? Was / wen haben Sie? *malý bratr* — ***mám malého bratra***

jedna sestra — sympatická kamarádka — velké auto — iniciativní kolega — přítel Petr — hezký byt — malá rodina — červený svetr — tvoje limonáda — banán a pomeranč — strýc a teta — jeden problém — pes Filip

T4 Barevný byt Eine bunte Wohnung

Katka má **ráda** barvy, a **tak** je její byt barevný.
Obývací pokoj je modrý. Modrý je velký stůl a čtyři židle a taky skříň. Gauč je
track 22 tmavomodrý a křeslo je světlemodré. Jen knihovna je **bílá** a koberec modrobílý.
Kuchyně je červená a **bílá**,
ložnice zase zelená a žlutá,
koupelna růžová a fialová.
A chodba?
Tam dominuje hnědá a béžová.
A kterou barvu Katka nemá ráda?
Vůbec nemá ráda **černou** a šedou.

• Viktore, líbí se ti váš byt?	V: Samozřejmě, líbí se mi.
• A není trochu extravagantní?	V: Trochu ano, ale Katka má ráda barvy.
• Které barvy máš rád ty?	V: Mám rád černou a šedou barvu.

a tak	und so
barevný	bunt, farbig
barva,-y	Farbe,-en
gauč	Couch
jen	nur
knihovna	Bücherregal Bücherschrank
koberec	Teppich
křeslo	Sessel
který	welcher
ráda	gern
samozřejmě	natürlich, selbstverständlich, klar
skříň	Schrank
stůl	Tisch
světlý, tmavý	hell, dunkel
vůbec	überhaupt
zase	wieder, wiederum
židle	Stuhl

➲ Jak se vám líbí byt Katky a Viktora? Wie gefällt Ihnen die Wohnung von Katka und Viktor?

▸▸ 1. Jakou barvu má...? Welche Farbe haben diese Gegenstände? *Kamera je světlemodrá.*

kamera auto postel
rádio telefon
fotoaparát
disketa
kalendář počítač
gauč dům
mobil

postel	Bett
počítač	Rechner

➲ Sagen Sie, dass Sie diese Gegenstände in einer anderen Farbe haben:

Nemám ***světlemodrou*** *kameru, ale* ***černou.***

§4 RÁD gern

Dieses Wort wird nur prädikativ oder adverbial gebraucht. Es stimmt in Numerus und Genus mit dem Subjekt überein.

	M	F	N
Sg.	**rád** (nerad)	**ráda** (nerada)	**rádo** (nerado)
Pl.	**rádi** (neradi)	**rády** (nerady)	**ráda** (nerada)

Die Verwendung von *rád*:

1.	**mít *rád* (+ Subst. im A)** gern haben, mögen, lieben	Mám rád bratra. Nemáme rádi kávu. Máš rád literaturu? Co nemáte rád/a?
2.	**být *rád*, že ...** froh sein, dass ...	Jsem rád, že jsi tady. Jsme rádi, že se učíme česky. Není ráda, že pracuje jako sekretářka. Jsi rád, že bydlíš v Praze?
3.	**Vollverb + *rád***	Učím se rád česky. Pracuji tady ráda. Nediskutuji rád. Cestujete rádi? (In dieser Verwendung auch die negative Form *nerad,-a...*)

▸▸ 1. Ergänzen Sie das Wort *rád/a* oder *nerad/a*:

Mám . . . . Mozarta. — Jsem . . . . , že nemluvím japonsky. — Mám . . . . historii. — Učím se . . . . česky. — Jsem . . . . , že tady studuji. — Kritizuji . . . . — Mám . . . . české pivo. — Telefonuji . . . . — Mám . . . . béžovou barvu.

▸▸ 2. Co máte nebo nemáte rádi? Was mögen Sie (nicht)? *Nemám ráda matematiku.*

guláš **televize** **?** **tvůj přítel**
česká literatura **?** **velké město**
sport **francouzský koňak** **šedá barva**
náš pokoj **červený kostým** **?**
extravagantní byt **politika** **jeho kolega**

▸▸ 3. Fragen Sie einander, was Ihnen gefällt bzw. nicht gefällt. Beachten Sie die richtige Wortfolge!

1	2	3		1	2	3
Líbí	***se vám***	*Praha?*		*Ano, Praha*	***se mi***	*líbí.*
To auto	***se ti***	*líbí?*		*Ne, nelíbí*	***se mi.***	

ten film
moje přítelkyně ***Francie*** ***?***
Berlín ***?*** ***růžová barva*** ***ten koncert***
jejich fotografie ***studium*** ***fotbal*** ***čeština***
černá barva ***?*** ***náš přítel***
její pes

T5 Jaká je vaše adresa? Wie ist Ihre Adresse?

A vy?

jméno	*Kateřina*	*Viktor*	
příjmení	*Horová*	*Kellnar*	
adresa	*Zborovská ulice 14* *150 00 Praha 5*	*Walterstraße 7,* *3000 Bern*	
stát	*Česká republika*	*Švýcarsko*	
telefon	*00420-257 489 133*	*0041-31-93 46 29 10*	
telefax	*00420-257 489 133*	*0041-31-78620119*	
e-mail	*k.horova@volny.cz*	*kellnar@bluewin.ch*	

adresa Adresse
jaký, jaká, jaké wie
ulice Straße
zavináč @

Dem tschechischen Fragewort ***jaký,-á,-é*** entspricht im Deutschen:
1. ***wie*** (*Jaký je váš byt? Jaká je vaše adresa? Jaké je vaše auto?*)
2. ***was für ein, eine, ein*** (*Jaký byt máš? Jaké auto máš?*) oder ***welcher, welches, welche*** (*Jaká barva se ti líbí? Jakou barvu máš rád?*)

jaký je **+ ... Subst.**

jaký **+ Subst.**

Dem deutschen Fragewort ***wie*** entspricht im Tschechischen umgekehrt entweder ***jak*** (*Jak se máš?*) oder ***jaký,-á,-é***.

§5 DIE ZAHLWÖRTER 11 bis 100

11 jede*náct*	20 dva*cet*	50 pa*desát*	21 dvacet jedna / jed(e)nadvacet
12 dva*náct*	30 tři*cet*	60 še*desát*	22 dvacet dva /dvaadvacet
13 tři*náct*	40 čtyři*cet*	70 sedm*desát*	23 dvacet tři / třiadvacet
14 čtr*náct*		80 osm*desát*	24 dvacet čtyři / čtyřiadvacet
15 pat*náct*		90 deva*desát*	25 dvacet pět / pětadvacet
16 šest*náct*		100 sto	26 dvacet šest / šestadvacet
17 sedm*náct*			27 dvacet sedm / sedmadvacet
18 osm*náct*			28 dvacet osm / osmadvacet
19 devate*náct*			29 dvacet devět / devětadvacet

▸▸ 1. Lesen Sie folgende mathematischen Aufgaben:

20 + 19 =	99 – 10 =	5 + 70 =	33 – 3 =	12 + 10 =	16 + 50 =
12 + 22 =	14 + 44 =	15 + 55 =	16 + 66 =	99 – 19 =	100 – 100 =

➲ Geben Sie sich gegenseitig Rechenaufgaben:

▸▸ 2. Welche Telefonnummer haben sie?

HOTEL ROSA tel.: 576 122 618 KATEŘINA HOROVÁ tel.: 607 276 601

Cestovní kancelář Ostrava tel.: (+420) 591 092 385

Restaurace U Kalicha tel.: (00420) 257 319 166

REALITNÍ KANCELÁŘ GONG TEL.: +420 570 365 111

Fitnes Iva tel.: 606 445 533 **Penzion Arnika tel.: 317 329 000**

A VY?

P1

Dovolte, abych se představil/a.
Bohužel. (Je mi líto).
To je škoda.
To je fajn, prima.
Naštěstí.
Samozřejmě.

ÜA VÝSLOVNOST Aussprache

track 23

1. Sprechen Sie die verschiedenen Satztypen mit der richtigen Intonation:

Aussagesatz	Entscheidungsfrage	Ergänzungsfrage
Jmenuji se Viktor.	*Jmenuješ se Viktor?*	*Jak se jmenuješ?*
To je česká studentka.	To je česká studentka?	Kdo je to?
Kateřina studuje žurnalistiku.	Kateřina studuje žurnalistiku?	Co studuje Kateřina?
Katka bydlí v Praze.	Katka bydlí v Praze?	Kde Katka bydlí?
Učíme se česky.	Učíte se česky?	Jak dlouho se učíte česky?
Viktor je z Bernu.	Je Viktor z Bernu?	Odkud jeViktor?

2. KDO nebo CO? To je lampa. ***Co** je to?* To je Petr. ***Kdo** je to?*

To je ananas. To je auto. To jsou Katka a Viktor. To je pan Kellnar. To je tableta. To je francouzský student. To je kufr. To je kamarád. To je becherovka. To je kuchyň. To je učitel. To jsem já.

track 24

3. Beachten Sie die richtige Aussprache von stimmhaften und stimmlosen Konsonanten:

d - t		b - p		v - f	
dým	tým	bil	pil	vraky	fraky
data	táta	buk	puk	vez	fez
deci	téci	bravo	právo	ven	fén
duha	tuha	buben	pupen	vrčet	frčet

ž - š		z - s		h - ch	
žije	šije	zase	saze	nehodí	nechodí
žatva	šatna	koza	kosa	hladit	chladit
váže	naše	míza	mísa	hutě	chutě
žok	šok	zírá	síra	hrám	chrám

track 25

4. Versuchen Sie die gehörten Wörter aufzuschreiben:

. . . .

ÜB

1. Nennen Sie die Antonyme zu folgenden Wörtern:

bratr	prosím	starý
je tady	muž	tatínek
málo	bratranec	dobré ráno
ne	optimista	dcera
velká rodina	teta	mám se dobře

track 26

2. Schreiben Sie nach Diktat:

Já a můj přítel David máme hezký byt. Máme jeden pokoj, kuchyni, ložnici, koupelnu a WC. Bohužel nemáme pracovnu. Ale jsme moc rádi, že náš byt není drahý. To je dobře. Náš byt se mi moc líbí.

3. Ergänzen Sie die richtige Form des Possessivpronomens: Čí je to?

*Katka má psa. **To je její pes.***

Viktor má přítelkyni. Katka je . . . . přítelkyně. — Katka a Viktor mají v Praze byt. . . . . byt je malý, ale hezký. —Tady je káva. To je . . . . káva, Viktore? — Já bydlím v Praze, ale . . . . rodina bydlí v Brně. — Máte sestru? Jak se jmenuje . . . . sestra? — Sestřenice Alice studuje v Olomouci, ale . . . . bratr Miloš studuje v Brně. . . . . rodiče bydlí v Brně. — Dovolte, abych se představila. Já jsem Katka a to je . . . . přítel Viktor. — Bydlíme v Praze. . . . . adresa je Zborovská ulice 14, Praha 5.

4. Was fehlt in den Informationen über Katkas Familie? Ergänzen Sie:

Katka je ráda, ... má . . . . rodinu. Její otec se . . . . Petr Hora a . . . . jako inženýr. Její . . . . Zuzana je sekretářka. Katka má . . . . bratry a jednu . . . . Rodiče . . . . v Brně. V Brně bydlí také dědeček a . . . . V Brně má Katka ještě strýce Josefa a . . . . Hanu. . . . . syn Miloš studuje v Brně a . . . . Alice v Olomouci. Filip není ani bratranec, ani sestřenice, ale . . . .

5. Werden Sie für eine Weile Viktor und stellen Sie ihn und seine Familie vor:

Dovolte, abych se představil. Jmenuji se Viktor Kellnar. . . . .

. . . .

. . . .

6. Stellen Sie nun sich selbst vor, zunächst mündlich und dann in einem kurzen Text über sich und Ihre Familie.

7. Fragen Sie einander nach Ihren Verwandten:

Jak se jmenuje tvůj strýc? — Kde bydlí dědeček? — Čím je tatínek? — Máš bratra nebo sestru? — Máš velkou rodinu? — Jak se jmenuje tvůj bratranec? — Máš už dceru? — Je tvoje sestra studentka? ...

8. Wie wohnt Familie Hora? Beschreiben Sie die Wohnung 4 + 1 (= Vierzimmerwohnung und Küche) nach der Skizze:

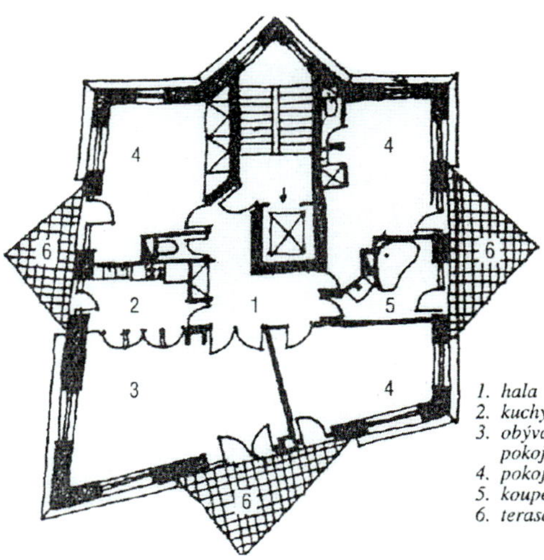

1. *hala*
2. *kuchyň*
3. *obývací pokoj*
4. *pokoj*
5. *koupelna*
6. *terasa*

Horovi bydlí v Brně. Mají hezký čtyřpokojový . . . .

. . . .

. . . .

. . . .

. . . .

. . . .

. . . .

9. Jaký je váš byt? Erzählen Sie, wie Ihre Wohnung aussieht.

Fragen Sie Ihren Nachbarn, was für eine Wohnung er hat. Führen Sie darüber zu zweit ein Gespräch.

10. Jakou barvu máte rád/-a? Welche Farbe mögen Sie?

černá **bílá** **zlatá**
oranžová **fialová**
tmavozelená **červená** **růžová**
žlutá **modrá** **stříbrná**
hnědá **zelená**
šedá **světlemodrá** **zelenomodrá**

fialový	violett
oranžový	orange
stříbrný	silbern
světlemodrý	hellblau
tmavozelený	dunkelgrün
zelenomodrý	grünblau
zlatý	golden

Bilden Sie Farbkombinationen: ***červenomodrá, světležlutá...***

➲ **Jaká barva je optimistická? (pesimistická, agresivní, romantická, extravagantní, elegantní)**

➲ **Jaká kombinace barev je hezká/nehezká?** *oranžovozelená? černobílá?...*

➲ **Übersetzen Sie die Redewendungen:**

Mám černý den. *Má zlaté srdce.*
Situace není růžová. *Má růžové brýle.*
Je šedá eminence. *Je bílý jako sníh.*
Je černý pasažér. *Má stříbrnou svatbu.*

brýle *Pl.*	Brille
jako sníh	wie Schnee
srdce	Herz
svatba	Hochzeit

11. Katka erzählt über ihre Freunde. Lesen und übersetzen Sie:

Petr Surý je můj český kamarád. Je z Prahy, ale momentálně bydlí v Německu, v Řezně. Je inteligentní a moc sympatický. Studuje germanistiku. Má přítelkyni Ivu. Iva je Češka a taky studuje v Německu. Je veselá a optimistická.

Inge Knechtel pracuje jako novinářka. Mluví dobře anglicky a česky. Není ani stará, ani mladá. Je velmi elegantní. Je Němka a bydlí v Řezně. Její manžel se jmenuje Jochen a je architekt. Mají dceru Karin. Karin má ráda literaturu.

Michal Janák je velmi aktivní a energický. Je matematik a dobrý sportovec. Jeho přítelkyně se jmenuje Julia. Julia je studentka, je Italka. Mluví dobře anglicky, německy, ale nemluví česky. To je škoda.

Nik je egoistický a trochu arogantní. Má rád pivo. Je student, ale neučí se, nestuduje, nepracuje. Bohužel.

manžel	Ehemann
novinářka	Journalistin
pivo	Bier
Řezno	Regensburg
sportovec	Sportler
veselý	lustig, fröhlich

12. Schreiben Sie einen Text zum Thema: MŮJ KAMARÁD/MOJE KAMARÁDKA

jméno? *Můj kamarád/moje kamarádka se jmenuje* . . . .
národnost? *Čech, Američanka...* . . . .
profese? *student, inženýr...* . . . .
odkud? *z Brna, z New Yorku...* . . . .
charakteristika? *inteligentní, atraktivní...* . . . .
má rád/a? *pizzu, jazz, film...* . . . .
jak mluví? *německy, španělsky, rusky...* . . . .
rodina? *manželka, dcera, bratr...* . . . .
přítel/přítelkyně? . . . .

13. Bilden Sie Aussage- und Fragesätze, auf die Sie folgendermaßen reagieren könnten:

Samozřejmě. ***Mluvíš dobře anglicky? × Učíš se česky? × Máš velký stůl? ...***
To je fajn. ***Mám se výborně. × Katka a Viktor mají hezký byt. × Iva je už tady.***
Bohužel, ne. — Ano, líbí se mi. — To je mi líto. — Ne, nemám. — Jde to. — To je škoda.— Ne, je ještě student. — Naštěstí ano. — To je jeho stůl. — Je černá.

14. Hörübung. Katkas Freunde aus Prag stellen sich vor.
track 27
Ergänzen Sie zu den einzelnen Personen die in der Tabelle fehlenden Informationen.

Jak se jmenuji?	Kdo jsem?	Odkud jsem?	Čím jsem?	Co mám rád/a?
Viktor Kellnar	*Švýcar*	Bern	*učitel*	české pivo
Bob Johnson				
Julia Andretti				
Thomas Lindner				
Michal Janák				

15. Welche Zahlen hören Sie? Schreiben Sie sie zunächst als Ziffer, dann als Wort:

Track 28

. . . .

. . . .

. . . .

16. Übersetzen Sie:

Ich spreche leider noch nicht gut tschechisch. Das ist schade. Aber mein Cousin Kurt spricht schon gut tschechisch. Er studiert in Prag und er hat eine tschechische Freundin. Sie ist sehr sympathisch. Sie haben eine kleine Wohnung. Kurt ist sehr froh, dass er in Prag wohnt. Natürlich.

T6 KDO JE ...? CO JE ...? Wer ist ...? Was ist ...?

KVIZ

Was passt zusammen?

Antonín Dvořák	hrad blízko Prahy
Ivan Lendl	tradiční likér z Čech
Brno	český malíř
Karlštejn	český skladatel
robot	neologismus Karla Čapka
Alfons Mucha	český exportní artikl
pivo	český tenista
becherovka	město na Moravě

blízko	in der Nähe
Čechy *Pl.*	Böhmen
hrad	Burg
malíř	Maler
skladatel	Komponist
z Čech	aus Böhmen

T7 KDE JE ...? Wo ist ...?

„Tančící" dům

Track 29

Tančící d**ů**m je p**ř**íklad m**o**derní **a**rchitektury v Praze. Stojí **n**a Rašínově n**á**břeží **o**d roku 1996. J**e**ho **a**utory jsou č**e**ský **a**rchitekt jihoslovanského p**ů**vodu Vlado Milunić a **a**merický **a**rchitekt Fr**a**nk Gehry. M**á** dv**ě** typické věže, nazývané „Ginger a Fred" nebo také „tančící pár".

jihoslovanského původu	südslawischer Herkunft
nazývaný	genannt
nebo	oder
od roku	seit dem Jahr
pár	Paar
příklad	Beispiel
R. nabřeží	Rašín-Ufer
stojí	es steht
tančící	tanzend
věž, e	Turm, ¨e

T8 VÍTE, ŽE ... Wissen Sie, dass ...

... im Jahr 2000 in der Tschechischen Republik am häufigsten Mädchennamen Tereza, Kateřina, Kristýna, Michala, Nikola, Adéla vergeben wurden? Unter den Jungen wiederum waren am häufigsten die Namen Jan, Jakub, Tomáš, Martin, Lukáš, Michal.

P2

ČESKÉ PŘÍSLOVÍ

Můj dům, můj hrad.

V1

		Anwendung	Antonym
adresa *f*	Adresse	jaká je vaše ~	
ani-ani *Konj.*	weder-noch	nemám ~ bratra ~ sestru	
a tak *Konj.*	und so	~ je její byt barevný	
babička *f*	Großmutter		dědeček
barevný,á,é	bunt, farbig	~ byt	jednobarevný
barva *f*	Farbe		
béžový,á,é	beige		
bílý,á,é	weiß		černý
bohužel	leider	~ nemám ani bratra ani sestru	bohudík
bratranec *m*	Cousin		sestřenice
brýle *f Pl.*	Brille	má růžové ~	
bydliště *n*	Wohnort		
byt *m*	Wohnung	malý ~	
černý,á,é	schwarz		bílý
červený,á,é	rot		
dcera *f*	Tochter		syn
dědeček *m*	Großvater		babička
dovolit,-ím	gestatten, erlauben	dovolte, abych se představil	
drahý,á,é	teuer	~ byt	levný, laciný
dvoupokojový,á,é	Zweizimmer-	~ byt	
fialový,á,é	violett		
gauč *m*	Couch		
hnědý	braun		
chodba *f*	Flur		
jaký,á,é	wie, was für ein	jaká je vaše adresa	
jeho	sein	~ rodina	
její	ihr *(3.Sg.)*	~ rodina	
jejich	ihr *(3.Pl.)*	~ syn	
knihovna *f*	Bücherregal, -schrank, Bibliothek		
koberec *m*	Teppich		
koupelna *f*	Badezimmer		
kuchyně, kuchyň *f*	Küche		
křeslo *n*	Sessel		
který,á,é	welcher	který bratr?	
líbit se,-ím se	gefallen	Praha se mi líbí	
líto *Adv.*	leid	je mi ~	
ložnice *f*	Schlafzimmer		
malý,á,é	klein	naše rodina je ~	velký
maminka, matka *f*	Mutti, Mama, Mutter		tatínek, otec
město *n*	Stadt	výhled na ~	vesnice
mladší *Adj., Komparativ*	jünger	~ bratr	starší
modrý,á,é	blau		
můj, moje	mein,-e	~ tatínek, ~ maminka	
národnost *f*	Nationalität	~: Čech	
náš, naše	unser,-e	~ tatínek, ~ maminka	
naštěstí *Adv.*	zum Glück	má ~ velkou rodinu	
novinář/ka *m, f*	Journalist/in	pracuje jako ~	
obývací pokoj *m*	Wohnzimmer		
odtud	von da, von hier	~ mají krásný výhled na město odtamtud	

oranžový,á,é	orange		
otec *m*	Vater		matka
pes *m*	Hund		
počítač *m*	Rechner		
postel *f*	Bett	velká ~	
pracovna *f*	Arbeitszimmer		
představit se,-ím	sich vorstellen	dovolte, abych se představil	
rád,-a *m, f*	gern, froh	mám ~ film, jsem ~, že ...	
rodiče *m Pl.*	Eltern		
růžový,á,é	rosenfarbig, rosa		
Řezno *n*	Regensburg		
samozřejmě *Adv.*	selbstverständlich, natürlich, klar	Líbí se ti? ~	
sestřenice *f*	Cousine		bratranec
skříň *f*	Schrank		
sníh *m*	Schnee	bílý jako ~	
srdce *n*	Herz	má zlaté ~	
starší *Adj., Komparativ*	älter	~ bratr	mladší
strýc *m*	Onkel		teta
stříbrný,á,é	silbern		
stůl *m*	Tisch		
svatba *f*	Hochzeit	má stříbrnou svatbu	
světlemodrý,á,é	hellblau		tmavomodrý
světlý,á,é	hell	~ byt	tmavý
syn *m*	Sohn		dcera
šedý,á,é	grau		
škoda *Adv., f*	schade, Schaden	to je ~	
tatínek *m*	Vati, Papa		maminka
teď	jetzt, nun	~ bydlím v Praze	potom
teta *f*	Tante		strýc
tmavozelený,á,é	dunkelgrün		světlezelený
tmavý,á,é	dunkel		světlý
tvůj, tvoje	dein,-e	~ tatínek, ~ maminka	
ulice *f*	Straße		
velký,á,é	groß	~ rodina	malý
veselý,á,é	lustig, fröhlich	je ~	smutný
vůbec	überhaupt	~ nemá ráda	
výhled *m*	Aussicht	~ na město	
zase	wieder, wiederum		
zelený,á,é	grün		
zlatý,á,é	golden		
židle *f*	Stuhl		
žlutý,á,é	gelb		

V2

blízko *Präp.+G, Adv.*	in der Nähe von, nahe	~ Prahy, to je ~	
hrad *m*	Burg	~ blízko Prahy	
jihoslovanský,á,é	südslawisch	jihoslovanského původu	
malíř *m*	Maler		
nábřeží *n*	Ufer		
nazývaný,á,é	genannt		
nebo *Konj.*	oder		

od roku	seit dem Jahr	~ 1996
pár *m*	Paar	
příklad *m*	Beispiel	~ moderní architektury
původ *m*	Herkunft	jihoslovanského ~
skladatel *m*	Komponist	český ~
stát, stojím	stehen, kosten	stojí na Rašínově nábřeží
tančící	tanzend	„~“ dům
věž *f*	Turm	

Můj dům, můj hrad. Mein Haus, meine Burg.

Schlüssel zu den Übungen:

Ü 4 Aussprache
bota, váha, žíla, síla, hoch, soda, den, pára, zem, fík, šek, vlna, tuší

Ü 3
jeho, jejich, tvoje/vaše, moje, vaše, její, jejich, můj, naše

Ü 4
že, velkou, jmenuje, pracuje, matka/maminka, dva, sestru, bydlí, babička, tetu, jejich, dcera, pes

Ü 14
1) Dovolte, abych se představil. Jsem Švýcar. Normálně bydlím v Bernu, ale momentálně bydlím v Praze. Jmenuju se Viktor Kellnar a v Praze pracuju jako učitel. Mám moc rád české pivo.
2) Ahoj. Moje jméno je Julia Andretti. Jsem z Itálie, konkrétně z Milána. Studuju tady v Praze ekonomii. Jako typická Italka mám ráda pizzu a špagety.
3) Já jsem Thomas Lindner. Jsem Němec a bydlím v Berlíně. Pracuju jako žurnalista a jsem často v Praze. Líbí se mi česká literatura.
4) Hi. Jmenuju se Bob Johnson. Jsem Američan. Teď pracuju v Praze, ale jsem z Bostonu. Jsem manažer. Mám rád Evropu a Českou republiku.
5) Já jsem Čech z Brna. Jmenuju se Michal Janák. Pracuju na univerzitě, jsem matematik. Jsem dobrý sportovec a mám rád tenis.

Ü 15
12, 22, 100, 99, 41, 37, 86, 15, 68, 50, 19, 43, 15, 79, 44

Ü 16
Nemluvím bohužel ještě dobře česky. To je škoda. Ale můj bratranec Kurt mluví už/již dobře česky. Studuje v Praze a má českou přítelkyni. Je moc/velmi sympatická. Mají malý byt. Kurt je samozřejmě moc/velmi rád, že bydlí v Praze.

ČAS – DENNÍ REŽIM

T1 Co dělají Kateřina a Viktor celý den?

Was machen Katharina und Viktor den ganzen Tag?

track 30

Viktor vypravuje:
„Normálně vstávám v sedm hodin.
Potom snídám a čtu noviny.
Asi v osm hodin jdu do školy.
V osm hodin třicet začínám pracovat.
Učím němčinu a francouzštinu na gymnáziu.
Ve čtrnáct hodin vyučování končí.
Pak obědvám.
Odpoledne ještě pracuji ve škole.
Dnes večer večeřím v restauraci
Adria s Kateřinou.
O půlnoci jdu spát."

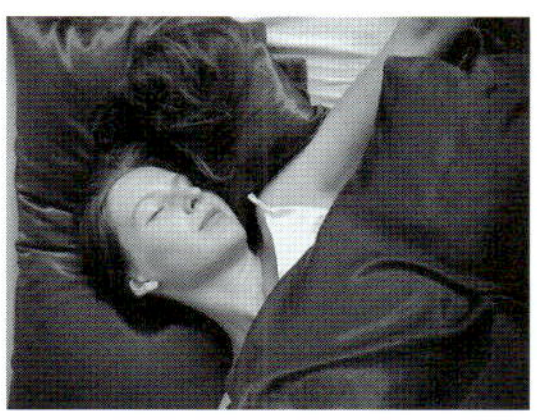

Je osm hodin. Katka ještě spí.
Katka moc ráda spí, speciálně ráno.
Asi v osm hodin třicet pomalu a
nerada vstává. Potom se rychle
sprchuje. Nesnídá, nemá čas.
Pospíchá na univerzitu,
v devět hodin má seminář.
V poledne obědvá v menze.
Odpoledne studuje, píše referát, čte
sociologickou literaturu, učí se anglicky.
Večer sportuje ve fitnesu.
V osm hodin večeří s Viktorem
v restauraci Adria.
O půlnoci už spí.

asi	etwa
čas	Zeit
čtu	ich lese
denní režim	Tagesablauf
dnes večer	heute Abend
do školy *do+G*	in die Schule
hodina	Stunde, Uhr
jdu	ich gehe
kolik	wieviel
končí	er/sie/es endet
na univerzitu *na +A*	in die Uni
němčina, francouzština	Deutsch, Französisch
noviny *Pl.*	Zeitung
obědvám	i. esse zu Mittag
odpoledne	am Nachmittag
o půlnoci	um Mitternacht
píše	er/sie/es schreibt
pomalu	langsam
pospíchá	er/sie/es hat eilig
potom/pak	dann
ráno	morgens
rychle	schnell
s Kateřinou *s+I*	mit K.
snídám	ich frühstücke
spát, spí	schlafen, er/sie/es schläft
sprchuje se	er/sie/es duscht
s Viktorem *s+I*	mit Viktor
učím	ich unterrichte
večeřím	ich esse zu Abend
večeří	er/sie/es isst zu Abend
ve škole *v+L*	in der Schule
v menze *v+L*	in der Mensa
v poledne	am Mittag
vstávám	ich stehe auf
vypravuje	er erzählt
vyučování	Unterricht
začínám	ich beginne

T2 Kolik je hodin? Wie spät ist es?

Ergänzen Sie die fehlenden Zeitangaben:

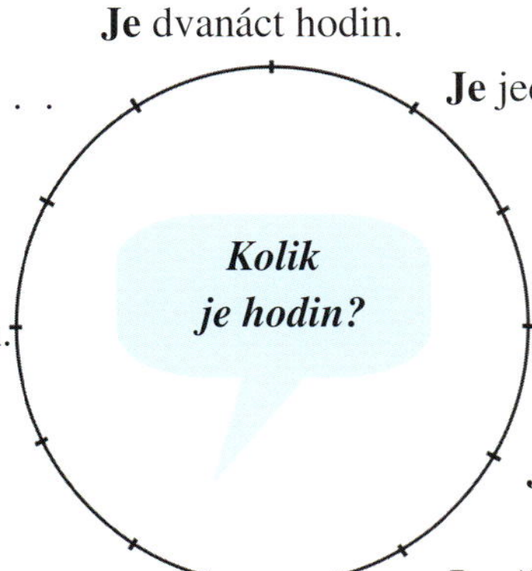

Je dvanáct hodin.
Je jedna hodina.
Jsou dvě hodiny.
Jsou tři hodiny.
Jsou čtyři hodiny.
Je pět hodin.
Je šest hodin.
. . . .
. . . .
Je devět hodin.
. . . .
. . . .

§1 DIE ZEITBESTIMMUNG / 1

Kolik je hodin? Wie spät ist es?		**V kolik hodin?** Um wieviel Uhr? (v/ve + A)	
Je jedna hodin**a**. (minut**a**)	**(N Sg.)**	V jedn**u** hodin**u**.	**(A Sg.)**
Jsou dvě/tři/čtyři hodin**y**. (minut**y**)	**(N Pl.)**	Ve dvě (tři, čtyři) hodin**y**.	**(A Pl.)**
Je pět/šest... hodin. (minut)	**(N+G Pl.)**	V pět (šest...) hodin.	**(A+G Pl.)**

Kdy?

ráno		morgens, am Morgen
dopoledne		vormittags, am Vormittag
v poledne	*v+A*	mittags, am Mittag
odpoledne		nachmittags, am Nachmittag
večer		abends, am Abend
v noci	*v+L*	nachts, in der Nacht
o půlnoci	*v+L*	um Mitternacht

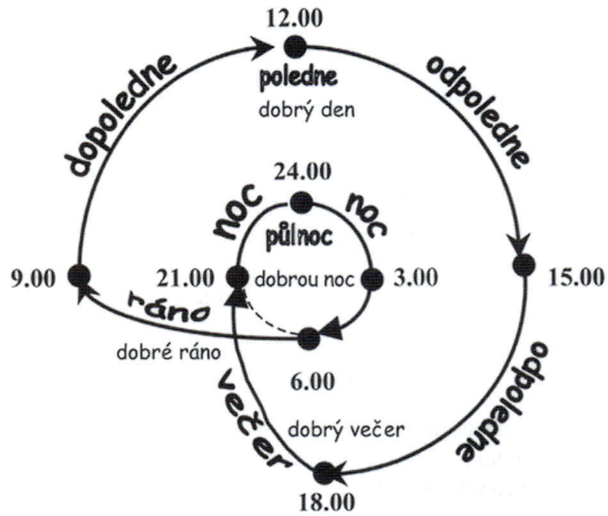

▸▸ 1. Antworten Sie: a) Kolik je hodin? b) V kolik hodin?

▸▸ 2. Antworten Sie nach dem Muster:

Je už sedm hodin? (– 15 minut) ***Ne, je teprve šest (hodin) čtyřicet pět (minut).***
Je už jedna hodina? (– 30 minut, – 45 minut)
Jsou už čtyři hodiny třicet? (– 10 minut, – 3 minuty)
Je už jedenáct hodin deset? (– 15 minut, – 10 minut)
Je už pět hodin? (– 1 minuta, – 25 minut)
Už jsou dvě hodiny? (– 12 minut, – 1 hodina)
Už je jedenáct hodin? (– 4 minuty, – 14 minut)

minuta	Minute
teprve	erst

T3 Kdy Viktor/Katka ... ? V kolik hodin ... Viktor/Katka?

ráno
dopoledne
***o** půlnoci*
***v** poledne*
odpoledne
večer
***v** noci*

spí
sportuje
večeří
pracuje
snídá
studuje
obědvá
vstává
čte
píše
učí (se)

v deset hodin
ve dvanáct hodin
v devět hodin
v šest hodin
*v jedn**u** hodin**u***
v osm hodin
ve čtyři hodiny
v sedm hodin

➲ **Erzählen Sie, was Katka oder Viktor von morgens bis abends machen:**

§2 DIE VERBEN (Indikativ Präsens)

Tschechische Verben können in Konjugationsgruppen aufgeteilt werden. Wir richten uns hier nach der 1. Person Singular Präsens.

Infinitiv	Singular		Plural		Beispiele
① oft einsilbige Vb, auf -nout	píš	u	píš	eme	**psát** (píšu) schreiben, **číst** (čtu) lesen, **jít** (jdu) gehen, **jet** (jedu) fahren, prohlédnout (prohlédnu) besichtigen
	píš	eš	píš	ete	
	píš	e	píš	ou	
auf **-ovat**, **einige einsilbige Vb**	stud	uji/uju	stud	ujeme	jmenovat se, pracovat, diskutovat, děkovat, telefonovat, kritizovat, vypravovat, cestovat, **hrát** (hraju) spielen, **pít** (piju) trinken, **žít** (žiju) leben, **mýt** (myju) waschen, **smát se** (směju se) lachen
	stud	uješ	stud	ujete	
	stud	uje	stud	ují/ujou	

② auf **-it** **-et/-ět**	mluv	ím	mluv	íme	učit se, prosit, večeřet, líbit se, končit, bydlet **spát** (spím); rozumět (3. Pl. auch -ějí); **jíst** (jím, 3. Pl. jedí) essen, **vědět** (vím, 3. Pl. vědí) wissen
	mluv	íš	mluv	íte	
	mluv	í	mluv	í	

③ auf **-at**	děl	ám	děl	áme	vstávat, snídat, obědvat, začínat, pospíchat **mít** (mám) **dát** (dám) geben
	děl	áš	děl	áte	
	děl	á	děl	ají	

✓ Verben, die in der 3. Sg. auf ***-(u)je*** enden (*pracuje, hraje*), haben in der 1. Sg. und in der 3. Pl. zwei korrekte Endungen, wobei die Endungen ***-(u)ji*** bzw. ***-(u)jí*** etwas förmlicher empfunden werden, während die Endungen ***-(u)ju*** resp. ***-(u)jou*** im Alltagsstil geläufig sind.

✓ Unregelmäßig konjugiert werden die Verben: **vědět** — vím, víš, ví, víme, víte, **vědí** wissen
jíst — jím, jíš, jí, jíme, jíte, **jedí** essen

▸▸ 1. In welche Gruppe würden Sie die Verben aus T 3 einordnen?

▸▸ 2. Konjugieren Sie mit Hilfe der Tabelle die Ihnen bereits bekannten Verben:

začínat — učit se — **jet** — prosit — bydlet — **číst** — sportovat — snídat — **spát** — **hrát** — pracovat — **žít** — **jít**

▸▸ 3. Versuchen Sie nun auch bei Verben, die Ihnen noch unbekannt sind, jedoch einen regelmäßigen Infinitiv haben, folgende Formen analog zu bilden: a) 1. Sg. b) 1. Pl. c) 3. Pl.

zdravit grüßen — nakupovat einkaufen — platit zahlen — čekat warten — vidět sehen — narodit se geboren werden — počítat zählen, rechnen — říkat sagen — slavit feiern — dát geben — zvonit klingeln — opakovat wiederholen — znát kennen — zapomenout vergessen — ukazovat zeigen — myslet denken — ptát se fragen — odpovídat antworten

▸▸ 4. Beantworten Sie die Fragen, wann Sie und was im Laufe des Tages machen:

Kdy jdete spát? *Jdu spát v 22.00.*

Kdy obědváte? **V kolik hodin jdete spát?** **Kdy snídáte?**
Kdy začínáte pracovat? **Kdy sportujete?**
Kdy čtete noviny? **V kolik hodin večeříte?**
Kdy se učíte česky? **V kolik hodin vstáváte?**
Sprchujete se ráno nebo večer? **Kolik je hodin?**
Kdy už nepracujete? **Kdy ještě nespíte?**

➲ **Unterhalten Sie sich mit Ihrem Nachbarn, was Sie den ganzen Tag machen. Benutzen Sie die Du-Form:**

Kdy obědváš? *Obědvám ve 12 hodin.* ***V kolik hodin vstáváš?*** *Vstávám v 7.30.* ...

T 4 Dny v týdnu Die Wochentage

týden	**po** **pondělí**	**út** **úterý**	**st** **středa**	**čt** **čtvrtek**	**pá** **pátek**	**so** **sobota**	**ne** **neděle**
						víkend	
kdy?	v pondělí	v úterý	ve středu	ve čtvrtek	v pátek	v sobotu	v neděli
						o víkendu	

✓ Die Antwort auf die Frage ***kdy?*** wann ***který den?*** an welchem Tag? erfordert im Tschechischen die Präposition ***v/ve*** **+ A** (ABER ***o víkendu*** – *o* + L).

Co dělá Kateřina celý týden? Was macht Katharina die ganze Woche?

Ergänzen Sie fehlende Angaben nach dem Kalender

Katka je **a**ktivní mla**d**á **ž**ena, její kal**e**ndář je po**ř**ád pl**n**ý.
V pondělí hr**aj**e v 9 h**o**din sq**u**ash, **o**dpoledne má k**u**rz **a**ngli**č**tiny a ve**č**er jde **na** koncert.
V **ú**terý . . . .
V**e** středu má cel**ý** d**e**n pr**a**kt**i**kum v**e** firmě.
Ve čtvrtek . . . .
V pátek r**á**no jde **n**a masáž, **p**otom má **p**ř**e**dnášku a ve**č**er ve**č**eří s Viktorem.
V sobotu . . . .
V neděli c**e**stuje d**o** Prahy a v 19 **h**odin má n**á**vštěvu.

cesta	Reise, Fahrt
do Brna	nach Brünn
do Prahy	nach Prag
hraje, hrát	sie spielt, spielen
kalendář	Kalender
konference	Konferenz
kurz angličtiny	Englischkurs
masáž	Massage
na koncert	ins Konzert
návštěva	Besuch
oběd	Mittagessen
pořád plný	immer voll
praktikum	Praktikum
přednáška	Vorlesung
seminář	Seminar
večeře	Abendessen

2000	**ČERVEN** **JUNE**	**JUNI** **JUIN**	**JUNIO** **ИЮНЬ**
20.6. po	**9.00** squash	**14.00** kurz angličtiny	**20.00** koncert
21.6. út	**12.30** oběd s Viktorem	**16.00** sociologický seminář	
22.6. st	**10.00–18.00** praktikum ve firmě		
23.6. čt	**9.00–12.00** konference na univerzitě	**19.00** fitnes	
24.6. pá	**7.30** masáž	**11.00** přednáška	**19.30** večeře s Viktorem
25.6. so	celý den cesta do Brna		
26. 6. ne	**10.00** cesta do Prahy	**19.00** návštěva	

§3 DIE ZEITBESTIMMUNG / 2

▸▸ 1. Ersetzen Sie das Wort *den* (Tag) durch andere Zeitbegriffe und verbinden Sie diese je nach ihrem Genus mit den entsprechenden Adjektiven und Pronomina:

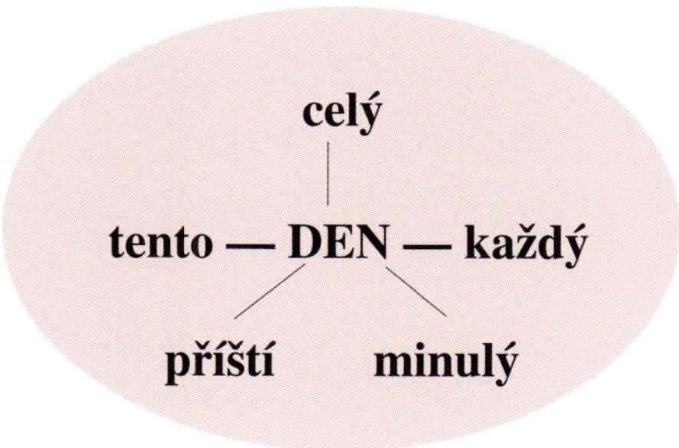

TÝDEN	. . . .
MĚSÍC	. . . .
ROK	. . . .
PONDĚLÍ	***celé, toto, každé, příští, minulé***
SOBOTA	. . . .
PÁTEK	. . . .
NEDĚLE	***celá, tato, každá, příští, minulá***
ÚTERÝ	. . . .

každý,á,é	jeder,e,s
měsíc	Monat
minulý,á,é	r,e,s letzte
příští	r,e,s nächste
rok	Jahr

Jak často? – Jak dlouho? – Kdy? Wie oft? – Wie lange? – Wann?

Jak často hraje Katka tenis?	... ***každý týden, každou středu*** ...	jede Woche, jeden Mitwoch
Jak dlouho hraje Katka tenis?	... ***celý rok, celou neděli*** ...	das ganze Jahr, den ganzen Sonntag
Kdy hraje Katka tenis?	... ***tuto středu, tento víkend*** ...	diesen Mittwoch, dieses Wochenende
[Za jak dlouho? *za +Akk.*	... ***za rok, za měsíc, za týden*** ...	in einem Jahr/Monat, in einer Woche]

✓ Die Fragen ***Jak dlouho? — Jak často? — Kdy?*** beantwortet man im Tschechischen meistens mit einer einfachen **Akkusativform** (wie *Jak dlouho studuješ? Měsíc.*), insbesondere wenn die Zeitbestimmungen mit dem Attribut *tento, celý, příští* verbunden sind.

▸▸ 2. Antworten Sie auf die Fragen nach dem Muster:

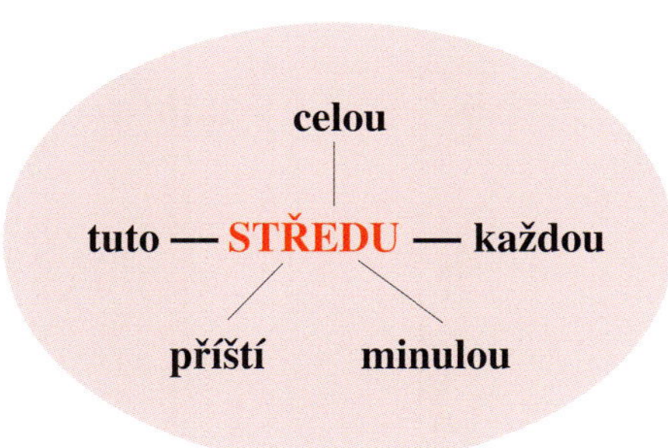

Jak často? Jak dlouho? Kdy?

DEN	***celý, tento, každý, příští den*** . . . .
NEDĚLE	. . . .
ROK	. . . .
RÁNO	. . . .
ÚTERÝ	***každé úterý*** . . . .
MĚSÍC	. . . .
SOBOTA	. . . .
ÚTERÝ	. . . .
NOC	***celou noc,*** . . . .

➲ **Beantworten Sie die Fragen mit Hilfe der oben angeführten Zeitbestimmungen:**

Jak často sportuješ? Kdy cestuješ do Prahy? Jak dlouho píšeš referát? Kdy čtete noviny? Jak dlouho máš praktikum ve firmě? Jak často večeříš v restauraci? Kdy hraješ squash? Jak často máš návštěvu? Kdy studuješ? Kdy pracuješ? Kdy cestuješ do Brna? Jak často máš masáž? Kdy se učíš česky? ...

➲ **Stellen Sie sich zu zweit ähnliche Fragen und beantworten Sie diese. Benutzen Sie die Höflichkeitsform!**

§4 UŽ × JEŠTĚ schon × noch × nicht mehr / kein ... mehr

už	**Už** mluvím česky.	**schon**	Ich spreche **schon** tschechisch.
ještě ne-	**Ještě ne**mluvím česky.	**noch nicht**	Ich spreche **noch nicht** tschechisch.
ještě	**Ještě** tady bydlím.	**noch**	Ich wohne hier **noch**.
už ne-	**Už** tady **ne**bydlím. **Už ne**mám kávu.	**nicht mehr** **kein mehr**	Ich wohne hier **nicht mehr**. Ich habe **keinen** Kaffee **mehr**.

Mluvíte **už** česky? Ano, **už** mluvím česky. / Ne, **ještě ne**mluvím česky.
Bydlíte **ještě** tady? Ano, **ještě** tady bydlím. / Ne, **už** tady **ne**bydlím.
Máte **ještě** kávu? Ano, **ještě** mám kávu. / Ne, **už ne**mám kávu.

▸▸ 1. Bejahen bzw. verneinen Sie:

Rozumíte už česky? ***Ano, už rozumím česky. — Ne, ještě nerozumím česky.***
Studujete ještě? — Je už Igor tady? — Už Katka vstává? — Telefonují ještě? — Pracuje Viktor ještě? — Ideš už spát? — Jsou už tam? — Učí Viktor ještě na gymnáziu? — Máte ještě čas? — Končí už vyučování? — Je už deset hodin? — Čte Viktor ještě noviny? — Rozumíte už česky?

TO JE ... Das ist ...

P 1

To je jedno.	Das ist egal.
To je pravda.	Das ist wahr.
To je smůla.	Das ist Pech.
To je strašné.	Das ist schrecklich.
To je nutné.	Das ist nötig.
To je možné.	Das ist möglich.

To je škoda. — To je prima. — To je problém. — To je krize. — To je skandál. — To je katastrofa. — To je fantastické. — To je ideální. — To je nonsens. — To je chaos.

▸▸ 1. Wie würden Sie auf folgende Mitteilungen reagieren?

Mluvíte dobře česky.

Dnes večer nemám čas. **Učí se anglicky a španělsky.**

Náš profesor tady není. **Čeština je fajn.**

Václav Havel není český prezident. **České pivo je výborné.**

Naše univerzita je hezká. **Jdeme na pivo!**

Je víkend!

O víkendu je džezový koncert. **To auto je růžové!**

Nemám byt!

Škoda je výborné auto. **Dnes večer je party.**

Česká ekonomika je progresivní.

ÜA VÝSLOVNOST Aussprache

1. Bemühen Sie sich um eine richtige Aussprache der weichen und harten Konsonanten:

track 31

ď - d		ť - t		ň - n	
rodí	rody	tiká	tyká	honí	hony
díky	dýky	platí	ploty	niť	nýt
mědi	medy	těsto	test	hodně	hodné
děj	dej	prostě	proste	něco	nebo

Die Aussprache von ***di, ti, ni*** in den Fremdwörtern ist meistens hart [di, ti, ni]:

diktát	titul	univerzita
studium	lokomotiva	organizmus
diskuze	aktivum	nikotin

2. Unterscheiden Sie Konsonanten *d, t, n* und *ď, ť, ň*. Nach *d, t, n* [ď, ť, ň] schreiben Sie *i* oder *ě*, nach *d, t, n* [d, t, n] schreiben Sie *y* oder *e*:

track 32

. . . .

. . . .

. . . .

ÜB

1. Welche Wörter gehören zusammen:

žurnalista autor
fotbalista
studium
kytarista barva
pondělí
dědeček
politik oběd
9 hodin

čas
sport noviny
rodina
argument
týden
poledne
koncert
univerzita
román
zelená

2. Co dělá ... ?

reprezentant	***reprezentuje***	fotograf		student	
trenér		kontrolor		kritik	***kritizuje***
dirigent		referent		emigrant	
ilustrátor		fax	***faxuje***	stimulátor	
informátor		diskutér		likvidátor	
iniciátor		simulant		montér	***montuje***

3. Schreiben Sie nach Diktat:

Pan Kellnar vstává každý den v sedm hodin. Potom pomalu snídá a čte noviny. V devět hodin začíná pracovat ve firmě. V osmnáct hodin končí. Dnes večer jde na koncert.

4. Was stimmt nicht in den Informationen über Viktor und Katharina? Wie ist es richtig?

Viktor: Normálně vstávám v šest hodin. Nesnídám a nesprchuju se, ale pospíchám do školy. Vyučování začíná už v sedm hodin třicet. Učím na univerzitě češtinu a angličtinu. Končím ve dvanáct hodin. Odpoledne už nepracuju. Večer obědvám v restauraci. O půlnoci ještě nespím.

. . . .

. . . .

. . . .

. . . .

Katka: Vstávám ráda už v sedm hodin. Potom pomalu snídám a čtu noviny. Na univerzitu nepospíchám, mám čas. V poledne obědvám v restauraci. Odpoledne už nestuduju, ale učím se německy. Večer hraju squash. Jdu spát o půlnoci.

. . . .

. . . .

. . . .

. . . .

5. Verwenden Sie die Präsensform des Verbs:

Petr . . . . (večeřet) s Viktorem. ***večeří***

Iva a Eva . . . . (psát) referát. Co . . . . (dělat) celý den, Viktore? To auto se mi . . . . (líbit se). My ne . . . . (pospíchat), ... (mít) čas. Paní Veselá, kde . . . . (bydlet)? Milena ráda . . . . (hrát) tenis. Je 10 hodin a Katka ještě . . . . (spát). Viktor a Katka dnes . . . . (obědvat) v restauraci. Kdy . . . . (jít) dnes spát, Zuzano? Oni . . . . (číst) rádi ráno noviny. Naše lekce . . . . (začínat) v 16.00 a . . . . (končit) v 18.00. Kdo to . . . . (vypravovat)? Co . . . . (dělat) bratr a sestra? Já a můj přítel už . . . . (mluvit) a . . . . (rozumět) dobře česky.

6. Kolik je hodin?

Jsou tři hodiny.

. . . .

. . . .

. . . .

. . . .

. . . .

Je jedna hodina.

. . . .

7. Antworten Sie nach dem Muster:

V kolik hodin je koncert? V jednu hodinu? (+ 30 minut) ***Ne, koncert je v jednu (hodinu) třicet.***

Začíná opera v 8 hodin večer? (+ 1 hodina, - 30 minut)
V kolik hodin je film? V 10 hodin? (- 30 minut, + dvě hodiny)
Snídáš v 7 hodin? (+ 45 minut, - 15 minut)
Je diskotéka v 16 hodin? (+ 2 hodiny, - 1 hodina)
V kolik hodin končí naše lekce? V 11 hodin? (+ 15 minut, + 35 minut)
Kdy jdeš spát? V 23 hodin? (+ 20 minut, - 20 minut)

8. Was machen Thomas, Herr Hora und Julia die ganze Woche über?

Kdy?	Co děláThomas?	Co dělá pan Hora?	Co dělá Julia?
pondělí	pracuje na univerzitě	práce ve firmě	česká lekce
úterý	sportuje ve fitnesu	termín s šéfem	ekonomický seminář
středa	má kurz češtiny	cesta do Německa	masáž
čtvrtek	večeří s Viktorem	cesta do Prahy	oběd v pizzerii
pátek	je v Brně	nemá čas	přednáška na univerzitě
sobota	jde tancovat	nepracuje	džezový koncert
neděle	dlouho spí	návštěva z Bernu	večeře v restauraci

➲ A vy? Co děláte celý týden? Schreiben Sie einen kurzen Text!

9. Übersetzen Sie die Zeitbestimmungen ins Tschechische:

Den ganzen Tag, um 1 Uhr, jede Woche, heute abend, um Mitternacht, am Morgen, nächstes Jahr, um 3.30, diesen Montag, am Sonntag, letzten Samstag, das ganze Jahr, am Wochenende, vormittags, den ganzen Dienstag, am Nachmittag, letztes Wochenende, jeden Monat, mittags, diesen Mittwoch, mittwochs, jeden Tag, um 10.15.

10. Finden Sie die Antonyme:

pomalu — snídáme — dopoledne — noc — půlnoc — jdu spát — sympatický — pospíchá — tady — černý — minulý — potom — končí — stará — večer — večeře

11. Welche Sätze können eine logische Reaktion auf folgende Feststellungen sein?

Česká republika ještě není v EU.
Kamarád Ivan je milionář.
Večer je rockový koncert.
Učíme se intenzivně česky.
Dnes není kurs češtiny.

Je poledne a Katka ještě spí.
Čeština je lehký jazyk.
O víkendu nemám čas.
Ta káva není dobrá.
Máme rádi gramatiku.

lehký jazyk leichte Sprache

TO JE MOŽNÉ. TO NENÍ PRAVDA. TO JE ŠKODA. TO JE PRIMA. TO JE MI LÍTO. TO JE NUTNÉ. TO JE STRAŠNÉ. TO JE SMŮLA. BOHUŽEL. TO JE JEDNO. SAMOZŘEJMĚ.

12. Hörübung: Die Freunde von Katka und Viktor sprechen über ihren Tagesablauf. Ergänzen Sie in der Tabelle, wann sie was machen.

track 33

	Kdy vstávám?	Kdy obědvám?	Kdy sportuju?	Kdy jdu spát?
Bob Johnson				
Julia Andretti				
Thomas Lindner				
Michal Janák				

T5 KDO JE …? Wer ist …?

track 34

Tomáš Garrigue Masaryk (1850–1937),
český filozof, sociolog a politik, první prezident československého státu, uznávaný jako humanista, demokrat a morální autorita.

první r,e,s erste
uznávaný jako anerkannt als

T6 KDE JE …? Wo ist …?

Karlštejn

track 35 je gotický hrad blízko Prahy. Karlštejn nechal postavit ve čtrnáctém století Karel IV. (čtvrtý), český král a římský císař.

blízko	in der Nähe
císař	Kaiser
hrad	Burg
nechal postavit	er ließ bauen
římský	römisch
ve čtrnáctém století	im 14. Jahrhundert

T7 VÍTE, … Wissen Sie, wie die Bezeichnungen der einzelnen Tage entstanden sind?

PONDĚLÍ von „po neděli“ = nach dem Sonntag
ÚTERÝ vgl. auch russ. „vtoroj“ = jener, der zweite (Tag)
STŘEDA von „střed“ = Mitte
ČTVRTEK von „čtvrtý“ = der vierte
PÁTEK von „pátý“ = der fünfte
SOBOTA von hebr. „šabbāth“ = Sabbat
NEDĚLE von „nedělat“ = nichts tun

P2

ČESKÉ PŘÍSLOVÍ
Ranní ptáče dál doskáče.

V1

		Anwendung	Antonym
asi	etwa, ungefähr, vielleicht	~ v 8 hodin	
celý,á,é	ganz	~ den	
cesta *f*	Reise, Fahrt, Weg	cesta do Prahy	
čas *m*	Zeit	nemám ~	
číst, čtu	lesen	čtu noviny	
čtvrtek *m*	Donnerstag	ve ~	
dělat,-ám	machen	co dělá celý den?	
denní režim *m*	Tagesablauf		
dlouho	lange	jak dlouho?	
dnes	heute	~ večeřím v restauraci	
do *Präp.+G*	nach, in, bis	~ školy	
dopoledne *n, Adv.*	Vormittag, am Vormittag	~ pracuje	odpoledne
francouzština *f*	Französisch	učím francouzštinu	
hodina *f*	Stunde, Uhr	kolik je hodin?	
hrát, hraju	spielen	hraje squash	
jet, jedu	fahren	jedu do školy	
jíst, jím, *3.Pl.* **jedí**	essen	~ oběd	
jít, jdu	gehen	jdu do školy	stát
kalendář *m*	Kalender	její kalendář je plný	
každý,á,é	jeder,e,s	~ rok	
kolik	wieviel	~ je hodin	
koncert *m*	Konzert	jde na koncert	
končit,-ím	enden	vyučování končí v 14 hodin	začínat

menza *f*	Mensa	obědvá v menze	
měsíc *m*	Monat, Mond	celý ~	
minulý,á,é	r,e,s letzte, vergangene	~ rok	
minuta *f*	Minute	je 7 hodin 15 minut	
možný,á,é	möglich	to je možné	
návštěva *f*	Besuch	má návštěvu	
neděle *f*	Sonntag	v neděli	
němčina *f*	Deutsch	učím němčinu	
noviny *f, Pl.*	Zeitung	čtu ~	
nutný,á,é	notwendig, nötig	to je nutné	
oběd *m*	Mittagessen	~ s Viktorem	
obědvat,-ám	mittagessen	obědvám ve 12 hodin	
odpoledne *n, Adv.*	Nachmittag, am Nachmittag	~ pracuji ve škole	dopoledne
pátek *m*	Freitag	v ~	
pít, piju	trinken	piju kávu	
plný,á,é	voll	její kalendář je pořád ~	prázdný
poledne *n* **/ v poledne**	Mittag / am Mittag, mittags	v ~ obědvá	půlnoc / o půlnoci
pomalu *Adv.*	langsam	vstává ~	rychle
pondělí *n*	Montag	v ~	
pořád	immer, ständig	~ pracuje	
pospíchat,-ám	sich beeilen	pospíchá na univerzitu	
potom, pak	dann	~ snídám	teď
pravda *f*	Wahrheit	to je ~	
prosit,-ím	bitten	prosím?	děkovat
přednáška *f*	Vorlesung, Vortrag	~ na univerzitě	
příští	r,e,s nächste	~ rok	
psát, píšu	schreiben	píše referát	
půlnoc *f* **/ o půlnoci**	Mitternacht / um Mitternacht	o půlnoci jde spát	poledne / v poledne
ráno *n, Adv.*	Morgen, am Morgen, morgens	~ vstávám v 7 hodin	večer
rok *m*	Jahr	příští ~	
rychle *Adv.*	schnell	~ se sprchuje	pomalu
s/se *Präp.+I*	mit	~ Kateřinou	
snídat,-ám	frühstücken	snídám v 6 hodin	večeřet
smůla *f*	Pech	to je ~	
sobota *f*	Samstag	v sobotu	
spát, spím	schlafen	jdu spát	
sportovat,-uji/u	Sport treiben	sportuje ve fitnesu	
sprchovat se,-uji/u	duschen	rychle se sprchuje	
strašný,á,é	schrecklich, furchtbar	to je strašné	
středa *f*	Mittwoch	ve středu	
škola *f*	Schule	jdu do školy	
teprve	erst	je ~ 8 hodin	
týden *m*	Woche	dny v týdnu	
učit,-ím	lehren, unterrichten	učím němčinu	
univerzita *f*	Universität	pospíchá na univerzitu	
úterý *n*	Dienstag	v ~	
v/ve *Präp.+L*	in, auf	~ škole	
večer *m, Adv.*	Abend, am Abend, abends	~ sportuje ve fitnesu	ráno
večeře *f*	Abendessen, Abendbrot	jde na večeři	snídaně
večeřet,-ím	zu Abend essen	večeřím v restauraci	snídat
vědět, vím, *3.Pl.* **vědí**	wissen	to nevím	
víkend *m*	Wochenende	o víkendu	

vstávat,-ám	aufstehen	vstávám v 7 hodin	jít spát
vypravovat,-uji/u	erzählen	Viktor vypravuje	
vyučování *n*	Unterricht	~ končí v 14 hodin	
začínat,-ám	beginnen, anfangen	v 8 hodin začínám pracovat	končit
žít, žiju	leben	žije v Praze	

V2

blízko *Präp.+G*	in der Nähe von	blízko Prahy
císař *m*	Kaiser	německý ~
čtrnáctý,á,é	r,e,s vierzehnte	ve čtrnáctém století
hrad *m*	Burg	gotický ~
nechat,-ám	lassen	nechal postavit Karlštejn
postavit,-ím *(p.)*	bauen, erbauen	
římský,á,é	römisch	~ císař
století *n*	Jahrhundert	ve čtrnáctém ~
uznávaný,á,é	anerkannt	je ~ jako humanista

Ranní ptáče dál doskáče. Morgenstund hat Gold im Mund.

Schlüssel zu den Übungen:

Ü 2 Aussprache

díl, ty, tele, deset, děs, tiše, děje, nudí, tělo, nemá, rády, mosty, nic, nyní

Ü 5

píšou, děláš/děláte, líbí, nepospícháme, máme, bydlíte, hraje, spí, obědvají, jdeš/jdete, čtou, začíná, končí, vypravuje, dělají, mluvíme, rozumíme

Ü 9

celý den, v jednu hodinu, každý týden, dnes večer, o půlnoci, ráno, příští rok, ve tři (hodiny) třicet (minut), toto pondělí, v neděli, minulou sobotu, celý rok, o víkendu, dopoledne, celé úterý, odpoledne, minulý víkend, každý měsíc, v poledne, tuto středu, ve středu/každou středu, každý den, v deset (hodin) patnáct (minut)

Ü 10

rychle — večeříme — odpoledne — den — poledne — vstávám — nesympatický — jde pomalu — tam — bílý — příští — teď — začíná — mladá — ráno — snídaně

Ü 12

Michal Janák: Mám moc rád sport. Jsem matematik a sport je dobrá kompenzace. Každý čtvrtek hraju tenis a v sobotu hraju squash. Večer jdu spát až o půlnoci, ale vstávám nerad, asi v 8.30 nebo v 9.00. Obědvám v jednu hodinu.

Julia Andretti: Já vůbec nemám ráda sport. Můj den začíná brzy. Ráno vstávám už v 6.30, potom studuju. Obědvám v menze asi ve 14.00. Večer jdu spát brzy, už v 22.00.

Bob Johnson: Vstávám každý den asi v 9.00. Celý den pracuju, jen v poledne mám asi hodinu pauzu na oběd. Sportuju málo, jen v sobotu dělám trochu jogging. Jdu spát teprve asi v jednu nebo ve dvě hodiny, protože v noci rád čtu.

Thomas Lindner: Jsem žurnalista a ráno čtu noviny na internetu. Proto vstávám už v 7.00. Neobědvám, nemám čas, ale dobře večeřím. Každé úterý večer hraju fotbal. Večer jdu na pivo, ale ve 24.00 už spím.

MĚSTO – VENKOV – NÁKUPY

T 1 Informace: Jak se dostanu …?

Sich informieren: Wie komme ich (wohin) … ?

Track 36

- • Promiňte!
- – Prosím!
- • Hledám Informace.
- – Informace jsou na nádraží.
- • A kde je nádraží?
- – Musíte jít hned doprava, potom rovně nahoru asi 100 metrů a doleva. Tam je velká křižovatka. Na levé straně je banka a naproti je nádraží.
- • Mnohokrát děkuji.
- – Prosím.

- ♣ Promiňte, jak se dostanu na poštu?
- – Musíte jít doprava, pak hned doleva a ještě jednou doleva. Potom pořád rovně dolů a na pravé straně je pošta.
- ♣ Je to daleko?
- – Asi 10 minut pěšky. Ale můžete jet taky autobusem číslo 4. Je to jen jedna stanice. Stanice autobusu je tam vlevo.
- ♣ Děkuji za informaci.
- – Není zač.

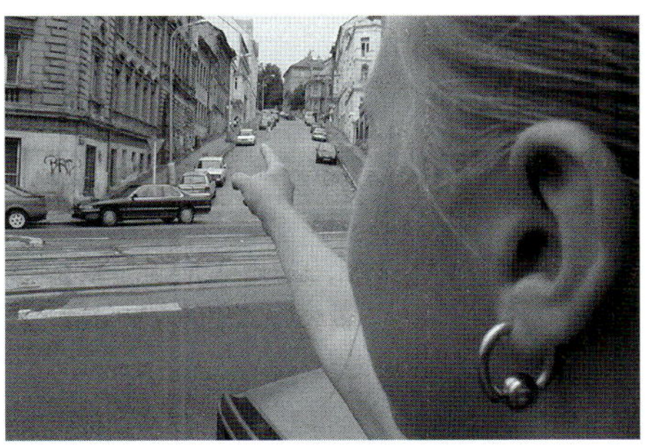

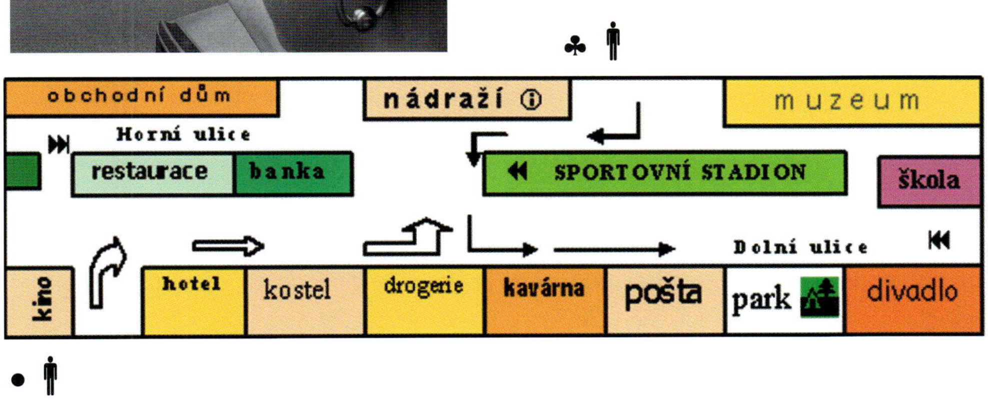

daleko	weit
děkuji za informaci +*A*	danke für die Information
dolů/nahoru	nach unten/oben
doprava, doleva	nach rechts, nach links
hledat	suchen
hned	gleich
ještě jednou	noch einmal
jet autobusem *jet +I*	mit dem Bus fahren
křižovatka	Kreuzung
mnohokrát děkuji	vielen Dank
muset	müssen
můžete	Sie können
na nádraží	zum Bahnhof
na poštu	zur Post
na pravé / levé straně	auf der rechten/ linken Seite
naproti	gegenüber
nákupy	Einkäufe
pěšky	zu Fuß
pořád rovně	immer geradeaus
promiňte! prominout	Entschuldigung! entschuldigen
venkov	Land, Provinz
vlevo	links

divadlo	Theater
Horní, Dolní ulice	die Obere, Untere Straße
kavárna	Café
kostel	Kirche
obchodní dům	Kaufhaus

§1 DIE LOKALADVERBIEN

KDE jsou? Wo sind sie?

vpředu nahoře ↖ ↑ — oben, vorne

vlevo ← uprostřed → vpravo — links, in der Mitte, rechts

nalevo ↓ ↘ napravo

dole vzadu — hinten, unten

KAM jedou? Wohin fahren sie?

dopředu nahoru ↖ ↑ — nach oben / vorne

doleva ← doprostřed → doprava — nach links, in die Mitte, nach rechts

nalevo, vlevo ↓ ↘ napravo, vpravo

dolů dozadu — nach hinten / unten

Jste v Dolní ulici – ⏮: Co je vpravo/napravo/na pravé straně? Co je vlevo/nalevo/na levé straně?

Jste v Horní ulici – ⏭: Co je na obrázku nahoře a co je dole? ☞ T 1

Jste na sportovním stadionu – ⏪: Co vidíte naproti?

Co vidíte vpravo, vlevo, uprostřed, vpředu?

vidět	sehen

▸▸ 1. Fragen Sie nach den unterstrichenen Ausdrücken in den Sätzen aus T 1: KDE? — KAM? — CO? — KOLIK? — JAK DALEKO? — JAK?

Hledám Informace. Informace jsou na nádraží. Musíte jít doprava. Je to asi 100 metrů. Tam je velká křižovatka. Na levé straně je banka. Nádraží je naproti. Jak se dostanu na poštu? Musíte jít hned doleva. Na pravé straně je pošta. Je to asi 10 minut pěšky. Musíte jít pořád rovně dolů. Můžete jet autobusem číslo 4. Stanice autobusu je vlevo. Je to jen jedna stanice.

▸▸ 2. Antworten Sie nach dem Muster: *Je banka vlevo?* ***Ne, banka je vpravo.***

Jede autobus nahoru? Vidíte školu dole? Musíme jít doprava? Je hotel vpravo nahoře? Auto jede dolů? Je restaurace vpředu? Musím jít dopředu? Drogerie je na levé straně? Jdeš doleva? Nádraží je vzadu? Stanice autobusu je nahoře? Taxi jede nahoru? Muzeum je na pravé straně? Křižovatka je uprostřed?

T 2 Ve městě nebo na venkově? In der Stadt oder auf dem Land?

Viktor, Katka a jejich přátelé jsou v pivnici U Fleků a diskutují, jestli chtějí raději bydlet ve městě, nebo na venkově.

track 37

Viktor
Já chci bydlet vždycky ve velkém městě, protože miluju operu, divadlo a kino. Také rád jím a piju v dobré restauraci. Na venkově je to nudné.

Bob
Ne, venkov, to není pro mě. Město je hektické, ale anonymní. To se mi líbí. Chci mít zajímavou práci, dělat kariéru. A to je v Americe možné jen ve velkoměstě.

Katka
Chtěla bych taky raději bydlet ve velkém městě, ale miluji taky venkov a přírodu.
Pro mě je ideální kombinace bydlet a pracovat ve městě a o víkendu být na chatě nebo na

Nik
To je jedno, jestli bydlím na venkově, nebo ve městě. Pro mě je důležité, jestli tam mají dobré pivo.

Julia
V Itálii bydlím na venkově a bydlím tam ráda. Je fajn, že tam každého člověka znám a nevadí, že nemáme muzeum nebo divadlo.
Na hezký koncert, na výstavu nebo na diskotéku můžu vždycky jet do města.

do města	in die Stadt
důležitý,á,é	wichtig
chci	ich will
chtěla bych	ich möchte
chtějí, chtít	sie wollen, wollen
jestli	ob (wenn)
jím, jíst	ich esse, essen
milovat	lieben
můžu, moct	ich kann, können
na chatě	in der Hütte
na chalupě	im Wochenend-haus
na výstavu	in die Ausstellung
nevadí	macht nichts
nudný,á,é	langweilig
pro mě	für mich
protože	weil
přátelé	Freunde
příroda	Natur
raději	lieber
v pivnici	in der Bierstube
velkoměsto	Großstadt
vždycky	immer
znát	kennen
zajímavý,á,é	interessant

§2 DER LOKATIV SINGULAR

Der Lokativ (auch Präpositiv genannt) ist der einzige Fall, der ausschließlich nach Präpositionen folgt. Durch ihn werden oft lokale oder zeitliche Umstände ausgedrückt.

? Nach welchen Präpositionen steht der Lokativ in T 2 auf die Frage **KDE?** Notieren Sie Beispiele:

. . . .

? Nach welchen Präpositionen steht der Lokativ in T 2 und in der **L 3** in T 3 auf die Frage **KDY?** Notieren Sie Beispiele:

. . . .

? Welche Endung tritt Ihren ersten Erfahrungen nach häufig im L Sg. auf? . . . .

Mluvím o ... Ich spreche über ... O KOM? O ČEM? Über wen? Über was?

Pronomen „hart"		Pronomen „weich"		Adjektiv „hart"		Adjektiv „weich"		Substantiv		Genus		
jedn / t	om	naš	em	nov / m	ém	modern / jej	ím	pán	ovi/u	„hart“	Mb	1
								muž	i	„weich“		
								hrad	u/ě	„hart“	Mu	2
								stroj	i	„weich“		
	é	naš / moj	í		é		í	žen	ě		F	3
								růž	i			
								písn				
								kost				
	om	naš	em		ém		ím	měst	ě		N	4
								kuřet	i			
								moř				
								nádraž	í			

✓[1] Die Endung ***-ovi*** kommt auch bei Maskulina wie *kolega* vor (so auch im Dativ **L9, §1**), die im Singular sonst wie *žena* dekliniert werden; bei Maskulina wie *pán* kommt – falls mehrere Maskulina folgen – die Endung ***-u*** vor, bei dem letzten bleibt die Endung ***-ovi*** erhalten: *o Janovi* vs. *o Janu Novákovi*, *o panu Janu Novákovi*, *o panu profesoru Janu Novákovi*.

✓[2,3,4] Vor allem bei adverbialer Verwendung von **Mu** wird statt *-u* die Endung ***-ě*** verwendet (vgl. *mluvil o hradu* er sprach über die Burg vs. *spal na hradě* er schlief auf der Burg), bei **Mu** auf ***-l, -z, -s***, bei **F** auf ***-la, -za, -sa*** oder bei **N** auf ***-lo, -zo, -so*** erscheint die Variante ***-e*** (wie *v kostele* in der Kirche, *na obraze* auf dem Bild, *v čase* in der Zeit, *o Kamile* über Kamila, *v umyvadle* im Waschbecken).

✓[2] Bei einsilbigen Maskulina wie *stůl*, *dům* kommt es zur Alternation ***ů → o*** – *na stole*, *v domě*.

✓[3] Bei den **F** auf ***-ha, -cha, -ka, -ga, -ra*** kommt es zum Konsonantenwechsel (wie *v Praze, ve sprše, v Americe, o Olze, v opeře*).

✓[2,4] Bei **Mu** auf ***-g, -k, -ch, -h*** und **N** auf ***-go, -ko, -cho, -ho*** sowie bei **N** fremden Ursprungs auf ***-um*** wie *muzeum* und den meisten Fremdwörtern erscheint Endung ***-u***, vor der kein Konsonantenwechsel erfolgt (vgl. *v parku, v Německu, v Kongu, v muzeu*).

ERSCHEINUNGSFORMEN DES LOKATIVS:

1. Ortsangaben: Kde jsou?

v/ve in	**v Praze, v kině**
na in, auf	**na poště, na výstavě**
po auf, in, durch	**po ulici, po městě**

2. Zeitangaben

při bei, während	**při večeři**
po nach	**po snídani, po studiu**
v, o, na in, am	**v noci, o víkendu**
	na jaře im Frühling

3. Verben mit L: O čem? (Verben des Sprechens)

mluvit
vypravovat
diskutovat – **o politice, o příteli** über/von
psát
číst ...

▸▸ 1. In welchen Ländern waren Sie schon? Und in welchen Städten?

Byl jsem (M) / *Byla jsem* (F) ... ***ve Švédsku*** ... ***v Liberci***

Itálie, Česká republika, Polsko, Kazachstán, Austrálie, Francie, ?, Irsko, Amerika, Maďarsko, Slovinsko, Španělsko, Norsko, Antarktida, Švédsko, Vietnam, Portugalsko, Rumunsko, Afrika, Kolumbie, Velká Británie, ?

Paříž, Vídeň, Bonn, Bratislava, Londýn, Madrid, ?, Sofie, Moskva, Řezno, ?, Bělehrad, Bombaj, Liberec, Varšava, Řím, Pasov, Brusel, Plzeň, New York, Olomouc, ?

▸▸ 2. Beantworten Sie die Frage mit Hilfe der Tabelle für den L Sg.:

O kom / o čem mluvíte? *maminka* ***Mluvíme o mamince.***

babička — matka — diskotéka — banka — studentka — gramatika — otázka — tužka — Amerika — profesorka — manželka — přednáška — procházka — sestra — opera — Věra — sféra — kúra — zebra — Praha — sprcha
➲ česká literatura — můj přítel — naše exkurze — kolega Petr — německá historie — tatínek a maminka — tvoje práce — jeho sestra — příroda — město a venkov — paní doktorka Hálová — nový německý film — česká gramatika — ta otázka

▸▸ 3. Beantworten Sie die Frage mit Hilfe der Präposition *po*:

Kdy jdete na koncert? *večeře* ***Jdu na koncert po večeři.***

intenzivní kurs — návštěva v divadle — naše práce — gymnastika — lekce češtiny — přednáška — univerzitní sympozium — premiéra — vernisáž — náš výlet — diskotéka — basketbal

Ortsangaben

KDE?			KAM?	
v/ve + Lokativ	v Praze, v restauraci	↔	**do + Genitiv**	do Prahy, do restaurace
na + Lokativ	na poště, na exkurzi	↔	**na + Akkusativ**	na poštu, na exkurzi

In der Antwort auf die Frage nach dem Ort mit **KDE?** wo? benutzt man im Tschechischen u.a. die Präpositionen ***v/ve*** in der Bedeutung ‚in(nen)' und (seltener) ***na*** in der Bedeutung ‚auf (der Oberfläche)' und ‚an'. So verbindet sich die Präposition ***na*** mit der Bezeichnung von:

1. **offenen Flächen** (*náměstí* Markt, *letiště* Flugplatz, *zahrada* Garten), **Inseln** (*ostrov* Insel, *poloostrov* Halbinsel, *Malta, Kypr*), z.T. auch **Bergen** (*na Šumavě* im Böhmerwald vs. *v horách, v Tatrách*) sowie einigen **Länderbezeichnungen** (*na Moravě* in Mähren, *na Slovensku* in der Slowakei, *na Ukrajině* in der Ukraine ABER *v Německu* in Deutschland);
2. **Burgen** und **Schlössern**: *Karlštejn – na Karlštejně, hrad* Burg, *zámek* Schloss, *Pražský hrad* Prager Burg und einigen **weiteren Wörtern** *chata, chalupa*;
3. **Himmelsrichtungen**: *na severu* im Norden, *na jihu* im Süden, *na východě* im Osten, *na západě* im Westen;
4. kulturellen und sonstigen **Veranstaltungen**: *výstava – na výstavě, koncert, návštěva, exkurze, vernisáž, konference, přednáška, seminář, procházka* Spaziergang, *výlet* Ausflug, *setkání* Treffen, *dovolená* Urlaub, *oběd, snídaně, večeře, pivo*;
5. **Behörden, Ämtern, Schulen**, v.a. wenn es dabei um Institutionen und nicht um ein konkretes Gebäude geht: *pošta – na poště, radnice* Rathaus, *úřad* Amt, *nádraží, fakulta, vysoká škola* Hochschule, *gymnázium ...*;

Wird mit ***kam?*** wohin? nach der Richtung gefragt, verbindet sich die Präposition ***na*** mit dem Akkusativ, z. B. *na univerzitu, na koncert...*, während die Präposition ***v/ve*** im Falle der Frage **KAM?** durch die Präposition ***do* + G** ersetzt wird.
☞ **L 7**

➲ Setzen Sie alle unter 1.–5. als Beispiele angeführten Substantive in den Lokativ, z. B. mit Verben *jsem, stojím, bydlím ...* *stojím na náměstí, jsem na letišti, pracuji na zahradě...*

▸▸ 4. Antworten Sie auf die Frage *Kde ...?* im L Sg., achten Sie dabei die richtige Verwendung der Präpositionen *na* und *v/ve*:

Kde je Viktor? *jedno malé město* ***Viktor je v jednom malém městě.***
džezový koncert ***Viktor je na džezovém koncertu.***

to nové kino — Francie — její byt — obchodní dům — velký kostel — Amerika — Národní divadlo — můj pokoj — sauna — nový český film — Švýcarsko — fotbal — noční bar — italská restaurace — důležitá přednáška — gymnázium — naše univerzita

T3 Co musíme nakupovat na víkend? Was müssen wir fürs Wochenende einkaufen?

Viktor, Katka a jejich přátelé chtějí strávit víkend na chalupě na venkově. Co a ve kterém obchodě musí nakupovat? Poraďte jim:

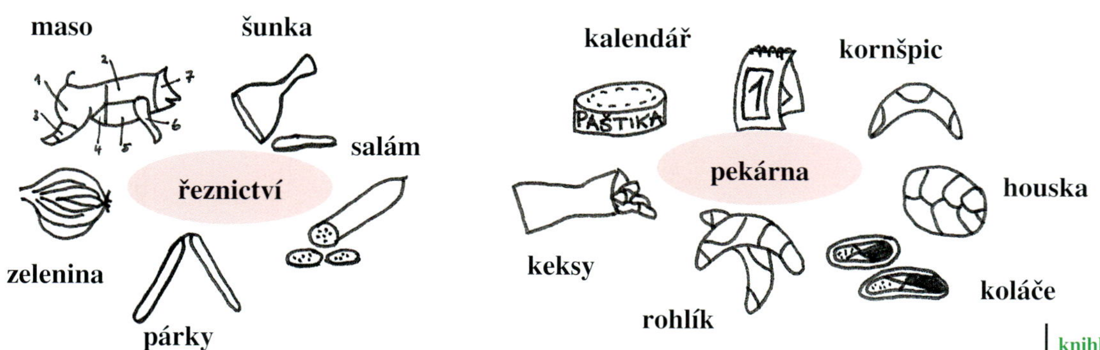

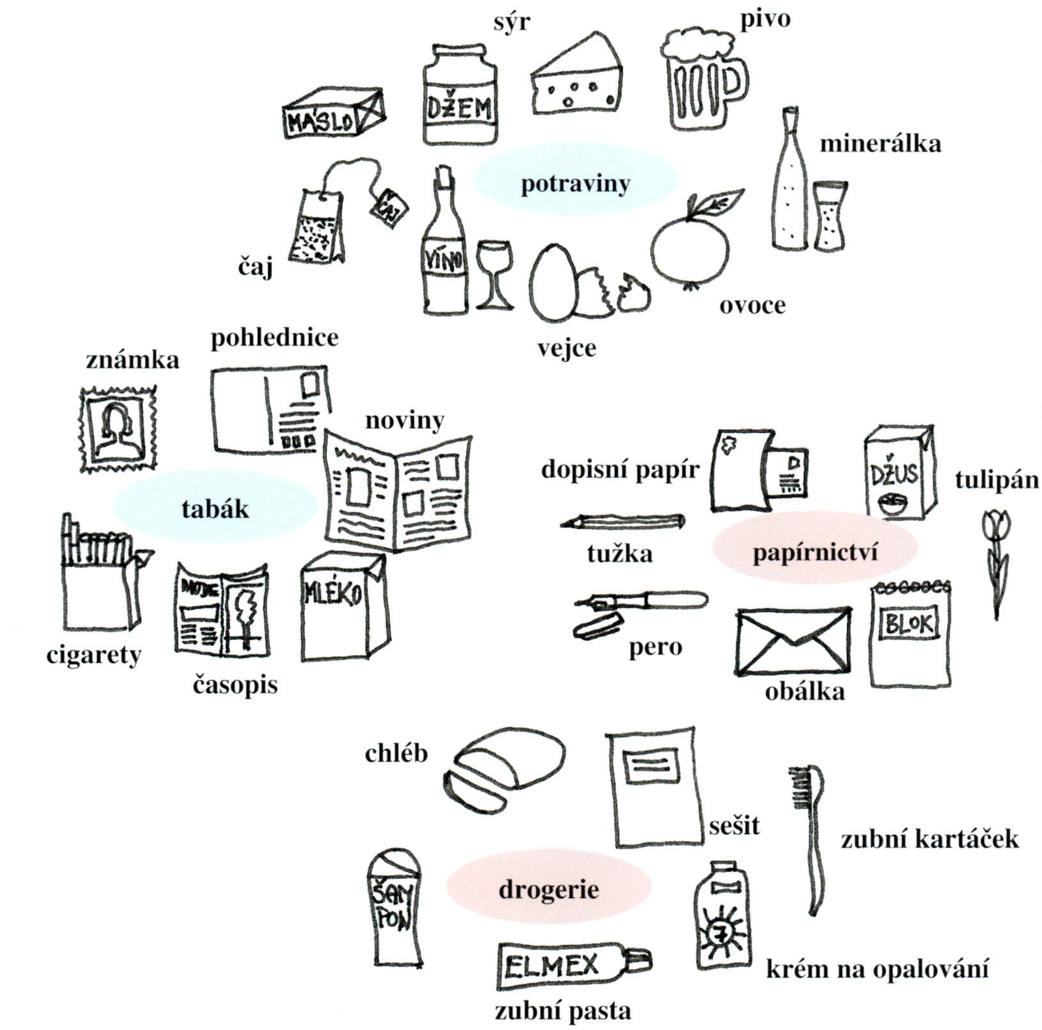

knihkupectví	Buchhandlung
krém na opalování	Sonnencreme
květinářství	Blumengeschäft
obchod	Geschäft
papírnictví	Schreibwarengeschäft
pekárna	Bäckerei
poraďte jim	Geben Sie ihnen einen Rat
potraviny *Pl*	Lebensmittel
řeznictví	Metzgerei
strávit *(p.)*	verbringen
ve kterém obchodě	in welchem Geschäft

➲ Was kann man ganz sicher in den genannten Geschäften nicht kaufen? Wo kann man es bekommen?

*V obchodě potraviny (v tabáku, v papírnictví...) není možné nakupovat ... **zubní kartáček**.*
Zubní kartáček** je možné dostat **v drogerii.

In welchen Geschäften spielen sich diese Dialoge ab?

track 38

Prodavačka: Dobrý den, co si přejete, prosím?
Viktor: Chtěl bych cigarety Kent a časopis Týden.
Prodavačka: Ještě něco, prosím?
Viktor: Ne, děkuji, to je všechno.
Viktor nakupuje v . . . .

co si přejete?	was hätten Sie gern?
dostat, dostanu *(p.)*	bekommen
kolik to stojí?	wieviel kostet das?
koruna	Krone
něco	etwas
potřebovat	brauchen
přát (si), přeju (si)	(sich) wünschen
všechno	alles

Katka: Dobrý den. Potřebuji šampon a zubní pastu.
prodavač: Tady jsou. Je to všechno?
Katka: Ne, ještě krém na opalování. Děkuji.
prodavač: Prosím. Na shledanou.
Katka nakupuje v . . . .

Bob: Dobrý den. Máte prosím dobré francouzské víno?
♥ Červené, nebo bílé?
Bob: Raději červené. Kolik to stojí?
♥ 98 korun.
Bob nakupuje v . . . .

Julia: Kde dostanu pohlednici a známku?
♣ Tady, nebo na poště. Kolik potřebujete?
Julia: Jednu pohlednici. Kolik stojí známka do Itálie?
♣ 8 korun. Je to všechno?
Julia: Ano, děkuji. Kde je prosím pošta?
♣ Hned naproti.
Julia nakupuje v . . . .

§3 DIE MODALVERBEN

Die Modalverben ***moci/moct*** können, ***muset*** müssen, ***smět*** dürfen, ***chtít*** wollen, ***umět*** können, ***mít (povinnost)*** sollen bringen eine Möglichkeit, Notwendigkeit, Absicht bzw. auch Wahrscheinlichkeit zum Ausdruck. Wie im Deutschen steht nach ihnen der Infinitiv.

? Einigen Modalverben sind wir in den Texten **L 4** schon begegnet. Schreiben Sie diese samt der Infinitive, falls vorhanden, heraus. . . . .

? Welche weitere Bedeutung hat das Verb ***mít***? . . . .

Co MŮŽE / CHCE / MUSÍ / SMÍ / UMÍ / MÁ dělat student češtiny?

Umí už trochu mluvit česky. **Umí** hledat informace.	**UMĚT** – umím, umíš, umí, umíme, umíte, umí/umějí
SCHOPNOST	FÄHIGKEIT
Může jet do České republiky. Tam se **může** učit česky.	**MOCI/MOCT** – mohu/↓můžu, můžeš, může, můžeme, můžete, mohou/↓můžou ↓*umg.*
MOŽNOST	MÖGLICHKEIT
Smí pracovat v jazykové laboratoři. **Smí** tam kouřit.	**SMĚT** – smím, smíš, smí, smíme, smíte, smí/smějí **kouřit** rauchen
DOVOLENÍ	ERLAUBNIS
Musí se učit gramatiku. **Musí** gramatiku opakovat.	**MUSET** – musím, musíš, musí, musíme, musíte, musí/musejí **opakovat** wiederholen
NUTNOST	NOTWENDIGKEIT
Má číst české noviny. **Má** poslouchat české rádio.	**MÍT** – mám, máš, má, máme, máte, mají **poslouchat** (zu)hören
NUTNOST/POVINNOST	NOTWENDIGKEIT/PFLICHT
Chce vidět nový český film. **Chce** dobře rozumět.	**CHTÍT** – chci, chceš, chce, chceme, chcete, chtějí **chtěl bych (M)/chtěla bych (F)**
VŮLE, ZÁMĚR	WILLE, ABSICHT

▸▸ 1. Ergänzen Sie die passenden Modalverben. Wenn möglich, verwenden Sie mehrere:

Viktor . . . . jít v neděli na koncert. — Katko, kdy . . . . jet do Brna? — (Já) . . . . vstávat v 7 hodin. — Iva a Eva . . . . dobře mluvit česky. — Nikdo dnes ne- . . . . pracovat. — Julia . . . . bydlet na venkově. — Michale, ... hrát squash? — Ne- . . . . (my) jít tancovat, ... se učit. — Na nádraží . . . . (vy) jít doprava a potom rovně. — (já) . . . . tady parkovat?

▸▸ 2. Ergänzen Sie die passenden Modalverben: a) 1. Sg. b) 2. Sg. c) 1. Pl. d) 3. Pl.

Strávím víkend na chalupě. ***Chci strávit víkend na chalupě.***

Nakupuji na víkend. — Mám dobrou práci. — Nekouřím v jazykové laboratoři. — Jdu pořád rovně. — Píšu diktát. — Čtu český časopis. — Jedu jednu stanici autobusem. — Nespím dlouho. — Hraju fotbal. — Piju kávu. — Bydlím na venkově. — Učím se česky. — Jsem na přednášce.

▸▸ 3. UMĚT × MOCI/MOCT? Ergänzen Sie die richtige Entsprechung für das Verb KÖNNEN:

*Petr . . .**může** . . . jet autobusem číslo 4 nebo jít pěšky.*

Katka . . . . dobře vypravovat. — Viktor dnes ne- . . . . pracovat, nemá čas. — Je neděle, ... (já) vstávat v poledne. — Julie, ... hrát tenis? Bohužel, ne- . . . . , ale . . . . hrát dobře squash. — Kde . . . . (my) dostat dopisní papír a česko-německý slovník? Dopisní papír . . . . dostat v tabáku a slovník v knihkupectví. — Bobe, ... už dobře česky? Ne, ... jen trochu česky.

§4 ZAHLWÖRTER ab 100

100	**sto**	1000	**tisíc**	
200	**dvě stě**	2000	**dva**	**tisíce**
300, 400	tři **sta**, čtyři **sta**	3000, 4000	tři, čtyři	**tisíce**
500, 600...	pět **set**, šest **set**...	5000, 6000...	pět, šest...	**tisíc**
		1 000 000	**milion**	dva miliony, pět milionů
		1 000 000 000	**miliarda**	dvě miliardy, pět miliard

1. Kolik to stojí? Wieviel kostet das?

(jedn**u**) korun**u**
dvě, tři, čtyři korun**y**
pět, šest... korun

stát, stojí — kosten, es kostet

TUŽKA (25,50 Kč) — *Tužka stojí dvacet pět / pětadvacet (korun) padesát.*

KNIHA (199 Kč) — *Kniha stojí sto devadesát devět / sto devětadevadesát (korun).*

OBÁLKA (10,50 Kč) — PERO (38,50 Kč) — POČÍTAČ (27 000 Kč) — SLOVNÍK (359 Kč) — KALENDÁŘ (121 Kč) — AUTO (395 000 Kč) — KAMERA (12 580 Kč)

ROHLÍK (2,50 Kč) — CHLÉB (27,00 Kč) — MLÉKO (1 litr) (11,50 Kč) — SÝR (10 deka = 100 Gramm) (14,50 Kč) — PIVO (17,50 Kč) — ŠUNKA (22,50 Kč) — ZMRZLINA (9,50 Kč)

2. Lesen Sie und schreiben Sie dann die Zahlen aus:

100 procent — 1 200 500 studentů — 5 250 metrů — 345 litrů — 690 kilometrů — 180 minut — 587 korun — 44 hodin — 200 gramů — 20 deka — 1 000 000 000 eur — 345 roků

P 1

Promiňte!
Jak se dostanu ... ?
Děkuji za informaci.
To je nudné. To je zajímavé.
To je důležité.
To nevadí.
Co si přejete?
Kolik to stojí?

ÜA VÝSLOVNOST Aussprache

1. Sprechen Sie *ě* in unterschiedlicher Position:

track 39

a) nach *d, t, n* [ďe, ťe, ňe]
pondělí
těším se
výborně
ještě
neděle

b) nach *m* [mňe]
město
neměl
náměstí
kromě
těší mě

c) nach *b, p, v* [bje, pje, vje]
dvě
během
věc
pěšky
právě

2. Sprechen Sie *ř* in unterschiedlicher Position:

stimmhaftes *ř* — Kateřina, čtyři, dobře, úřad, úředník, říkat, večeře, pořád, nahoře, Jiří, Řecko

track 40 **stimmloses *ř*** — tři, přítel, sekretářka, sestřenice, seminář, přednáška, křižovatka, středa, příští

Wiederholen Sie mehrmals den Zungenbrecher:
TŘI TISÍCE TŘI STA TŘICET TŘI STŘÍBRNÝCH STŘÍKAČEK STŘÍKALO PŘES TŘI TISÍCE TŘI STA TŘICET TŘI STŘÍBRNÝCH STŘECH.

ÜB

1. Übersetzen Sie mit Hilfe eines Wörterbuches und tragen Sie die Preise der Lebensmittel in die Tabelle ein:

Kateřina nakupuje ráda v malém obchodě, který je blízko jejího bytu. Všechno tam stojí sice více, ale může tam nakupovat „v pantoflích" a taky šetří čas. Dnes ale dělá velký nákup na víkend, a tak nakupuje ve velkém supermarketu v centru města. Tam stojí potraviny méně. Rohlík stojí jen dvě koruny padesát a ne tři koruny. 10 deka sýra stojí v obchodním domě třináct padesát a v malém obchodě čtrnáct korun padesát haléřů. Taky mléko a máslo stojí více; v obchodě blízko bytu stojí litr mléka jedenáct korun padesát a máslo dvacet čtyři padesát, ale mléko stojí v supermarketu deset padesát a máslo dvacet dva korun. Jen pivo stojí méně v malém obchodě – dvacet korun padesát, zatímco v obchodním domě devatenáct padesát.

	rohlík	sýr 10 dg	mléko 1 l	máslo 250 g	pivo 0,5 l
malý obchod blízko bytu					
supermarket					

2. Co nebo kdo, STOJÍ, SEDÍ, LEŽÍ, VISÍ? Was oder wer steht, sitzt, liegt, hängt?
lampa – lampa visí
postel — květina — dědeček — auto — kniha — kalendář — koberec — Julia — židle — disketa — telefon — divadlo — Praha — plakát — tužka — invalida — obraz — a vy?

leží, ležet	liegen
obraz	Bild
sedí, sedět	sitzen
stojí, stát	stehen/kosten
visí, viset	hängen

3. a) Schreiben Sie das Gegenteil:

KDE?

Ten student je tady?. . *Ne, ten student je tam.*
Pracuje nahoře? . . . .
Auto jede doleva? . . . .
Lampa visí vpředu? . . . .
Večeří dole? . . . .
Jdeš nahoru?. . . . .
Ta kniha leží vlevo? . . . .

b) Schreiben Sie nach dem Muster:

KAM?

Katka je nahoře? . . . *Ne, Katka jde nahoru.*
Učitel je uprostřed? . . . .
Auto stojí vlevo? . . . . *jede* . . . .
Bratr je dole? . . . .
Taxi stojí vzadu? . . . .
Student je vpředu?. . . . .
Viktor je vpravo? . . . .

4. Beschreiben Sie diese Zimmer und verwenden Sie dabei die Verben aus Übung 2:
Vpravo nahoře visí obraz, dole leží ...

5. Antworten Sie auf die Fragen:

To je ...	Co / koho vidíte?	O čem / O kom mluví?
česko-německý slovník		
můj německý přítel		
ta zajímavá kniha		
naše kamarádka Olga Novotná		
hrad Karlštejn		
jeho dědeček a babička		
inženýr Petr Malík		

6. Antworten Sie mit der richtigen Präposition: na × v/ve

Kde je Bob? bar, večírek ***Bob je v baru. Bob je na večírku.***

supermarket — univerzita — Praha — lekce — restaurace — Slovensko — káva — festival — diskotéka — stanice autobusu — obchodní dům — Amerika — muzeum — party — Pražský hrad — Václavské náměstí — Anglie — snídaně — pivnice — drogerie — opera — hotel — fotbal — recepce — Německo

7. Co máte RÁD/RÁDA – RADĚJI – NEJRADĚJI?

káva, čaj, kakao ***Kakao (ne)mám rád, raději mám čaj, ale nejraději mám kávu.***

nejraději	am liebsten
raději	lieber

růže, orchidej, tulipán houska, dort, chléb
červené víno, bílé víno, šampaňské
pomeranč, banán, citron vodka, koňak, becherovka
džem, sýr, vejce
film, opera, divadlo angličtina, italština, čeština

8. Schreiben Sie nach Diktat:

Můj dědeček a moje babička bydlí na venkově. Dědeček tam bydlí rád. Miluje venkov a přírodu. Ale babička má ráda operu, divadlo, ráda nakupuje. Venkov je pro babičku nudný. Je ráda, že může být často ve městě.

9. Versuchen Sie die Diskussion von Viktor, Katka und ihren Freunden über das Wohnen in der Stadt oder auf dem Land nach T 2 zu ergänzen:

Julia: Tady bydlím ve velkoměstě, ale v Itálii . . . . Je fajn, že tam . . . . Nevadí, ... Na koncert, na diskotéku . . . .

Nik: Mám rád dobré pivo a . . . .

Katka: Já miluju venkov a přírodu, ale taky . . . . Chtěla bych o víkendu být na chatě nebo . . . . , ale . . . . To je pro mě ideální kombinace.

Bob: Mám rád hektickou, ale . . . . atmosféru ve městě. Bydlet na venkově . . . . Chtěl bych . . . . A to je v Americe možné . . . .

Viktor: Nechci bydlet na venkově, ale . . . . Mám rád . . . . , rád jím a . . . . Venkov je pro mě . . . .

10. Würden Sie lieber in der Stadt oder auf dem Land wohnen? Führen Sie darüber mit Ihrem Nachbarn einen Dialog.

Verfassen Sie dann darüber einen kurzen Text

11. Ordnen Sie die neuen Verben aus L 4 den Konjugationstypen zu: ☞ L 3 § 2

Verbum	typ píše	typ studuje	typ mluví	typ dělá
hledat				
vidět				
milovat		*miluju,-eš,-e...*		
znát				*znám,-áš,-á...*
strávit				
nakupovat				
přát si	*přeju si,-eš,-e...*			
dostat	*dostanu,-eš,-e...*			
stát			*stojím,-íš,-í...*	
viset				
ležet				
opakovat				
poslouchat				

12. Co (ne)musí, (ne)může, (ne)chce, (ne)umí, (ne)smí, (ne)má dobrý student:

má *se učit, učit, učit...*

chce

může

musí

dobrý student

nesmí *pít moc pivo...*

nemůže

nemůže

nemá *dlouho spát...*

13. Hörübung: Petr, Iva, Nik a Thomas nakupují.

track 41

	Kde nakupuje?	Co nakupuje?	Kolik to stojí?	Co nedostane?
Petr				
Iva				
Nik				
Thomas				

14. Übersetzen Sie:

• Wie komme ich zum Bahnhof? ♦ Sie müssen nach links gehen, dann gleich nach rechts. Dort ist eine Kreuzung und gegenüber ist der Bahnhof. • Vielen Dank. ♦ Keine Ursache.

• Entschuldigung! Ich suche eine Bank. ♦ Sie müssen immer geradeaus gehen. • Ist es weit zu Fuß? ♦ Nein, ungefähr 200 Meter. Auf der linken Seite ist die Post und dann gleich die Bank. • Danke für die Information. ♦ Bitte.

15. Welche Sätze gehören zusammen?

1. Bohužel, nemám tvou knihu.	a) 230 Kč.
2. Musíme se učit gramatiku!	b) Tam vpravo.
3. Co si přejete?	c) Chtěl bych pohlednici a známku.
4. Kolik to stojí?	d) To je důležité a nutné.
5. Kde je drogerie?	e) To je jedno.
6. Chceš bydlet ve městě nebo na venkově?	f) To nevadí.

T4 KDO JE ...? Wer ist ...?

Vladimír Renčín,

track 42

velmi známý a populární český kreslíř a karikaturista, každý den publikuje kreslené vtipy v deníku MF Dnes. Jeho humor je trefný, ale laskavý.

deník	Tageszeitung
laskavý	freundlich, nett
kreslený vtip	Karikatur
kreslíř	Zeichner
trefný	treffend
vtip	Witz
známý	bekannt

T5 KDE JE ...? Wo ist ...?

Kviz

Kde leží které město? Wo liegt welche Stadt?

Čechy Morava Slezsko	**Česká republika** (Česko)	Olomouc Bratislava Plzeň Brno České Budějovice Ostrava
	Slovensko	Ústí nad Labem

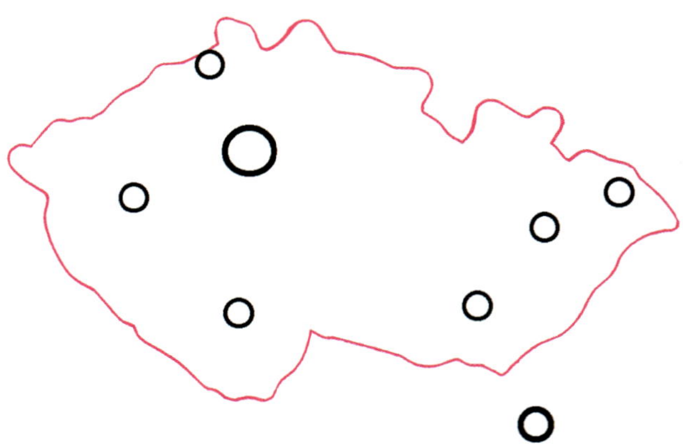

T6 VÍTE, ŽE ... Wissen Sie, dass ...

... die tschechische Sprache in die Familie der slawischen Sprachen gehört, konkret in die Gruppe der westslawischen Sprachen (zusammen mit der polnischen, slowakischen und sorbischen Sprache)?

P2

ČESKÉ PŘÍSLOVÍ

Co není, může být.

V1

		Anwendung	Antonym
autobus *m*	Bus	jet autobusem *Instr.*	
cigareta, *Pl.* **-y** *f*	Zigarette, -n		
čaj *m*	Tee		
časopis *m*	Zeitschrift, Journal		
daleko *Adv.*	weit je to ~?		blízko
divadlo *n*	Theater		
dole	unten	stojí ~	nahoře
doleva	nach links	musíte jít ~	doprava
dolní	r,e,s untere	~ ulice	horní
dolů	nach unten	jde ~	nahoru
dopisní papír *m*	Briefpapier		
doprava	nach rechts	musíte jít ~	doleva
doprostřed	in die Mitte	musíte jít ~	
dopředu	nach vorn	musíte jít ~	dozadu
dostat, dostanu *(p.)*	bekommen, kriegen, erhalten	kde dostanu ...?	
dostat se, dostanu se *(p.)*	(hin)kommen, gelangen	jak se dostanu ...?	
dozadu	nach hinten	musíte jít ~	dopředu
důležitý,á,é	wichtig	to je důležité	
hledat,-ám	suchen	hledám poštu	najít
hned	gleich, sofort	musíte jít ~ doleva	
horní	r,e,s obere	~ ulice	dolní
houska *f*	Semmel		
chalupa *f*	Wochenendhaus	na chalupě	
chata *f*	Hütte	na chatě	
chléb, chleba *(umg.) m*	Brot		
chtít, chci, *3.Pl.* **chtějí**	wollen	chci bydlet na venkově	
informace *f*	Information	děkuji za informaci	
jednou, jedenkrát	einmal	ještě jednou	mockrát, mnohokrát
jestli *Konj.*	ob	nevím, jestli ...	
káva *f*	Kaffee		
kavárna *f*	Café		
kniha *f*	Buch		
knihkupectví *n*	Buchhandlung		
koruna *f*	Krone	kolik korun? *Gen.*	
kostel *m*	Kirche		
kouřit,-ím	rauchen	nesmí tam ~	
krém *m* **na opalování**	Sonnencreme		
křižovatka *f*	Kreuzung	tam je velká ~	
květina *f*	Blume		
květinářství *n*	Blumengeschäft		
levý,á,é	r,e,s linke	na levé straně	pravý
ležet,-ím	liegen	leží v posteli	stát
mapa *f*	Landkarte		
máslo *n*	Butter		
maso *n*	Fleisch		
milovat,-uji/u	lieben	miluji přírodu	nemít rád
mít, mám + *Inf.*	sollen	mám pracovat celý den	
mléko *n*	Milch		
mnohokrát	vielmals	děkuji ~	jednou, jedenkrát

moci/moct, mohu/můžu	können	můžete jít pěšky	
muset,-ím	müssen	musíte jít doprava	
mýdlo *n*	Seife		
nahoru	nach oben	jde ~	dolů
nahoře	oben	stojí ~	dole
nákup, *Pl.* **-y** *m*	Einkauf, ¨-e	dělám ~	
naproti *Adv.*	gegenüber	naproti je nádraží	
něco	etwas	přejete si ještě ~?	
nevadí	macht nichts	to nevadí	to vadí
nudný,á,é	langweilig	to je nudné	zajímavý
obálka *f*	Briefumschlag		
obchod *m*	Geschäft	ve kterém obchodě?	
obchodní dům *m*	Kaufhaus		
opakovat,-uji/u	wiederholen	~ gramatiku	
ovoce *n*	Obst		
papírnictví *n*	Schreibwarengeschäft		
paštika *f*	Pastete		
pekárna *f*	Bäckerei		
pero *n*	Füller		
pěšky *Adv.*	zu Fuß	je to 10 minut ~	
pivnice *f*	Bierstube	v pivnici	
pohlednice *f*	Ansichtskarte		
pořád	immer, immerwährend	~ rovně	
poslouchat,-ám	(zu)hören	~ rádio	
pošta *f*	Post	jak se dostanu na poštu?	
potraviny *f, Pl.*	Lebensmittel		
potřebovat,-uji/u	brauchen	potřebuji šampon	
pravý,á,é	r,e,s rechte	na pravé straně	levý
pro *Präp.+A*	für	~ mě	
prominout, prominu *(p.)*	verzeihen, entschuldigen	promiňte!	
protože	weil	..., ~ mám rád operu.	
přát (si), přeju (si)	sich wünschen	co si přejete?	
příroda *f*	Natur	miluji přírodu	
raději, nejraději *Adv.*	lieber, am liebsten	co máte ~	
rohlík *m*	Hörnchen		
rovně *Adv.*	geradeaus	pořád ~	
růže *f*	Rose		
řeznictví *n*	Metzgerei		
salám *m*	Wurst		
sedět,-ím	sitzen	sedí na židli	
sešit *m*	Heft		
slovník *m*	Wörterbuch		
smět, smím	dürfen	smí tady kouřit	
sprchový gel *m*	Duschgel		
stát, stojím	kosten, stehen	kolik to stojí? auto stojí vpravo	ležet
strávit,-ím *(p.)*	verbringen	chci ~ víkend na chatě	
sýr *m*	Käse		
tulipán *m*	Tulpe		
tužka *f*	Bleistift		
umět, umím	können	~ dobře česky	
uprostřed	in der Mitte	stojí ~	
vejce *n*	Ei		

velkoměsto *n*	Großstadt	bydlím rád ve velkoměstě	maloměsto
venkov *m*	Land, Provinz	bydlí na venkově	
vidět,-ím	sehen	co vidíte naproti?	
víno *n*	Wein		
viset,-ím	hängen	obraz visí nahoře	
vlevo	links	stojí ~	vpravo
vpravo	rechts	stojí ~	vlevo
vpředu, vepředu	vorne	stojí ~	vzadu
všechno	alles	je to ~?	nic
výstava *f*	Ausstellung	jet na výstavu	
vzadu	hinten	stojí ~	vpředu
vždy, vždycky	immer	chci bydlet ~ ve městě	nikdy
zajímavý,á,é	interessant	to je zajímavé	nudný
známka *f*	Briefmarke		
znát,-ám	kennen	znám tam každého člověka	
zubní kartáček *m*	Zahnbürste		
zubní pasta *f*	Zahnpaste		

V2

deník *m*	Tagblatt, Tageszeitung	
kreslený vtip *m*	Karikatur	
kreslíř *m*	Zeichner	
laskavý,á,é	freundlich, nett	~ humor
trefný,á,é	treffend	~ humor
vtip *m*	Witz	kreslený ~
známý,á,é	bekannt	~ karikaturista

Co není, může být. Was nicht ist, kann noch werden.

Schlüssel zu den Übungen:

Ü 3
a) dole, doprava, vzadu, nahoře, dolů, vpravo;
b) doprostřed, doleva, dolů, dozadu, dopředu, doprava

Ü 5
česko-německý slovník, o česko-německém slovníku; mého německého přítele, o mém německém příteli; tu zajímavou knihu, o té zajímavé knize; naši kamarádku Olgu Novotnou, o naší kamarádce Olze Novotné; hrad Karlštejn, o hradě Karlštejně; jeho dědečka a babičku, o jeho dědečku/ovi a babičce; inženýra Petra Malíka, o inženýru Petru Malíkovi

Ü 6
v supermarketu, na univerzitě, v Praze, na lekci, v restauraci, na Slovensku, na kávě, na festivalu, na diskotéce, na stanici autobusu, v obchodním domě, v Americe, v muzeu, na party, na Pražském hradě, na Václavském náměstí, v Anglii, na snídani, v pivnici, v drogerii, v/na opeře, v hotelu, na fotbale/u, v recepci, v Německu

Ü 11
hledat — hledám,áš,á..., poslouchat — poslouchám,áš,á... **typ dělá**, vidět — vidím,íš,í..., strávit — strávím,íš,í..., viset — visím,íš,í..., ležet — ležím,íš,í... **typ mluví**, nakupovat — nakupuji/u,eš,e..., opakovat — opakuji/u,eš,e... **typ studuje**

Ü 13

Petr: Dobrý den. Co si přejete, prosím? — Dobrý den. Máte česko-německý a německo-český slovník? — Bohužel, momentálně nemáme, ale příští týden dostaneme. — A máte mapu Prahy? Ano, tady je. — Kolik to stojí? — 75,50 Kč. — Děkuji. — Na shledanou.

Iva: Dobrý den. Chtěla bych Lidové noviny a časopis ŽENA. — Je to všechno? — Ne, ještě dopisní papír a obálky. — Dopisní papír a obálky nemáme. To dostanete v papírnictví. — To je škoda. A kde je papírnictví? — 100 metrů vpravo. Dostanu 38,50 Kč. — Prosím. Na shledanou.

Nik: Potřebuji hezkou květinu pro přítelkyni. — Narcis, růže, tulipán, orchidej... — 3 červené růže, prosím. — Ještě něco? — Ano, cigarety a pivo. — To tady nemáme. — To je smůla. Kolik to stojí? — 93 Kč.

Thomas: Co si přejete? — Chtěl bych šunku — 10 deka, sýr ementál — 30 deka, 4 rohlíky a zubní pastu. — Zubní pastu dostanete v drogerii. Je to všechno? — Ano. Kolik to stojí? — 59 Kč. — Děkuji. Na shledanou.

Ü 14

Jak se dostanu na nádraží? — Musíte jít doleva, potom hned doprava. Tam je křižovatka a naproti je nádraží. — Mnohokrát děkuji. — Není zač.
Promiňte! Hledám banku. — Musíte jít pořád rovně. — Je to daleko pěšky? — Ne, asi 200 metrů. Na levé straně je pošta a potom hned banka. — Děkuji za informaci. — Prosím.

Ü 15

1 — f), 2 — d), 3 — c), 4 — a), 5 — b), 6 — e)

ZÁJMY – VOLNÝ ČAS – SPORT

T 1 Katka a její sen Katharina und ihr Traum

slunit se na Riviéře
plavat v Atlantiku
létat na rogalu
lyžovat v Aspenu
hrát na kytaru a zpívat
mluvit perfektně anglicky
jezdit na koni
jezdit na horském kole
raftovat na Coloradu
dívat se na italskou komedii

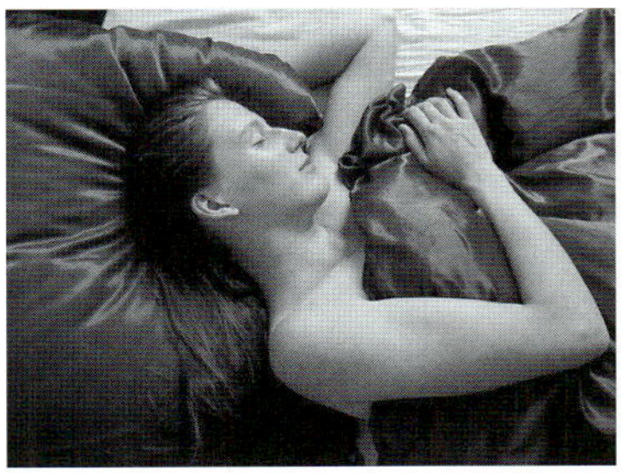

Track 43 Katka měla dnes v noci krásný sen. Cestovala kolem světa. Nejprve se slunila na Riviéře, potom plavala v Atlantiku, za chvíli už zase lyžovala v Aspenu nebo raftovala na Coloradu. Chvíli létala nad Antarktidou na rogalu, potom jezdila v Tibetu na malém koni nebo v Alpách na horském kole. A když už byla trochu unavená, dívala se v Římě na italskou komedii. Nakonec ještě měla koncert v country Music Hall. Hrála na kytaru a zpívala jako Johny Cash. Samozřejmě perfektně anglicky. Škoda, že to byl jen sen.

Alpy *Pl.*	Alpen
dívat se *na+A*	schauen, sich etwas ansehen
horské kolo	Mountainbike
hrát na kytaru *na+A*	Gitarre spielen
chvíle, za chvíli *za+A*	Weile, in einer Weile
jezdit na koni *na+L*	reiten
jezdit na horském kole *na+L*	Mountainbike fahren
když	als, wenn
kolem světa	*kolem +G* um die Welt
krásný	schön
kůň	Pferd
létat	fliegen
lyžovat	Ski fahren
nad Antarktidou *nad+I*	über der Antarktis
nakonec	zum Schluss
nejprve	zuerst
plavat,-u	schwimmen
raftovat	raften
rogalo	Drachen
Řím	Rom
sen	Traum
slunit se	sich sonnen
volný čas	Freizeit
zájem, zájmy	Interesse, -n
zpívat	singen

▸▸ **1. Co dělá Katka ráda?**

▸▸ **2. Welche Interessen hat Katka?** Wählen Sie sie aufgrund von Katkas Traum:

móda **sport** **jazyky**
film **fotografování**
televize **Katka** **hudba**
cestování **literatura**
vaření **umění**

cestování	Reisen
fotografování	Fotografieren
hudba	Musik
jazyky	Sprachen
televize	Fernsehen
umění	Kunst
vaření	Kochen

Der Text **T 1** wird in der Vergangenheitsform erzählt. Tschechische Verben haben im **Infinitiv** die Endung *-t*.

? Welche Endung ist typisch für tschechische Verben in der Vergangenheitsform? . . . .

? Urteilen Sie nach dem ersten und nach dem letzten Satz, ob das Genus des Subjekts die Vergangenheitsform irgendwie beeinflusst: . . . .

§1 DAS PRÄTERITUM

Die sich in der Vergangenheit ereignenden Vorgänge werden durch das Präteritum des Verbs zum Ausdruck gebracht. Dies ist im Tschechischen die einzige Vergangenheitsform. Sie setzt sich aus dem Hilfsverb ***být*** und dem ***l-Partizip*** zusammen. In der 3. Person fehlt das Hilfsverb. Die regelmäßige Form des *l*-Partizips wird durch Abtrennung der Endung *-t* vom Infinitiv und das Anhängen von *-l, -la, -lo, -li, -ly, -la* gebildet: *prosi-t* → *prosi-l* (M) *-la* (F), *-lo* (N) im Sg.; *-li, -ly, -la* im Pl., *děkovat* → *děkoval*. Die Endungen des *l*-Partizips richten sich in Numerus und Genus nach dem Subjekt.

		Negation	M	F	N	Hilfsverb ***být***
Sg.	1.	ne				**jsem**
	2.					**jsi**
	3.		**dělal**	-a	-o	∅
Pl.	1.		**dělali**	-y	-a	**jsme**
	2.					**jste**
	3.					∅
			Mb	Mu F	N	

...... doma úkoly

✓ Bei einsilbigen Infinitiven mit langem Stammvokal kommt es im *l*-Partizip oft zur Kürzung des Vokals:
být — **byl**, pít — **pil**, psát — **psal**, ABER hrát — **hrál**

✓ Unregelmäßige *l*-Partizipien muss man sich einprägen:
mít — **měl**, číst — **četl**, moct — **mohl**, chtít — **chtěl**, jíst — **jedl**, jít — **šel, šla, šli** (Pl.)

✓ Bei den Verben auf *-nout* wird das Suffix abgetrennt oder modifiziert:
tisk**nout** — **tiskl** drücken, mi**nout** — **minul** verfehlen/vergehen

✓ Beim **Siezen** steht das *l*-Partizip im Sg. und das Hilfsverb im Pl.:
Četl jste noviny? **Četla jste** noviny? × Četli jste noviny? = 2. Pl. Mb

✓ In den Sätzen wie *Kolik je hodin? Kolik **to** stojí? Je **to** daleko? **To** je zajímavé.* steht das *l*-Partizip in der Vergangenheit in **N**:
Kolik **bylo** hodin? Kolik to **stálo**? **Bylo** to daleko? To **bylo** zajímavé.

✓ Das Hilfsverb ***jsem, jsi, jsme, jste*** hat keinen Wortakzent, im Satz steht es hinter dem ersten betonten Glied:

1.	**2.**	**3.**	**4.**	**5.**
Pracoval	**jsem**	na univerzitě	celý den.	
Celý den	**jsem**	pracoval	na univerzitě.	
Na univerzitě	**jsem**	pracoval	celý den.	
Já	**jsem**	pracoval	na univerzitě	celý den.

Wenn das Verb reflexiv ist, steht das Reflexivum ebenfalls hinter dem ersten betonten Glied bzw. Satzglied, allerdings erst hinter dem Hilfsverb:

Učil	**jsem se**	gramatiku.

✓ **Die 2. Sg. der Reflexivverben** hat die Form *učil **ses**, líbil **ses*** (anstatt ~~*jsi se*~~), přál **sis** (anstatt ~~*jsi si*~~).

▸▸ 1. Bilden Sie das *l*-Partizip der bereits bekannten Verben, achten Sie auf unregelmäßige Verben:

*jet — **jel/a***

potřebovat — pospíchat — spát — studovat — večeřet — psát — vstávat — prosit — nakupovat — **jít** — přát si — vypravovat — **číst** — sprchovat se — být — dostat — **mít** — muset — **chtít** — smět — umět — **moct** — zpívat — končit — setkat se — **jíst** — děkovat — platit — mluvit — učit se — pít

▸▸ 2. Lesen Sie T 1 noch einmal unter Verwendung von: a) 1. Sg., b) 2. Pl., c) 3. Pl., d) Negation, e) Präsensformen

▸▸ 3. Stellen Sie das Wort in Klammern an den Satzanfang und verändern Sie dementsprechend die Wortfolge:

| **včera** gestern

Měl jsem krásný sen. (včera) ***Včera jsem měl krásný sen.***

Večeřel jsi v restauraci? (minulý týden) — Museli jsme opakovat gramatiku. (každý den) — Chtěli jsme jít na koncert. (o víkendu) — Učil jsem se anglicky v Americe. (minulý rok) — Snídala jste pozdě? (včera) — Rozuměl jsi dobře. (ty) — Nepotřebovali jsme nový slovník. (ještě) — Pili jste kávu nebo čaj? (raději) — Neměla jsem čas. (v poledne) — Šli jsme na výstavu. (po večeři) — Diskutovali jste o politice? (na přednášce) — Nakupovala jste v obchodním domě? (dnes) — Nečetl jsem to. (ještě)

4. Kehren Sie zum Text T 1 in L 3 zurück und lesen Sie, was Katharina und Viktor den ganzen Tag gemacht haben:

T 2 Co plánujete na víkend? Interview pro fiktivní noviny **Víkend**

rack 44

otázka

reportér: Mám pro vás dvě otázky:

1. Co plánujete na příští víkend?
2. Jak si představujete ideální víkend?

odpověď

Viktor: „O víkendu pojedu s přáteli na Šumavu fotografovat. Budeme bydlet v malém penzionu a dělat dlouhé výlety. Rád fotografuji ne moc civilizovanou přírodu a pro to je Šumava ideální. A ideální víkend? Já miluji klasickou hudbu, hlavně italskou operu, tak asi návštěva v La Scale."

Thomas: „Bohužel budu celý víkend pracovat. Píšu článek o rasismu v České republice a v pondělí musí být hotový. Jen v neděli večer půjdu do fitnesu a budu cvičit a hrát squash. Ideální víkend, to je pro mě všechno, co dělám rád – číst, jít do kina, setkat se s přáteli, jezdit na kole, jít na pivo..."

Julia: „V sobotu večer půjdu na italský večírek a celou neděli budu spát. A otázka číslo dva? Ráda tancuji a zpívám, zajímám se o český folklor. Chtěla bych jednou být na českém folkloristickém festivalu."

pan Hora: „Budu jako vždycky na chalupě. Máme tam velkou zahradu, a tak budu pracovat na zahradě. Tam je pořád co dělat. Ale já to mám rád, neumím lenošit. To je pro mě ideální víkend."

Nik: „Příští víkend budu studovat – psát referát, číst anglický text, opakovat slovíčka a gramatiku, ale taky nakupovat, uklízet byt... Nemám čas odpočívat. Nevím, co je to ideální víkend."

cvičit	üben, turnen
článek	Artikel
dlouhý,á,é	lang
hlavně	vor allem
hotový,á,é	fertig
hudba	Musik
jednou	einmal
jezdit na kole	Rad fahren
lenošit	faulenzen
odpočívat	sich ausruhen
odpověď	Antwort
odpovídat	antworten
otázka	Frage
pro *+A*	für
pro to	dafür
pro vás	für Sie/euch
představovat si něco	s. etwas vorstellen
setkat se *(p.)*	sich treffen
slovíčko, a	Vokabel, -n
s přáteli	mit Freunden
stačit	reichen, genügen
Šumava	Böhmerwald
tam je pořád co dělat	dort gibt´s immer was zu tun
tancovat	tanzen
uklízet	aufräumen
večírek	Party
vědět, vím	wissen
výlet, y	Ausflug, ¨e
zahrada	Garten
zajímat se *o +A*	s. interessieren für

1. Co dělají Viktor, Thomas, Julia, pan Hora a Nik rádi ve volném čase? Co dělali o víkendu? Kdo asi nemluvil pravdu, kdo odpovídal „fiktivně"?

2. Wer von unseren Freunden könnte welchen Satz sagen?

O VÍKENDU RÁD PRACUJI MANUÁLNĚ.
LÍBÍ SE MI ČESKÁ KULTURA.
VÍKEND? – PRÁCE, STUDIUM A ZASE PRÁCE.
OPERA – TO JE MOJE!
MILUJI AKTIVNÍ VÍKEND.

? Notieren Sie aus T 2 alle Verbformen, die Sie für Futur halten: . . . .

? Welches tschechische Hilfsverb entspricht dem deutschen *ich werde* ...? Wie lautet sein Infinitiv? . . . .

? Was fällt in dem Satz auf? – Pan Hora: „Budu na chalupě." . . . .

? Finden Sie in T 2 auch ein Beispiel von einem anders gebildeten Futur? . . . .

§2 DAS FUTUR

Das Futur hat im Tschechischen zwei Formen: die **zusammengesetzte** bei den imperfektiven Verben (impf./i.) und die **einfache** bei den perfektiven Verben (pf./p.). Eine Sondergruppe bilden die **Bewegungsverben** ☞ § 3

		Negation	Hilfsverb *být*	Infiniv
Singular	1.		budu	
	2.		budeš	
	3.		bude	
Plural	1.	ne	budeme	pracovat
	2.		budete	
	3.		budou	

✓ Nur das Verb **být** bildet das Futur mit *budu* **ohne Infinitiv**: ***budu*** ich werde sein.

✓ Perfektive Verben drücken die Zukunft durch die Präsensform aus: *dostanu* ich werde bekommen, *strávím* ich werde verbringen, *setkám se* ich werde (ihn) treffen; ☞ L 7 § 1

▸▸ **1. Kehren Sie noch einmal zu Text T 1 zurück und beschreiben Sie, was Katka in ihrem Traum machen wird:**

▸▸ **2. Kehren Sie noch einmal zu Text T 1 in L 3 zurück und beschreiben Sie, was Katka und Viktor morgen machen werden:**

▸▸ **3. Co zítra určitě nebudete dělat?** ***Zítra určitě nebudu létat na rogalu. ...***

koníček	Steckenpferd, Hobby
určitě	sicher, bestimmt
zítra	morgen

T 3 Můj koníček – sport!

Ordnen Sie die einzelnen Sportarten dem richtigen Bild zu. Falls nötig, benutzen Sie ein Wörterbuch:

fotbal basketbal volejbal tenis stolní tenis badminton
golf baseball džudo karate box plavání
windsurfing cyklistika lehká atletika běh
gymnastika pěší turistika horolezectví lední hokej
lyžování snowbording surfing bruslení

▸▸ 1. Antworten Sie auf die Fragen:

Které sporty máte rád/a? Které sporty nemáte rád/a?
Které sporty děláte aktivně?
Na které sporty se rád/a díváte?
Které sporty se vám vůbec nelíbí?
Umíte dobře plavat, lyžovat, bruslit, hrát tenis...?
Je váš koníček pěší turistika?
Kdo je váš oblíbený sportovec?
Jezdíte rád/a na koni, na kole, na kanoi, na kajaku, na snowboardu, na surfu... ?
Běháte raději po ulici, v parku, v lese nebo na stadionu?
Chodíte rád/a na dlouhý výlet?
Umíte létat?

běhat/běžet	laufen, rennen
chodit/jít	gehen
jezdit/jet	fahren
létat/letět	fliegen
oblíbený,á,é	beliebt, Lieblings-

▸▸ 2. Mit welcher dieser Meinungen könnten Sie sich identifizieren und mit welcher überhaupt nicht? Formulieren Sie Ihre Meinung:

než	als
život	Leben

Jsem nesportovní typ, ale rád se dívám na fotbal nebo na hokej v televizi.

Harmonický život – to je nejen práce, rodina, kultura ..., ale i sport. Ale líbí se mi jen rekreační sport.

Pro mě sport vůbec nemusí existovat. Televize a pivo – to je můj sport.

Bohužel nemám čas na sport. Přes týden moc pracuji, a tak večer raději odpočívám. Na sport mám čas jen o víkendu.

?

Já raději lenoším, než sportuju

Jsem sportovní fanatik. Každý den běhám. Můj sen je běžet jednou maraton.

§3 DIE BEWEGUNGSVERBEN / 1

Bisher sind wir nur vier Bewegungsverben begegnet, in den folgenden Lektionen werden wir weiteren begegnen. Im Tschechischen bilden die Bewegungsverben Paare, deren Partner (Glieder) sich semantisch, aber auch formal, nämlich in der Bildung des Futurs, unterscheiden:

determiniert (zielgerichtet)		indeterminiert (nicht zielgerichtet)
JÍT	gehen	**CHODIT**
JET	fahren	**JEZDIT**
LETĚT	fliegen	**LÉTAT**
NÉST	tragen	**NOSIT**
VÉST	führen	**VODIT**
VÉZT	etwas fahren	**VOZIT**
BĚŽET	rennen, laufen	**BĚHAT**

determiniert (zielgerichtet)

typische Begleitwörter:
jednou (1X) einmal
právě gerade

BEISPIELE:
Iva **jde právě** plavat. (gerade)
Kam **pojedeš** o víkendu? (1X)
Tam nahoře **letí** rogalo! (teď)
Dnes večer **půjdeme** na pivo.

zielgerichtete Einzelhandlung (jít odpoledne do parku)

indeterminiert (nicht zielgerichtet)

typische Begleitwörter:
často, vždy(cky), někdy, nikdy, rád/a,
oft immer manchmal niemals
zřídka, pravidelně, normálně...
selten regelmäßig normalerweise

BEISPIELE:
Iva **chodí často** plavat v sobotu. **Každý** víkend **jezdím** na chalupu. **Ráda létám** na rogalu. **Vždycky** v pondělí **chodíme** na pivo.

a) *Indeterminiertheit im Sinne von „umher" (chodit po parku = umhergehen)*
b) *gewohnheitsmäßige Wiederholung (chodit do školy)*
c) *Fähigkeit zur Bewegung (dítě už běhá = kann schon laufen)*

Futur	Präteritum	Präsens	Infinitiv	Infinitiv	Präsens	Präteritum	Futur
půjde	šel	jde	**jít**	**chodit**	chodí	chodil	bude chodit
pojede	jel	jede	**jet**	**jezdit**	jezdí	jezdil	bude jezdit
poletí	letěl	letí	**letět**	**létat**	létá	létal	bude létat
ponese	nesl	nese	**nést**	**nosit**	nosí	nosil	bude nosit
povede	vedl	vede	**vést**	**vodit**	vodí	vodil	bude vodit
poveze	vezl	veze	**vézt**	**vozit**	vozí	vozil	bude vozit
poběží	běžel	běží	**běžet**	**běhat**	běhá	běhal	bude běhat

1. Ergänzen Sie je nach Bedeutung *JÍT* oder *CHODIT* bzw. *JET* oder *JEZDIT*

Karel rád . . . . do kina. Kdy dnes . . . . (ty) na chalupu? Moje dcera už . . . . do školy. Musím . . . . rychle na fakultu. Každý rok . . . . (my) na Maltu. Kam teď . . . . (vy)? Tento rok . . . . (já) na kurs češtiny. V kolik hodin . . . .(ty) na univerzitu? Normálně . . . . (já) v 9.00, ale dnes . . . . už v 8.00 hodin. Vidíš, tam vzadu . . . . Viktor. Nemůžu teď . . . . na oběd, nemám čas. Proč včera Honza ne- . . . . na pivo? Moc rád . . . . (já) na kole, ale nerad . . . . na koni. Můj malý bratr ještě neumí . . . .

P 1

Jsem trochu unavený/á.
To (mi) stačí.
Neumím lenošit.
Je pořád co dělat.
Nemám čas odpočívat.
Opera – to je moje!

ÜA VÝSLOVNOST Aussprache

1. Sprechen Sie den Diphthong *ou* in den tschechischen Wörtern und die Diphthonge *au*, *eu* in den Fremdwörtern:

track 45

ou	au	eu
jedou	auto	neuron
kousek	kentaur	pseudonym
pouze	trauma	eukalyptus
s Kateřinou	autor	leukocyt

Innerhalb der Fremdwörter werden zwei Nachbarvokale getrennt ausgesprochen, wenn es sich nicht um einen Diphthong handelt:

koala — vakuum — chaotický — idea — ZOO — realita — koordinace — neutrální — marihuana

Folgen an der Morphem- oder Wortgrenze die Vokale *o-u*, *e-u*, *a-u* aufeinander, so werden sie – auch in Wörtern tschechischen Ursprungs – getrennt ausgesprochen:

naučit — pro Ulriku — do Unie — je už tady — do ucha — na ulici — za univerzitou — doučovat

2. Die Gruppen *ia*, *ie*, *ii*, *io*, *iu* spricht man mit einem eingefügten schwachen *-j-* aus:

Julie — drogerie — rádio — gymnázium — milion — ekonomie — génius — opium — hyena — poezie

track 46

3. Bemühen Sie sich um eine korrekte Ausprache des Diphthongs *ou*:

Kinderreime: Houpy, houpy, houpy, kočka snědla kroupy.
Hou, hou, krávy jdou.

track 47

K. H. Mácha Textstelle aus dem Gedicht Máj:

„Ach zemi krásnou, zemi milovanou,
kolébku mou i hrob můj, matku mou,
vlast jedinou i v dědictví mi danou,
širou tu zemi, zemi jedinou.“

„Die schöne Erde, die geliebte Erde,
die Wiege und das Grab, die Mutter mein,
das Land, verliehn, dass es mein Erbe werde,
das weite Land, alleinig und allein!“
(übersetzt von Otto F. Babler)

ÜB

1. Nennen Sie die Antonyme:

je	nejprve	nový	odpočívat
snídá	nahoře	pravý	určitě
optimista	příští	jde	nakonec
večeře	dolů	to je fajn	výborný

2. Schreiben Sie nach Diktat:

Katka ve volném čase ráda sportuje. Jezdí na kole a na koni, létá na rogalu, plave, lyžuje. Má také ráda hudbu. Hraje na kytaru a dobře zpívá. Chce cestovat, a tak se učí anglicky.

3. Schreiben Sie aufgrund der Informationen in T 2 ähnliche kurze Texte über Katkas Freunde:

pan Hora . . . .

Thomas . . . .

Nik . . . .

Viktor . . . .

Julia . . . .

A vy? . . . .

4. Máte rádi hudbu? – Mögen Sie Musik? Welche Musik? Diskutieren Sie in der Gruppe über dieses Thema:

folková, country
metalová, punková
populární, taneční
jazzová, rocková
folklorní, lidová
reggae, hip-hop
opereta, muzikál
klasická (vážná), opera

Super!
Senzace! Jde to.

hudba

Perfektní! Nuda.
Skvělé! Moc špatné.

chodit na koncert, operu, muzikál...

zpívat dobře×špatně, píseň/písnička
hrát na kytaru, klavír, trumpetu...

poslouchat kazetu, desku, CD

deska	Platte
hrát *na +A*	ein Instrument spielen
lidový	Volks-
nuda	Langweile
píseň, písnička	Lied
skvělý,á,é	toll
vážný,á,é	ernst
zpěvák, zpěvačka	Sänger, -in

5. Ergänzen Sie die passenden Formen von *jít/chodit* oder *jet/jezdit* oder *letět/létat*:

Kateřina 🚗 každý rok lyžovat na Šumavu. Tento rok tam ale ne- 🚗. Chce 🚗 do Aspenu. **Viktor** rád 🚶 na operu. Zítra 🚶 na operu Don Giovanni, bohužel Katka nemůže 🚶, nemá čas. **Thomas** minulý víkend ne- 🚶 na squash, musel pracovat. Ale příští víkend chce 🚶 na tenis, 🚲 na kole, ale taky 🚗 na výlet.
„**Julie**, kam 🚶 ? My 🚶 na jazzový koncert. Nechceš 🚶 taky?“ „Děkuji, ne- 🚶 ráda na jazz. Mám ráda folklor a o víkendu 🚗 na folklorní festival do Strážnice.“
Pan Kellnar dnes večer ✈ do Curychu, ✈ tam každý měsíc. Příští měsíc ale ne- ✈ do Curychu, ✈ do Hamburku. Pan Kellnar ✈ rád.

6. Co dělá, dělala, bude dělat paní Horová celý den?

vstávat 7.00 · *sprchovat se* 7.30 · *dělat snídani* 7.45 · *snídat* 8.00 · *jet do práce* 8.30 · *dělat pauzu* 11.00 · *obědvat* 13.00 · *jet domů* 17.00 · *nakupovat* 17.30 · *pít kávu* 18.00 · *uklízet byt* 18.30 · *večeřet* 19.00 · *jít na koncert* 19.30 · *jít spát* 23.00

7. Erzählen Sie a) welches Programm Herr Hora in der letzten Woche hatte, b) in der nächsten Woche haben wird?

PLÁNOVACÍ KALENDÁŘ

1/2001		LEDEN
11	po	*porada ve firmě, večer pivo U Macků*
12	út	*cesta do Prahy na ministerstvo a zpět*
13	st	*18.00 kurz angličtiny, 20.00 sauna*
14	čt	*17.00 fotbal doma v televizi*
15	pá	*večer – odpočívat, jít brzy spát*
16	so	*cesta na chalupu, práce na zahradě*
17	ne	*práce na zahradě, setkání s přáteli*

brzy	bald
doma	zu Hause
domů	nach Hause
ministerstvo	Ministerium
porada	Beratung
setkat se *(p.)*	sich treffen
setkání	Treffen

8. Schreiben Sie auf, was gleichzeitig in Prag und in New York geschieht / geschah / geschehen wird:

den **PRAHA** Viktor

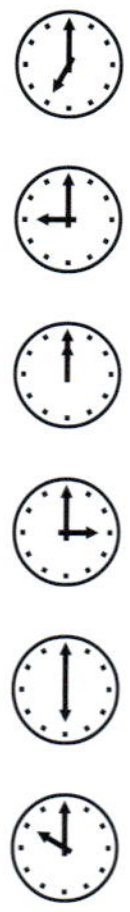

noc **NEW YORK** Jack

9. Übersetzen Sie ins Tschechische:

Am Wochenende war Eva sehr aktiv. Am Samstag Vormittag räumte sie die ganze Wohnung auf. Am Nachmittag ging sie zuerst schwimmen und dann spielte sie Tennis. Um 20:00 Uhr war sie schon im Jazzkonzert. Dann ging sie noch auf ein Bier. Am Sonntag schlief sie lange. Dann schrieb sie ihre englische Übung. Am Nachmittag war sie auf dem Land. Dort wohnt ihre Großmutter. Es war ein schönes Wochenende.

10. Setzen Sie die Gespräche:

a) vom Futur ins Präteritum und umgekehrt;
b) von der Du-Form in die Höflichkeitsform und umgekehrt:

○ Co budeš dělat o víkendu, Zdeno?
◆ Bohužel budu muset pracovat celý víkend. A ty, Jirko? Pojedeš na chalupu s přáteli?
○ Ne. V sobotu pojedu na výlet na Šumavu a v neděli budu odpočívat.

◆ Ahoj Radku, co jsi dělal včera večer?
○ Byl jsem v kině a potom jsem jel domů. Proč jsi taky nešla do kina, Ingrid?
◆ Hrála jsem raději tenis a potom jsem se učila češtinu.

○ Dobrý den, kde jste byl o víkendu, Thomasi?
◆ V sobotu odpoledne jsem šel na zajímavou výstavu a v neděli jsem psal článek o rasismu v České republice. A co jste dělala vy?
○ Byla jsem tradičně na chalupě a pracovala na zahradě. Tam je pořád co dělat.

◆ Dobrý večer, Luboši, co budete dělat dnes večer?
○ Nejprve půjdu na džezový koncert a potom půjdeme s přáteli na pivo. A jaký program máte vy, Terezo?
◆ Budu studovat – psát referát, číst anglický časopis, opakovat anglickou gramatiku.

11. Was machen diese Sportler?

fotbalista		horolezec	***leze po horách***
cyklista		lyžař	
tenista		turista	
bruslař	***bruslí***	plavec	
běžec		volejbalista	
gymnastka	***cvičí***	boxer	***boxuje***
atlet		hokejista	

12. Antworten Sie mit Negation:

Lyžoval jsi na Šumavě? ***Ne, nelyžoval. / Ne, nelyžoval jsem tam.***
Budete večeřet doma? ***Ne, nebudeme. / Ne, nebudeme večeřet doma.***

Létal/a jste už na rogalu? Budeš o víkendu pracovat? Zpívali jste českou píseň? Byl/a jsi trochu unavený/á? Šli jste večer na koncert? Jezdil/a jste o víkendu na koni? Budete cestovat kolem světa? Četl/a jsi noviny? Půjdete zítra na výlet? Budeš v neděli odpočívat? Učil/a ses slovíčka? Budete opakovat gramatiku? ...

➲ Stellen Sie sich gegenseitig weitere Fragen zu den Themen aus L 5:

13. Transformieren Sie die folgenden Sätze ins Präteritum:

To je možné. ***To <u>bylo</u> možné.*** *To je problém.* ***To <u>byl</u> problém.***

To je fajn. To se mi nelíbí. To není možné. To je skandál. To nutně potřebuji. To je katastrofa. To mě baví. To je strašné. To stačí. To není tragédie. To je důležité. To nejde. To je jedno. To není pravda. To je smůla. To je nutné. To není zajímavé. To známe. Je sympatický. Je zajímavá.

14. Hörübung: Katka vypravuje. Co je pravda a co není pravda?

track 48

	TO JE PRAVDA.	TO NENÍ PRAVDA
Katka měla včera špatný den.	. . . .	. . . .
Chtěla vstávat v osm hodin.	. . . .	. . . .
Katka nebyla na historickém semináři.	. . . .	. . . .
V poledne obědvala v menze s Viktorem.	. . . .	. . . .
Celé odpoledne pracovala na computeru.	. . . .	. . . .
Computer nefungoval.	. . . .	. . . .
Neuměla nová anglická slovíčka.	. . . .	. . . .
Večer byla na výborném koncertu.	. . . .	. . . .
To všechno byl jen sen.	. . . .	. . . .

15. Ergänzen Sie die fehlenden diakritischen Zeichen.

Pavel je aktivni sportovec. V pondeli vecer hraje stolni tenis, v utery hraje sachy, kazdou stredu rano beha v parku, ve ctvrtek chodi s prateli na pivo, v patek jezdi tri hodiny na kole a v sobotu leta na rogalu. Jen v nedeli lenosi, odpociva a nedela nic. Jenom se diva na televizi.

16. Welche dieser Redewendungen kommt der Wahrheit am nächsten? Übersetzen Sie mit Hilfe eines Wörterbuchs:

Sportem ke zdraví. Sportem k trvalé invaliditě.

T4 KDO JE ...? Wer ist ...?

Jaromír Jágr (1972, Kladno),

track 49

velmi úspěšný a populární hokejista, český reprezentant, olympijský vítěz z roku 1998, od roku 1991 hrál v kanadskoamerické NHL, od roku 2008 hraje v ruské lize.

hokejista	Hockeyspieler
od roku	seit dem Jahr
velmi úspěšný	sehr erfolgreich
vítěz	Sieger
z roku	aus dem Jahr

T5 KDE JE ...? Wo ist ...?

Pivovar U Fleků,

track 50

velmi známý pražský pivovar a restaurace v ulici Křemencova 11. Nepil tam sice pivo dobrý voják Švejk (to bylo U Kalicha), ale je tam možné pít výborné tmavé pivo a také navštívit pivovarské muzeum.

dobrý voják Švejk	der brave Soldat Schwejk
pivovar	Brauerei
pražský	Prager
sice–ale	zwar–aber

T6 VÍTE, ŽE ... Wissen Sie, dass ...

... die Bibel bereits im 14. Jahrhundert ins Tschechische übersetzt wurde? Die Sprache der Kralitzer Bibel (Bible kralická), einer späteren Übersetzung durch die Angehörigen der Brüderunität, die in den Jahren 1579–1593 erschien, dokumentiert das außergewöhnlich hohe Niveau des Tschechischen im humanistischen Zeitalter. Im 19. Jahrhundert wurde das Tschechische jener Zeit zur Grundlage der modernen tschechischen Schriftsprache.

P2

ČESKÉ PŘÍSLOVÍ
Co Čech, to muzikant.

V1

		Anwendung	Antonym
Antarktida *f*	Antarktis	nad Antarktidou	
běh *m*	Lauf, Rennen		
běhat,-ám, běžet,-ím	laufen, rennen	~ na stadionu	
bruslení *n*	Schlittschuhlaufen		
bruslit,-ím	S. laufen		
brzy, brzo	bald	jít ~ spát	pozdě
cestování *n*	Reisen		
cvičit,-ím	üben, turnen	~ gramatiku	
cyklist/a,-ka *m, f*	Radfahrer/in		
cyklistika *f*	Radsport		
článek *m*	Artikel	píšu ~ o rasismu	
dívat se,-ám *na +A*	schauen, sich etwas ansehen	~ se na filmy	
dlouhý,á,é	lang	~ výlet	krátký,á,é
doma *Adv.*	zu Hause	o víkendu jsem ~	
domů *Adv.*	nach Hause	jet ~	
fotografování *n*	Fotografieren		
gymnast/a,-ka *m, f*	Gymnast/in		
gymnastika *f*	Gymnastik		
hlavně *Adv.*	vor allem, hauptsächlich	mám rád ~ operu	
horolez/ec,-kyně *m, f*	Bergsteiger		
horolezectví *n*	Bergsteigen		
horský,á,é	Berg-	horský kůň	
hotový,á,é	fertig	článek musí být ~	
hudba *f*	Musik	mám rád hudbu	
chodit,-ím, jít, jdu	gehen	~ do fitnesu	
chvíle *f*	Weile, Moment	za chvíli	
jezdit,-ím, jet, jedu	fahren		
jezdit na kole,-ím	Rad fahren		
jezdit na koni,-ím	reiten		
když *Konj.*	als, wenn	~ byla unavená	
kolem *Präp+G*	um...herum, an...vorbei	~ světa	
koníček *m*	Steckenpferd, Hobby		
krásný,á,é	schön, hübsch	krásný sen	ošklivý,á,é
kůň, koně *m*	Pferd, -e	jezdit na koni	
kytara *f*	Gitarre	hrát na kytaru	
lední hokej *m*	Eishockey		
lehká atletika *f*	Leichtathletik		těžká atletika
lenošit,-ím	faulenzen	neumím ~	být pilný
létat,-ám, letět,-ím	fliegen	~ na rogalu	
lidový,á,é	Volks-	lidová písnička	umělý,á,é
lyžař/ka *m, f*	Skifahrer/in		
lyžování *n*	Skifahren, Skilaufen		
lyžovat,-uji/u	Ski fahren, Ski laufen	lyžovat v horách	
nakonec	zum Schluss, schließlich	~ ještě zpívala	nejprve
nejprve	zuerst	~ pracoval	nakonec, potom

než *Konj.*	als	raději lenoším ~ sportuju	
nosit,-ím, nést, nesu	tragen		
nuda *f*	Langweile	to je nuda!	
oblíbený,á,é	beliebt, Lieblings-	oblíbený sportovec	
odpočívat,-ám	sich ausruhen, erholen	nemám čas ~	pracovat
odpověď *f*	Antwort	to je moje ~	otázka
odpovídat,-ám	antworten	~ na otázku	ptát se
otázka *f*	Frage	mám otázku	odpověď
pěší turistika *f*	Wandern		
píseň, písnička *f*	Lied		
plavání *n*	Schwimmen		
plavat, plavu	schwimmen		~ v Atlantiku
plav/ec,-kyně *m, f*	Schwimmer/in		
pro to	dafür	~ je Šumava ideální	
představovat si,-uji/u *něco*	sich *etwas* vorstellen	jak si představujete ...	
rogalo *n*	Drachen	létat na rogalu	
raftovat,-uji/u	raften	~ na Coloradu	
Řím *m*	Rom	v Římě	
setkání *n*	Treffen	~ s přáteli	
setkat se,-ám *(p.)*	sich treffen	~ s přáteli	
skvělý,á,é	toll	skvělá hudba	špatný, hrozný
slovíčko, *PL.* **-a** *n*	Vokabel, -n	učit se slovíčka	
slunit se,-ím	sich sonnen	~ na Riviéře	
stačit,-ím	reichen, genügen	to stačí	
stolní tenis *m*	Tischtennis		
svět *m*	Welt	kolem světa	
Šumava *f*	Böhmerwald	jet na Šumavu	
tancovat,-uji/u/tančit,-ím	tanzen	ráda tancuji	
televize *f*	Fernseher, Fernsehen	dívat se na televizi	
uklízet,-ím	aufräumen, saubermachen	~ byt	
umění *n*	Kunst		
určitě	bestimmt, sicher, gewiss	co ~ nebudete dělat?	
vaření *n*	Kochen		
vážný,á,é	ernst, ernsthaft	vážná hudba	
včera	gestern	~ jsem měl krásný sen	zítra
večírek *m*	Party	jdu na ~	
vodit,-ím, vést, vedu	führen		
volný,á,é	frei	volný čas	
vozit,-ím, vézt, vezu	fahren *jemanden*		
výlet *m*	Ausflug	dělat dlouhé výlety	
zahrada *f*	Garten	pracovat na zahradě	
zájem, zájmy *m*	Interesse, -en	jaké zájmy máte?	
zajímat se,-ám *o +A*	sich interessieren für	zajímám se o český folklor	
zítra	morgen	co budeš ~ dělat?	včera
zpěv/ák,-ačka *m, f*	Sänger/in		
zpívat,-ám	singen		
život *m*	Leben	harmonický ~	smrt

V2

dobrý voják Švejk	der brave Soldat Schwejk
hokejista *m*	Hockeyspieler

od roku	seit dem Jahr	~ 1991	
pivovar *m*	Brauerei	známý ~	
pražský,á,é	Prager	~ pivovar	
sice – ale *Konj.*	zwar – aber		
úspěšný,á,é	erfolgreich	úspěšný hokejista	
velmi, moc	sehr	velmi úspěšný	málo
vítěz *m*	Sieger	olympijský ~	
z roku	aus dem Jahr	vítěz ~ 1998	

Co Čech, to muzikant. Jeder Tscheche ist Musikant.

Schlüssel zu den Übungen:

Ü 5
Kateřina jezdí, nejede/nepojede, jet — Viktor chodí, půjde, jít — Thomas nešel, jít, jezdit, jet — Julie jdeš, jdeme, jít, nechodím, pojedu — pan Kellnar poletí, létá, nepoletí, poletí, létá;

Ü 9
O víkendu byla Eva velmi/moc aktivní. (Eva byla o víkendu velmi aktivní.) V sobotu dopoledne uklízela celý byt. Odpoledne šla nejprve plavat a potom hrála tenis. Ve dvacet hodin už byla (byla už) na jazzovém koncertě. Potom šla ještě na pivo. V neděli spala dlouho. Potom psala anglické cvičení. Odpoledne byla na venkově. Tam bydlí její babička. To byl (byl to) hezký víkend.

Ü 13
To bylo fajn. To se mi nelíbilo. To nebylo možné. To byl skandál. To jsem nutně potřeboval/a. To byla katastrofa. To mě bavilo. To bylo strašné. To stačilo. To nebyla tragédie. To bylo důležité. To nešlo. To bylo jedno. To nebyla pravda. To byla smůla. To bylo nutné. To nebylo zajímavé. To jsme znali. Byl sympatický. Byla zajímavá.

Ü 14
Můj špatný den.
Včera jsem měla špatný den. Chtěla jsem vstávat v 7 hodin, ale nakonec jsem vstávala v 8 hodin. V 8 hodin třicet začínal na univerzitě můj historický seminář, ale já jsem tam nebyla. V poledne jsem měla obědvat s Viktorem v menze, ale Viktor neměl čas. Odpoledne jsem chtěla pracovat na computeru, ale ten nefungoval. Potom jsem měla kurz angličtiny, ale neměla jsem čas učit se slovíčka a nemohla jsem konverzovat. Večer jsem byla na koncertu a ten koncert byl moc špatný. A to všechno bohužel nebyl jen sen, to byla realita.

Ü 15
Pavel je aktivní sportovec. V pondělí večer hraje stolní tenis, v úterý hraje šachy, každou středu ráno běhá v parku, ve čtvrtek chodí s přáteli na pivo, v pátek jezdí tři hodiny na kole a v sobotu létá na rogalu. Jen v neděli lenoší, odpočívá a nedělá nic. Jenom se dívá na televizi.

UČIT SE CIZÍ JAZYKY – METODY UČENÍ

T 1 Moje hobby: učit se česky Mein Hobby: Tschechisch lernen

Milá Ivanko,

dnes budu psát o svém českém kurzu v jazykové škole. Učit se jazyky – to je můj velký koníček. Mluvím dobře anglicky, francouzsky, docela dobře španělsky a taky trochu italsky. Ale čeština – to je nejen koníček, ale i „oříšek".
Náš kurz je malý, jsme jen čtyři. Máme výbornou učitelku a pracujeme opravdu intenzivně – dvakrát za týden dvě hodiny. Například dnes: nejprve jsme opakovali slovíčka a starý text, potom jsme psali diktát a kontrolovali domácí úkol. Taky jsme poslouchali na kazetě nový text, překládali a psali nová slovíčka. Nakonec jsme o novém textu diskutovali a dělali v páru rozhovory. Potom jsme se na videu dívali na krátký dokument o Praze a psali nové informace o Praze jako cvičení. Samozřejmě jsme taky cvičili novou gramatiku. Bohužel, bez gramatiky to v češtině nejde. Nakonec jsme zpívali českou píseň. Jako domácí úkol musíme v časopise hledat nové informace o Praze a psát o tom krátký text. Uf, je to těžké, ale baví mě to. Jako německý korespondent v Praze češtinu nutně potřebuji. A psát česky dopis – to je taky dobrá metoda, ne?
Srdečně Tě zdraví

Thomas

baví mě to	das macht mir Spaß
bez gramatiky	ohne Gr.
cizí jazyk	Fremdsprache
cvičení	Übung
dopis	Brief
dvakrát	zweimal
hobby	Hobby
milý,á,é	lieb
například	zum Beispiel
ne?	oder? nicht wahr?
nejen	nicht nur
nutně	dringend
opravdu	wirklich
oříšek	kleine Nuss
o tom	darüber, davon
překládat	übersetzen
rozhovor, y	Gespräch, -e
srdečně tě zdraví ...	es grüßt dich herzlich ...
svůj	mein
těžký	schwer, schwierig
učení	Lernen
v páru	zu zweit, paarweise
za týden	in der Woche

▸▸ 1. Lesen und übersetzen Sie:

- Das Wort ***oříšek*** wird im Text im übertragenen Sinne verwendet. Wie verstehen Sie es?
- Das Wort ***jako*** bedeutet im Deutschen ***als*** oder ***wie***. Welche Bedeutung hat ***jako*** in unserem Text?

▸▸ 2. Können Sie diese Fragen beantworten?

Kde se učí Thomas česky?	ve škole × na univerzitě × v malém kurzu × doma...
Jak často se učí česky?	každý den × jednou/jedenkrát za týden × dvakrát × pětkrát za týden...
Co opakuje?	domácí úkol × slovíčka × novou gramatiku × starý text...
Co píše?	těžké cvičení × krátký text × diktát × text o Praze...
Co poslouchá?	rádio × text na kazetě × českou píseň × rozhovor...
Na co se dívá?	na televizi ×na video × na dokument o Praze × na časopis...
Co je jeho cíl?	číst českou literaturu × psát česky dopis × poslouchat české rádio × dobře rozumět × číst české noviny × mluvit česky s přáteli × překládat český text × dívat se na televizi × psát dobře diktát...

▸▸ 3. Wie ist Ihr Tschechischkurs? Antworten Sie:

Co děláte v kurzu? — Jak často se učíte česky? — Líbí se vám čeština? — Co děláte v kurzu rád(a)? — Co neděláte rád(a)? — Co je v kurzu důležité? — Co je těžké? — Opakujete často slovíčka? — Píšete domácí úkoly? — Zpíváte v kurzu? — Díváte se na televizi? — Posloucháte rádio? — Jaký je váš cíl?

? In den Texten sind Sie bereits den Formen vom N Pl. bzw. A Pl. begegnet. Versuchen Sie von folgenden Wörtern den N Sg. zu bilden: texty . . . . , rozhovory . . . . , výlety . . . . , hodiny . . . ., koruny . . . . , otázky . . . . , slovíčka . . . . , informace . . . .

? Welche Endung haben die harten Substantive im N Pl. und im A Pl.? Und welche haben die weichen Substantive? . . . .

§1 NOMINATIV UND AKKUSATIV PLURAL

To jsou ... Das sind ... **KDO? CO?** Wer? Was? **NOMINATIV PLURAL**

Pronomen „hart"		Pronomen „weich"		Adjektiv „hart"		Adjektiv „weich"		Substantiv			Genus
všichn (t)	i	naš / moj	i	nov / m	í	modern / jej	í	pán	i	„hart"	Mb
								muž	i	„weich"	
všechn (t)	y	naš / moj	e	nov / m	é	modern / jej	í	hrad	y	„hart"	Mu
								stroj	e	„weich"	
všechn (t)	y	naš / moj	e	nov / m	é	modern / jej	í	žen	y		F
								růž	e		
								písn	ě		
								kost	i		
	a	naš / moj	e	nov / m	á	modern / jej	í	měst	a		N
								kuřat	a		
								moř	e		
								nádraž	í		

1

✓[1] Bei **Mb** auf auslautendes *-h*, *-ch*, *-k*, *-r* im N Sg. erfolgt im N Pl. Konsonantenwechsel, vgl. *vrah – vrazi, Čech – Češi, úředník – úředníci, bratr – bratři...* ☞ **L 4 § 2**

Mb auf *-a* werden im Plural wie *pán* dekliniert, im N Pl. mit der Endung ***-ové*** wie *kolegové* (ähnlich auch *synové, Švédové* – oft einsilbige Mb). Diese Endung kommt auch als Alternative zur Endung ***-i***: *páni/pánové, muži/mužové*.

Mb auf *-tel*, *-ista*, *-ita*, *-an* haben im N Pl. die Endung *-é*, vgl. *přátelé, turisté, husité, Angličané* (umg. auch *turisti, husiti, Angličani*).

Bei harten Adjektiven auf *-hý*, *-chý*, *-ký*, *-rý* erfolgt bei Mb im N Pl. Konsonantenwechsel, vgl. *drahý – drazí, tichý – tiší, velký – velcí, dobrý – dobří...*

Auch bei harten Adjektiven auf *-ský* und *-cký* erfolgt bei Mb im N Pl. Konsonantenwechsel, vgl. *český – čeští, anglický – angličtí...*

✓ Das Wort ***dítě*** ist im Sg. ein **N**, im Pl. – ***děti*** – wird es aber wie ein **F** (*kost*) dekliniert und hat auch feminine Kongruenz wie *hezké děti*.

✓ Das Wort ***člověk*** Mensch hat im N Pl. die Form ***lidé*** Menschen, Leute, im A Pl. die Form ***lidi*** (dekliniert wie *kost*).

✓ Dem Wort ***rodiče*** Eltern (Pl.) entspricht im Sg. das Wort ***rodič*** (M).

✓ Das Wort ***přítel*** zeigt im Pl. durchgehend Stammvokal ***-á-***: ***přátelé***.

Mám rád ... Ich mag ... **KOHO? CO?** Wen? Was? **AKKUSATIV PLURAL**

Pronomen „hart"		Pronomen „weich"		Adjektiv „hart"		Adjektiv „weich"		Substantiv			Genus
všechn (t)	y	naš / moj	e	nov / m	é	modern / jej	í	pán	y	„hart"	Mb
								muž	e	„weich"	
Nominativ = Akkusativ											Mu, F, N

ERSCHEINUNGSFORMEN DES AKKUSATIVS:

1. Transitive Verben

psát dopisy
číst noviny
hledat slovíčka
vidět přátele
znát české filmy
hrát, dělat, učit se, opakovat,
jíst, pít, snídat, obědvat, večeřet...

2. Verben mit Präpositionen, die den A fordern

dívat se **na** video
zajímat se **o** folklor
prosit **o** informaci bitten um ...
děkovat **za** knihu danken für ...
(hrát **na** kytaru)

3. Präposition + A

pro für	pro rodiče
na (KAM?) auf, in, nach ☞ **L 4**	na stoly, na výstavy
před vor, **za** hinter (KAM?)	před domy
nad über, **pod** unter (KAM?)	nad města
mezi zwischen (KAM?)	mezi Čechy a Němce
přes über	přes mosty
mimo außer(halb)	mimo bratry
za u.a. in	dvakrát za týden

1. Bilden Sie den N Pl. von folgenden Wörtern:

byt — pokoj — pracovna — ložnice — balkon — terasa — garáž — stůl — židle — skříň — gauč — postel — město — kino — banka — nádraží — muzeum — drogerie — kostel — škola — stanice — křižovatka — nákup — houska — časopis — tužka — mýdlo — růže — kniha — pohlednice — pero — květina — vejce

2. Bilden Sie den N Pl. und A Pl. folgender belebter Maskulina:

To jsou (tvůj malý bratr, český profesor, její anglický přítel, každý Američan, starý úředník, špatný student, optimistický politik, hezký člověk, můj kamarád, ten milionář, německý režisér, Rus). Znám dobře ...

3. Das Zahlwort *zwei* hat im N Pl. die Form <u>*dva*</u> für M und die Form <u>*dvě*</u> für F und N. Verbinden Sie es mit den nachstehenden Ausdrücken:

zajímavá kniha ***dvě zajímavé knihy***

tento slovník — dobrý oběd — hezká fotografie — nové slovíčko — váš kolega — česká přítelkyně — nový učitel — černá káva — elegantní sako — příští rok — slovenský turista — malé dítě — stůl a křeslo

T2 Mladý Rakušan v Brně

1. Hören Sie den Text, ohne mitzulesen und urteilen Sie dann, was richtig ist:

ANO nebo NE?

Peter je Němec. — Dcera se jmenuje Milena. — Peter je manažer. — Dcera ještě neumí mluvit. — Peter se nerad učí gramatiku. — Peter má českou přítelkyni. — Peter a Anna doma mluví německy. — Anna se už nemusí učit německy. — Anna je socioložka. — Anna nemá práci. — Peter mluví česky výborně.

track 51

Peter Brandstetter je manažer. Vrací se domů teprve večer. Potom mluví on a Anna – jeho česká manželka – většinou německy, protože je unavený.
„Anna se učí rychle německy, ale já česky bohužel jen pomalu. Ale poslouchám české rádio, dívám se na českou televizi, konverzuji česky s přáteli. Na kurz češtiny nemám ani čas, ani chuť. Neučím se rád gramatiku. Když mluvím česky, dělám sice chyby, ale ‚moje Anička' mi rozumí. Alespoň je legrace," říká Peter.

Anna Nová-Brandstetterová momentálně nepracuje. Je doma, protože má malou tříletou dceru Milenu. Učí se německy individuálně každý den a dvakrát za týden navštěvuje ve 20 hodin kurz němčiny. Chce mluvit brzy dobře německy.
„Proč se učím tak systematicky německy? Peter bude v Brně pracovat ještě jeden rok a potom chce bydlet ve Vídni. Jsem socioložka a chtěla bych jednou v Rakousku pracovat. Vím, že mám šanci, jen když moje němčina bude perfektní," říká Anna.

Milena Brandstetterová má štěstí, má bilingvní rodinu. Umí perfektně česky i německy – pardon – rakousky.

alespoň	wenigstens
chuť	Lust
chyba	Fehler
legrace	Spaß
navštěvovat	besuchen
proč?	warum?
protože	weil
říkat	sagen
sice – ale	zwar – aber
šance	Chance
štěstí	Glück
tříletý,á,é	dreijährig
většinou	meistens
vracet se	zurückkehren

2. Lesen Sie den Text und beantworten Sie die Fragen:

Jak často má Anna kurz němčiny? — Kde bydlí Peter a Anna? — Jak se učí Peter česky? — Proč se učí Anna německy? — Má Peter čas učit se česky? — Proč má Milena štěstí? — Jak mluví Peter česky? — Má Anna šanci pracovat ve Vídni? — Baví Petera mluvit česky?

3. Was alles wissen Sie über ...?

Peter ***mladý muž, Rakušan...***
Anna ***... systematická, pragmatická...***
Milena ***dítě, je bilingvní...***

4. Unterstreichen Sie in T 2 alle Konjunktionen:

§2 KONJUNKTIONEN / 1

Mám rád	den	A und	noc.
Mám rád	den	I und auch	noc.
Mám rád	den	A TAKÉ und auch	noc.
Je	den	NEBO oder	noc?
NEmám rád	den,	ALE aber (sondern)	noc.
Nemám rád ANI	den,	ANI weder-noch	noc. !Verb verneint

ŽE dass	Vím, **že** se učí česky.
	Jsem rád, **že** se učí česky.
JESTLI ob	Nevím, **jestli** se učí česky.
	Ptá se, **jestli** se učí česky.
PROTOŽE weil	Rozumí, **protože** se učí česky.
(A) PROTO, TAK deshalb	Nerozumí, **a proto** se učí česky.
KDYŽ (immer) wenn	**Když** má čas, učí se česky.
	Když měl čas, učil se česky.
als	**Když** byl v Praze, učil se česky.

✓ Vor Konjunktionen schreibt man bis auf die Konjunktionen *a, i, a také* sowie zum Teil auch *nebo* ein **Komma.**

✓ Nur die Konjunktionen *a, i, ale* stehen außerhalb der zu verbindenden Sätze und beeinflussen deren Wortfolge nicht. Die anderen Konjunktionen binden die Enklitika (unbetonte Wörter) an sich:
*O víkendu jsem nepracoval, ale **učil jsem se.***
*O víkendu jsem nepracoval, protože **jsem se** učil.* ☞ **L 9 § 4**

In Sätzen mit akzentuiertem Subjekt folgt nach der Konjunktion zuerst dieses Subjekt und dann die Enklitika:
*O víkendu jsem nepracoval, protože dcera **si** přála jít na výlet.*

1. Verbinden Sie die unterstrichenen Wörter mit passenden Konjunktionen:

Kupovala jsem <u>chléb a rohlíky</u>. — Ta kniha byla <u>hezká a zajímavá</u>. — O víkendu <u>jsem se učila a odpočívala</u>. — Pracuje <u>dobře a rychle</u>. — Zítra <u>budu telefonovat a psát dopisy</u>.

2. Verbinden Sie folgende Sätze mit passenden Konjunktionen:

Mám moc práce. Nemůžu jet na výlet.
Byli jsme minulý týden v Praze. Šli jsme na výstavu.
Chci mluvit dobře česky. Chodím dvakrát za týden na kurz češtiny.
O víkendu bude v kulturním domě zajímavý koncert. Půjdeme tam.

3. Ergänzen Sie die fehlenden Konjunktionen:

Eva se ptá, ... piješ pivo. Bratr píše, ... jede do Ameriky. Chci dobře mluvit česky, ... poslouchám české rádio. Ta žena není . . . . hezká, ... sympatická. Jsem unavená, ... jdu spát. . . . . jsem unavená, jdu spát. Nemám bratra . . . . sestru. . . . . nemá chuť, nepracuje. Včera jsem se učil gramatiku . . . . opakoval slovíčka. Setkáme se v 6 hodin . . . . v 7 hodin? Nechci jít do kina, ... do divadla. Jde na pivo, ... má žízeň. Petr neví, ... Iva přijde, ale ví, ... přijde Zuzana. Učí se česky, ... češtinu potřebuje při studiu.

T3 Učit se jazyk: jak často, kde, jak? Eine Sprache lernen: wie oft, wo, wie?

Mf Dnes: Inzerát

Jazyková škola Comenius
Chcete umět za rok plynně
anglicky, německy, francouzsky, italsky, španělsky
nebo česky?
Nabízíme:
kurzy pro začátečníky i pokročilé
kvalitní učitele
moderní metody
inspirativní učebnice
časovou variabilitu

bez přestávky	ohne Pause
časový	Zeit-
dávat pozor	aufpassen
hospoda	Kneipe
doporučit *(p.)*	empfehlen
jazyková škola	Sprachenschule
jinak	anders
nabízet	anbieten
najednou	auf einmal
plynně	fließend
pokročilý,á	r,e Fortgeschrittene
používat	benutzen, verwenden
pro vás	für Sie
přestávka	Pause
různý,á,é	verschieden
učebnice	Lehrbuch
už 1 rok	seit einem Jahr
vysvětlovat	erklären
vyučování	Unterricht
začátečník	Anfänger
znát	kennen

track 52 Thomas navštěvuje už jeden rok kurz češtiny v jazykové škole Comenius. Dnes diskutují on, jeho tři kolegové a jejich učitelka o tom, jak se učit:

Nikita: Já dávám pozor ve vyučování a ptám se, když nerozumím. Učitelka mi potom vysvětluje slovíčka nebo gramatiku. Doma se neučím...

Cathleen: Gramatika pro mě není těžká, ale špatně rozumím. Proto poslouchám kazety, rádio, dívám se na českou televizi...

Thomas: Já se učím tak, že doma píšu všechno, co jsme dělali ve vyučování. Potom poslouchám hudbu a ještě jednou to opakuji. To můžu opravdu doporučit...

Paolo: Jsem muzikální typ. Učím se tak, že všechno zpívám. Mám rád české písničky, učím se jejich texty. Gramatika není moje hobby. Raději konverzuju česky v hospodě...

učitelka Jana: Mám pro vás tyto tipy:
1. často opakovat, ale vždycky jinak
2. neučit se moc dlouho a moc najednou, dělat přestávky
3. používat různé metody
4. časový plán: plánovat, co a kdy se učit nebo opakovat
5. znát svůj cíl...

1. Was können die Studenten/Teilnehmer noch sagen? Ergänzen Sie ihre Aussagen:

2. Zu welchem Tipp der Lehrerin Jana gehört welche Frage?

CO SE CHCETE DNES UČIT? JAK SE UČÍTE SLOVÍČKA?
JAK DLOUHO SE UČÍTE BEZ PŘESTÁVKY?
JAK ČASTO OPAKUJETE? PROČ SE UČÍTE CIZÍ JAZYK?

Welcher Tipp ist für Sie interessant? Formulieren Sie Ihren Tipp.

Wie ist Ihre Lernmethode? Diskutieren Sie darüber in der Gruppe:

§3 DAS REFLEXIVE POSSESSIVPRONOMEN SVŮJ (M), SVOJE/SVÁ (F), SVOJE/SVÉ (N)

✓ Das reflexive Possessivpronomen ***svůj***, das im Deutschen durch die Possessivpronomina *mein, dein, sein...; unser...* wiedergegeben wird, drückt aus, dass das Subjekt der Possession (SP) mit dem Satzsubjekt (SS) übereinstimmen.

✓ Das Possessivpronomen ***svůj*** wird wie die Possessivpronomina *můj, tvůj* dekliniert.

Übersetzen Sie folgende Beispiele:

Sg.

Mám rád/a **svůj** byt. (SS – já, SP – můj byt)	Viděl jsi už **můj** byt? (SS – ty, SP – můj byt)
Kde máš **svoji/svou** knihu? (SS – ty, SP – tvoje kniha)	Neviděla jsem **tvoji/tvou** knihu. (SS – já, SP – tvoje kniha)
Neviděl **svoji/svou** babičku. (SS – on, SP – jeho babička)	Neznáme **jeho** babičku. (SS – my, SP – jeho babička)
Mluvila o **svém** synovi. (SS – ona, SP – její syn)	Mluvila o **jejím** synovi? (SS – ona, SP – její syn – von einer anderen Frau)
Každé dítě má **svůj** pokoj.(SS – dítě = ono, SP – jeho pokoj)	Neuklízím **jeho** pokoj. (SS – já, SP – jeho pokoj)

Pl.

Máme **svoje/své** problémy. (SS – my, SP – naše problémy)	**Naše** problémy Petra nezajímají? (SS – naše problémy)
Kde máte **svoje/své** kufry? (SS – vy, SP – vaše kufry)	Kde jsou **vaše** kufry? (SS – vaše kufry)
Mluvili o **svém** cíli. (SS – oni, SP – jejich cíl)	Známe **jejich** cíle. (SS – my, SP – jejich cíle)

▸▸ 1. Ergänzen Sie das Possessivpronomen bzw. das reflexive Possessivpronomen im richtigen Fall:

<u>Moje</u> babička bydlí daleko. **?můj × svůj?**	Už jsem ... ***svou/svoji*** ... babičku dlouho neviděla. Eva říká, že je tam . . . . babička. Mám . . . . babičku moc ráda. Kde je . . . . babička?
<u>Tvůj</u> přítel je sympatický. **?tvůj × svůj?**	Ještě neznám . . . . přítele. Děláš pro . . . . přítele čaj? Četli jsme o . . . . příteli v časopise. To je . . . . přítel?
Kde je <u>váš</u> byt? **?váš × svůj?**	Líbí se mi . . . . byt. Byl jsem už ve . . . . bytě. Kde máte . . . . byt? Uklízel jste . . . . byt? To je . . . . byt?

▸▸ 2. Ersetzen Sie das Personalpronomen in Klammern durch das entsprechende Possessivpronomen bzw. das reflexive Possessivpronomen im richtigen Fall:

V (já) pokoji Petr není. — *V **mém** pokoji Petr není.*
Petr je asi ve (on) pokoji. — *Petr je asi ve **svém** pokoji.*

Mluvili o (oni) práci. — Mám doma (já) pokoj. — Viděla jsem (ty) přítele. — Jedeme na (vy) univerzitu. — Co dělá (on) sestra? — Znáte už (vy) novou učitelku? — Thomas psal o (on) vyučování. — Na (vy) stole to nemáte? — To je (ona) problém! — Mám knihu pro (vy) matku. — Jaká je (vy) metoda učení? — Můžete formulovat (vy) tip? — Znáte (vy) cíl? — Víte, co je (vy) cíl?

P1

Opravdu.
To jde. / To nejde.
To mě baví.
To nutně potřebuji.
Srdečně tě zdraví ...
Mám štěstí.
To je jen legrace.

ÜA VÝSLOVNOST Aussprache

1. Die Laute *r* und *l* können in der Kombination mit anderen Konsonanten silbenbildend werden:

track 53

r		l
bratr [bra-tr]		klesl [kle-sl]
svetr		vlk
zmrzlina [zmr-zli-na]		četl
pršet		jablko
čtvrtek		plný
kráva	*nichtsilbenbildendes* **r** *und* **l**	slyší
práce		mladý

Wiederholen Sie mehrmals folgende Zungenbrecher:

STRČ PRST SKRZ KRK.

NÁŠ PAN KAPLAN V KAPLI PLAKAL.

2. Üben Sie das *r* in dem Lied des tschechischen Liedermachers und Dichters Jaromír Nohavica:

track 54

Krtek	Der Maulwurf
Prvá, druhá, třetí, čtvrtá,	Die erste, zweite, dritte, vierte,
na zahradě krtek vrtá,	der Maulwurf bohrt im Garten,
drápy má jak vývrtky,	er hat Krallen wie Bohrmaschinen,
vrtá metro pro krtky.	er bohrt eine U-Bahn für Maulwürfe.
Ref.: rrr...	
Každý, kdo si zaplatí,	Jeder, der bezahlt,
smí se projet po trati,	darf die Strecke fahren,
od okurek po macešky,	von den Gurken zu den Stiefmütterchen,
dál už musí každý pěšky.	weiter muss schon jeder zu Fuß.
Ref.: rrr...	

(**Jaromír Nohavica:** album Tři čuníci)

ÜB

1. Was können Sie in diesen Geschäften bekommen? Benutzen Sie den Plural:

v drogerii ... ***můžu dostat zubní kartáčky ...***
v papírnictví ...
v supermarketu ...
v pekárně ...
v tabáku ...
v kiosku ...
v květinářství ...

2. Setzen Sie die unterstrichenen Ausdrücke in den Pl., ändern Sie, wo nötig, auch die Verbform entsprechend:

Bob vypravuje:

Mám v Praze jednoho českého přítele. Jeho bratr je dobrý sportovec. Znám také sympatickou Italku a německého žurnalistu. Ten německý žurnalista je korespondent Süddeutsche Zeitung a Italka je studentka. V pivnici U Fleků zase často vidím kamaráda z Ameriky. Ten Američan pracuje v Praze jako manažer. Včera jsem byl na jazzovém koncertě a viděl jsem tam českou kolegyni. Je to moc sympatická a hezká dáma. Ta kolegyně se mi moc líbí. Ale můj český kolega je taky fajn.

3. Sprechen Sie über Ihr Tschechischstudium. Benutzen Sie dabei Modalverben:

Umím ... ***už docela dobře mluvit česky ...***
Chci ... ***se učit každý den hodinu česky ...***
Musím ...
Smím ...
Chtěl(a) bych ...
Můžu ...
Nechci ...
Neumím ...
Mám ...
Nesmím ...

hledat slovíčka · diskutovat o ... · opakovat gramatiku · psát domácí úkol · zpívat píseň · dělat rozhovor · překládat · číst noviny · poslouchat kazetu, rádio · dívat se na video, na televizi · kupovat německo-český slovník · učit se nová slovíčka

4. Übersetzen Sie mit Hilfe eines Wörterbuches:

Jak se učí Thomas nová slovíčka:

Po kurzu se dívám na obrázky v učebnici a ještě jednou čtu všechny texty. Potom hledám slovíčka ve slovníku a píšu všechna nová slovíčka na kartičky – maskulina píšu modře, feminina červeně a neutra zeleně. Nakonec čtu nová slovíčka ještě jednou nahlas. Někdy na kartičku také kreslím malý obrázek, to mi moc pomáhá. Jsem vizuální typ. Moje „slovíčková" kartotéka je už opravdu velká. Často nosím nová slovíčka celý den v kapse, a když mám chvíli čas – například v tramvaji, v kavárně, v obchodě ve frontě... – , čtu svoje barevné kartičky. Každé nové slovíčko opakuji minimálně pětkrát. Teprve potom slovíčko opravdu umím.

Gefällt Ihnen die Methode? Warum? Diskutieren Sie darüber:

+	–
Ano, líbí se mi.	Ne, nelíbí se mi.
Myslím, že je dobrá.	Myslím, že není moc dobrá.
Je výborná.	Je špatná.
Ta metoda je zajímavá.	Ne, to není metoda pro mě.
Já to dělám také tak.	Já to dělám jinak.

myslet denken, meinen

➲ **Beschreiben Sie in einem kurzen Text, wie Sie neue Vokabeln lernen.**

➲ **Lesen Sie den Text im Präteritum und im Futur.**

5. Ergänzen Sie: SVŮJ nebo MŮJ, TVŮJ, JEHO, JEJÍ...?

Výlet na Šumavu

O víkendu jsem jela já a . . . . rodina na výlet na Šumavu. . . . . rodina je malá, jsme jen tři – . . . . manžel Jirka a . . . . dcera Zuzana. Nakonec jela taky . . . . sestra Eva a . . . . přítel. Bydleli jsme v malém penzionu. Pokoje byly moc malé, a proto měl každý . . . . pokoj. V sobotu šla naše rodina na dlouhou túru, ale sestra Eva a . . . . přítel měli . . . . program. Raději hráli celý den tenis a v noci byli v baru.

V neděli jsem neviděla ani . . . . sestru, ani . . . . přítele, protože celé dopoledne spali. Mám . . . . sestru moc ráda, ale na výlet na Šumavu pojede příští rok zase jen . . . . rodina.

➲ Ingrid a . . . . dědeček

Ingrid je Němka, bydlí v Norimberku, ale . . . . dědeček je z Olomouce. Celá . . . . rodina byla napůl německá a napůl česká. Dědeček vždycky moc rád mluvil o . . . . „rodném" městě. Německy i česky. Ingrid měla . . . . dědečka moc ráda. Bohužel . . . . dědeček už nežije. Ingrid napsala dopis o . . . . dědečkovi Petrovi a Jarmile. To jsou . . . . přátelé z Olomouce. S Jarmilou a Petrem pojede tento rok do Olomouce. Chce vidět město, kde do roku 1945 žila . . . . rodina. Škoda, že tu cestu nemůže udělat se **svým** dědečkem!

6. Ergänzen Sie die Sätze mit den vorgegebenen Konjunktionen:

Maminka ví, že . . . .
Mám čas, proto . . . .
Těší mě, že . . . .
Jdu do restaurace, protože . . . .
Vidím, že . . . .
Protože. . . . . , nemůžu jít do kina.
Když. . . . . , jeli jsme na výlet.
Chci mluvit česky, proto . . . .
Iva se ptala, jestli . . . .
Jsem rád/a, že . . . .
Mám práci, a proto . . . .
Nepracoval, když . . . .
Nevím, jestli . . . .
Petr píše, že . . . .

7. Bilden Sie die Wiederholungszahlwörter in Antwort auf die Frage KOLIKRÁT?

1x	*jedenkrát, jednou*	55x	*padesátpětkrát* . . . .
3x	. . . .	10x	. . . .
100x	. . . .	2x	. . . .
1000x	. . . .	43x	. . . .
moc	*mockrát*	x	*xkrát* . . . .

8. Kolikrát za den / za týden / za měsíc / za rok děláte (jste dělali, budete dělat) ...?

navštěvovat babičku na venkově

Dvakrát za rok navštěvuji (jsem navštěvovala, budu navštěvovat) babičku na venkově.

učit se nová slovíčka — pít pivo — sprchovat se — jíst pizzu
obědvat v restauraci — opakovat gramatiku — jezdit na kole
psát dopisy — hrát tenis — navštěvovat český kurz — pít kávu
kupovat nový svetr — číst noviny — poslouchat klasickou hudbu
zpívat — uklízet svůj pokoj — lyžovat
dívat se na televizi — lenošit — pracovat na computeru
běhat — chodit do kina — psát domácí úkoly

9. Übersetzen Sie ins Tschechische:

Meine Freundin Birgit lernt seit 1 Jahr Tschechisch. Sie besucht zweimal pro Woche – dienstags und donnerstags – einen Sprachkurs an der Universität. Der Kurs beginnt immer um 18.00 Uhr und dauert zwei Stunden. Zu Hause macht Birgit ihre Hausaufgaben, lernt die neue Grammatik, wiederholt neue Vokabeln und übersetzt tschechische Texte. Im Unterricht hören Birgit und ihre Kollegen Kassetten, sie sehen fern, führen Gespräche, diskutieren oder singen tschechische Lieder. Birgit will gut tschechisch sprechen und verstehen können, weil sie ein Jahr in Prag studieren wird.

10. Bilden Sie den N Pl.: *každý moderní dům* ***všechny moderní domy***

každý velký slovník — každý německý student — každé nové slovíčko — každá hezká dívka — každý tvůj dárek — každý mladý Čech — každé rychlé auto — každý cizí jazyk — každý starý člověk — každé malé dítě — každá naše přestávka — každá dobrá restaurace — každý začátečník nebo pokročilý — každá věc

➲ Welche dieser Wörter ändern sich im A Pl.? Schreiben Sie sie heraus.

11. Schreiben Sie nach Diktat Ihres Nachbarn / Ihrer Nachbarin.

12. Das Verb *mít* (haben) kann viele Objekte haben.

Mám čas.	**Mám moc práce.**
Mám štěstí.	**Mám smůlu.**
Mám krásný život.	**Mám depresi.**
Mám pravdu.	**Mám krizi.**
Mám talent.	**Mám problém.**
Mám návštěvu.	**Mám migrénu.**
Mám volno.	**Mám** hlad. Ich habe Hunger.
Mám zájem.	**Mám** žízeň. Ich habe Durst.

➲ Antworten Sie mit einem dieser Sätze auf die folgenden Fragen:

Půjdeš o víkendu na výlet? — Ne, mám moc práce. Kdo to ví, ona nebo on? — Ona má pravdu.
Dnes nemáš kurz češtiny? — Jak se máš? — Kdo to říká správně? — Umíš už dobře česky? — Máš dnes večer čas? — Večeřel jsi už? — Nechceš jít na pivo? — Na univerzitě je dobrý jazykový kurz. — Máš bilingvní rodinu? — Proč jsi nebyl včera v kině? — Jsi dobrý na jazyky? — Studuješ ještě? — Máte českou přítelkyni? — Budeš dnes ještě pracovat? — Budeme teď opakovat slovíčka?

T4 KDO JE ...? Wer ist ...?

Jan Ámos Komenský (Comenius) (1592–1670),
track 55 pedagog – reformátor, humanistický filozof, spisovatel a teolog, biskup Jednoty bratrské, po roce 1620 náboženský exulant v Polsku, v Anglii, ve Švédsku, v Maďarsku a v Holandsku. Položil základy novověké pedagogiky. Je nazýván „učitelem národů". Zemřel v holandském Naardenu.

biskup	Bischof
Jednota bratrská	Brüdergemeinde
je nazýván	wird genannt
náboženský	Religions-
národ	Nation
novověký	neuzeitlich
položit základy	Grundlagen schaffen
zemřít *(p.)*	sterben

T5 KDE JE ...? Wo ist ...?

Komňa, Nivnice a Uherský Brod
track 56 jsou tři místa na jižní Moravě, kde se mohl narodit velký Moravan Jan Ámos Komenský.

jižní	südlich
narodit se *(p.)*	geboren werden

T6 VÍTE, ŽE ... Wissen Sie, dass ...

... Comenius 1631 ein sehr modernes illustriertes Lateinlehrbuch – Janua linguarum reserata – geschrieben hatte, das ihn in der europäischen gelehrten Welt berühmt machte? Später überarbeitete er das Lehrbuch und vereinfachte es zu dem berühmten Orbis Pictus – Die Welt im Bild. Beide Bücher wurden in mehr als 20 Sprachen übersetzt und in den Schulen bis in das 19. Jahrhundert benutzt.

P2

ČESKÉ PŘÍSLOVÍ
Kolik jazyků umíš, tolikrát jsi člověkem.

V1

		Anwendung	Antonym
alespoň *Adv.*	wenigstens	~ je legrace	
bavit (se),-ím	(sich) unterhalten	to mě baví	
bez *+G*	ohne	~ gramatiky	s/se *+I*
cíl *m*	Ziel	co je váš ~ ?	start
cizí	fremd	~ jazyk	domácí
cvičení *n*	Übung, Üben, Turnen	gramatické ~	
časový,á,é	Zeit-	~ plán	
dávat pozor,-ám	aufpassen	muset ~	
domácí úkol *m*	Hausaufgabe	psát ~	
dopis *m*	Brief	psát ~	
doporučit,-ím *(p.)*	empfehlen	to můžu opravdu ~	
dvakrát	zweimal	~ za týden	
hobby *n*	Hobby	jaké je tvoje ~ ?	
hospoda *f*	Kneipe	jít do hospody	

chuť *f*	Lust, Appetit	nemám ~ učit se česky	
chyba *f*	Fehler	dělat chyby	
jazykový,á,é	Sprach(en)-	~ škola	
jinak *Adv. (Konj.)*	anders (sonst)	opakovat vždy ~	
kartička *f*	Kärtchen	psát na kartičku	
kartotéka *f*	Kartei	mít velkou kartotéku	
krátký,á,é	kurz	~ text	dlouhý,á,é
kreslit,-ím	zeichnen	~ obrázek	
legrace *f*	Spaß	to byla ~	
milý,á,é	lieb	milá Ivanko!	
myslet,-ím	denken, meinen, glauben	myslím, že ...	
nabízet,-ím	anbieten	nabízíme	
nahlas *Adv.*	laut	mluvit ~	tiše, potichu
najednou *Adv.*	auf einmal	neučit se moc ~	
například *Adv.*	zum Beispiel		
navštěvovat,-uji/u	besuchen	~ kurz češtiny	
nejen *Adv.*	nicht nur	~ koníčky, ale i ...	
nutně *Adv.*	dringend	to ~ potřebuji	
obrázek *m*	Bild (chen) *(im Buch, Zeitschrift...)*	dívat se na ~	
opravdu *Adv.*	wirklich	pracujeme ~ intenzivně	
oříšek, ořech *m*	eine kleine Nuss, Nuss	to je těžký ~!	
pár *m*	Paar	v páru	
plynně *Adv.*	fließend	mluvit ~ česky	
pokročilý,á *m, f*	fortgeschritten, Fortgeschr.	jsem ~	
používat,-ám	benutzen, verwenden	~ různé metody	
překládat,-ám	übersetzen	~ český text	
přestávka *f*	Pause	o přestávce	
proč?	warum	~ se učíš česky?	
protože *Konj.*	weil	..., ~ nemám čas	
rozhovor *m*	Gespräch	dělat ~	
různý,á,é	verschieden	různé metody	stejný
říkat,-ám	sagen	co říkáš?	
sice – ale *Konj.*	zwar – aber	dělám ~ chyby, ~ ...	
srdečně *Adv.*	herzlich	~ Tě zdraví ...	
štěstí *n*	Glück	mám ~	
těžký,á,é	schwer, schwierig	čeština je těžká	lehký,á,é
tříletý,á,é	dreijährig	~ dcera	
učebnice *f*	Lehrbuch	v učebnici	
učení *n*	Lernen	metody ~	
většinou *Adv.*	meistens	~ mluvíme česky	zřídka
vracet se,-ím	zurückkehren	~ domů	
vysvětlovat,-uji/u	erklären	~ gramatiku	
vyučování *n*	Unterricht	jazykové ~	
začátečn/ík,-ice *m, f*	Anfänger/in	jsem ~	
zdravit,-ím	grüßen	srdečně Tě zdraví ...	
znát,-ám	kennen	~ svůj cíl	

V2

biskup *m*	Bischof	~ Jednoty bratrské
Jednota bratrská *f*	Brüdergemeinde	
jižní	südlich	~ Morava

náboženský,á,é	Religions-, religiös	~ reformátor
národ *m*	Nation	
narodit se,-ím *(p.)*	geboren werden	~ na Moravě
nazývat,-ám	nennen	je nazýván
novověký,á,é	neuzeitlich	novověká pedagogika
položit základy	Grundlagen schaffen	
zemřít,-u *(p.)*	sterben	~ v Holandsku

Kolik jazyků umíš, tolikrát jsi člověkem. Wieviel Sprachen du beherrschst (kannst), so viele Male bist du Mensch.

Schlüssel zu den Übungen:

Ü 2
Mám v Praze české přátele. Jejich bratři jsou dobří sportovci. Znám také sympatické Italky a německé žurnalisty. Ti němečtí žurnalisté jsou korespondenti Süddeutsche Zeitung a Italky jsou studentky. V pivnici U Fleků často vidím kamarády z Ameriky. Ti Američané pracují v Praze jako manažeři. Včera jsem byl na jazzovém koncertě a viděl jsem tam české kolegyně. Jsou to moc sympatické a hezké dámy. Ty kolegyně se mi moc líbí. Ale mí/moji čeští kolegové jsou taky fajn.

Ü 5
moje/má rodina — naše/moje rodina — můj manžel — naše/moje dcera — moje/má sestra — její přítel — svůj pokoj — její přítel — svůj program — svoji/svou sestru — jejího přítele — svoji/svou sestru — naše/moje rodina
➲ její dědeček — její dědeček — její rodina — o svém „rodném" městě — svého dědečka — její dědeček — o svém dědečkovi — její přátelé — její rodina

Ü 9
Moje přítelkyně Birgit se učí už (jeden) rok česky. Navštěvuje dvakrát za týden – v úterý a ve čtvrtek – jazykový kurz na univerzitě. Kurz začíná vždy v 18 hodin a trvá dvě hodiny. Doma Birgit píše/dělá domácí úkoly, učí se novou gramatiku, opakuje nová slovíčka a překládá české texty. Ve vyučování poslouchají Birgit a její kolegové kazety, dívají se na televizi, dělají rozhovory, diskutují nebo zpívají české písně. Birgit chce dobře mluvit a rozumět česky, protože bude jeden rok studovat v Praze.

Ü 10
všechny velké slovníky — všichni němečtí studenti — všechna nová slovíčka — všechny hezké dívky — všechny tvoje/tvé dárky — všichni mladí Češi — všechna rychlá auta — všechny cizí jazyky — všichni staří lidé — všechny malé děti — všechny naše přestávky — všechny dobré restaurace — všichni začátečníci nebo pokročilí — všechny věci
➲ všechny německé studenty — všechny mladé Čechy — všechny staré lidi — všechny začátečníky nebo pokročilé

Ü 11
Peter je Rakušan a pracuje momentálně v Brně jako manažer. Myslí, že čeština je zajímavá a hezká. Umí už trochu česky, ale na kurz češtiny nemá čas, protože má moc práce. Doma mluví on a jeho česká manželka většinou německy, protože je často unavený. Ale jejich dcera má štěstí. Mluví perfektně německy i česky.

JÍDLO – PITÍ – V RESTAURACI

T 1 Viktor bude mít narozeniny Viktor hat bald Geburtstag

track 01

- ● K: Viktore, příští týden budeš mít narozeniny, jak to oslavíme?
- ○ V: Půjdeme zase na operu, nebo na večeři do Imperialu?
- ● K: Ne, mám výborný nápad. Uděláme velký večírek pro naše přátele.
- ○ V: Jsem pro. Ale víš, kolik je to práce? Pozvánky, jídlo, pití...
- ● K: Neboj se, to je moje věc.

jídlo	Essen
jsem pro	ich bin dafür
nápad	Idee, Einfall
narozeniny *Pl.*	Geburtstag
neboj se	keine Angst
pití	Trinken
pozvánka	Einladung
slavit, oslavit *(p.)*	feiern
udělat *(p.)*	machen
večírek	Party
věc	Sache

POZVÁNKA

kdo?	Viktor a Kateřina
co?	narozeninový večírek
kdy?	pátek 13.5., 20.00 hodin
kde?	Zborovská 14
jak?	metro B Anděl, tramvaj č.14
volat	tel. 257 489 133

Z poznámkového bloku Katky: Aus Katkas Notizblock:

pátek 6.5. – *napsat a poslat pozvánky*
pondělí 9.5. – *koupit dárek pro Viktora, objednat narozeninový dort*
úterý 10.5. – *koupit si nový svetr! na večírek*
středa 11.5. – *uklidit celý byt*
čtvrtek 12.5. – *nakoupit **nápoje**: pivo, minerálka, džus, šampaňské, becherovka!*
__potraviny__: šunka, salám, vídeňské párky, hořčice, sýr, vejce, máslo, džem, majonéza, chléb, rohlíky, jablkový závin, koláče, káva, smetana do kávy, šlehačka, zmrzlina!
__zelenina__: brambory, rajčata, papriky, okurky, cibule, olivy!
__ovoce__: jablka, pomeranče, banány, citrony, ananas, jahody!
pátek 13.5. – *udělat bramborový, zeleninový a ovocný salát, chlebíčky, palačinky! kadeřník!*

brambory	Kartoffeln
cibule	Zwiebel
dárek	Geschenk
dort	Torte
hořčice	Senf
chlebíček	belegtes Brötchen
jablkový závin	Apfelstrudel
jablko	Apfel
jahoda	Erdbeere
kadeřník	Friseur
koláč	Kuchen
koupit (si) *(p.)*	(sich) kaufen
nakoupit *(p.)*	einkaufen
nápoj	Getränk
napsat *(p.)*	schreiben
objednat *(p.)*	bestellen
okurka	Gurke
palačinka	Palatschinken
poslat *(p.)*	schicken
rajč/e,-ata	Tomate, -n
smetana	Sahne
šampaňské *Adj.*	Champagner
šlehačka	Schlagsahne
uklidit *(p.)*	aufräumen
vídeňský párek	Wiener Würstchen
zmrzlina	Eis

▸▸ 1. Welche Vorbereitungen hat Katka für die Party getroffen?

Minulý pátek napsala a poslala pozvánky, v pondělí ...

➲ **! Co hlavně nesmí Katka zapomenout?** Was darf Katka vor allem nicht vergessen?

▸▸ 2. Welche Substantive in T 1 stehen im Singular, welche im Plural?

▸▸ 3. **Das Adjektiv in der Wortverbindung *zeleninový salát* wird vom Wort *zelenin/a* mit dem Suffix *-ový* abgeleitet.**

Bilden Sie nach diesem Muster Adjektive mit dem Suffix *-ový*, *-ová*, *-ové*:

brambor/y	salát	***bramborový salát***	ABER: ovoc**ný** salát
pomeranč	džus	. . . .	jableč**ný** džus
kaka/o	dort	. . . .	
ananas	kompot	. . . .	
jogurt	krém	. . . .	
citron	limonáda	. . . .	
čokolád/a	zmrzlina	. . . .	
guláš	konzerva	. . . .	
sýr	chlebíček	. . . .	
mandl/e	likér	. . . .	
jahod/a	džem	. . . .	

Fast alle Verben bilden im Tschechischen sog. Aspektpaare:

? Welche bereits bekannten Verben erkennen Sie hier? udělat . . . ., napsat . . . ., nakoupit . . . . uklidit . . . .

? Mit welchen Mitteln sind diese Verben gebildet? . . . .

§1 DER ASPEKT

Im Tschechischen gibt es Verbpaare die eine identische lexikalische Bedeutung haben, sich aber voneinander dadurch unterscheiden, dass die durch sie bezeichnete Handlung als perfektiv (vollendet) oder imperfektiv (unvollendet) gilt: impf. *psát dopis* einen Brief schreiben – pf. *napsat dopis* einen Brief zu Ende schreiben, fertig schreiben.

Perfektive Verben bezeichnen kein Präsens, ihre Präsensformen haben futurische Bedeutung.

KUPOVAT		**KOUPIT**
kupuji	**Präsens**	—
kupoval(a) jsem	**Präteritum**	koupil(a) jsem
budu kupovat	**Futur**	koupím

Nicht alle Verben haben ein Aspektpaar.

✓ Nur imperfektiv sind z.B. **Modalverben** oder Verben wie **sedět, ležet, viset, žít, spát, být, mít, vědět, vypravovat/vyprávět...**

✓ Es empfiehlt sich, beide Verben als eigenständige **Vokabeln** zu lernen, da die **ABLEITUNG** der perfektiven und imperpektiven Verben im Tschechischen auf unterschiedliche Weisen erfolgen kann:

kup**ov**at ←	**durch Suffix gebildet**	koupit
dělat, psát	**durch Präfix gebildet** →	**u**dělat, **na**psat
uklízet	**Alternation**	uklidit
brát, pře**klád**at	**unterschiedliche Wurzeln**	**vz**ít nehmen, pře**lož**it übersetzen

Die Präfigierung geht oft mit einer lexikalischen Bedeutungsverschiebung einher:
znát / poznat kennen / kennenlernen, erkennen *číst / přečíst* lesen / durchlesen, vgl. auch die Verben ***jíst*** und ***pít***:

jíst	**najíst se** satt/genug essen najíst se pizzy	**pít**	**napít se** (etwas) trinken napít se kávy	Ellipse des Objekts Objekt im G
	sníst pizzu aufessen		**vypít** kávu austrinken	Objekt im A

Bereits behandelte Verben im Überblick

Präfixbildung			Suffixbildung		
Präfix	**imp.**	**perf.**	**imp.**	**perf.**	**Suffix**
na-	**psát**, píšu schreiben	**na**psat, napíšu	na/kup**ova**t,-uji ein/kaufen	na/koup**i**t,-ím	-ova-
	učit se,-ím lernen	**na**učit se,-ím	představ**ova**t,-uji vorstellen	představ**i**t,-ím	
	plánovat,-uji planen	**na**plánovat,-uji	navštěv**ova**t,-uji besuchen	navštív**i**t,-ím	
	snídat,-ám frühstücken	**na**snídat **se**,-ám			
	obědvat,-ám mittagessen	**na**obědvat **se**,-ám	vst**áva**t,-ám aufstehen	vst**á**t, vstanu	-va-
	večeřet,-ím abendessen	**na**večeřet **se**,-ím	setk**áva**t se,-ám s. treffen	setk**a**t se,-ám	
	jíst, jím essen	**na**jíst **se**, najím se	d**áva**t,-ám geben	d**á**t, dám	
	pít, piju trinken	**na**pít **se**, napiju se	dost**áva**t,-ám bekommen	dost**a**t, dostanu	
o-	**slavit**,-ím feiern	**o**slavit,-ím			
	sprchovat se duschen	**o**sprchovat se,-uji	odpočív**a**t,-ám ausruhen	odpoč**inou**t (si),-nu	-nou-
po-	**dívat se**,-ám schauen	**po**dívat se,-ám	poslouch**a**t,-ám zuhören	poslech**nou**t (si),-nu	
	znát,-ám kennen	**po**znat kennenlernen, erkennen	zapomín**a**t,-ám vergessen	zapome**nou**t,-nu	
	zvát,-u einladen	**po**zvat,-u			
	děkovat,-uji danken	**po**děkovat,-uji	**unregelmäßige Verben**		
pře-	**číst**, čtu lesen	**pře**číst, přečtu durchlesen	uklí**z**et,-ím aufräumen	ukli**d**it,-ím	Alternation
s-	**končit**,-ím enden	**s**končit,-ím	vr**a**cet se,-ím zurückkehren	vr**á**tit se,-ím	
	jíst, jím essen	**s**níst, sním aufessen	pos**íl**at,-ám schicken, senden	pos**l**at, pošlu	
	trávit,-ím verbringen	**s**trávit,-ím	za**čín**at,-ám beginnen	za**čí**t, začnu	
u-	**dělat**,-ám machen	**u**dělat,-ám	pro**hlíž**et (**si**),-ím besichtigen	pro**hléd**nout (**si**),-nu	
	vařit,-ím kochen	**u**vařit,-ím	z**kouš**et probieren, versuchen	z**kus**it,-ím	
	vidět,-ím sehen	**u**vidět,-ím	odpo**víd**at,-ám antworten	odpo**věd**ět, odpovím	
vy-	**pít**, piju trinken	**vy**pít, vypiju austrinken			
z-	**opakovat**,-uji wiederholen	**z**opakovat,-uji			
za-	**volat**,-ám (an)rufen	**za**volat,-ám	pře**klád**at,-ám übersetzen	pře**lož**it,-ím	andere Wurzeln
	telefonovat,-uji anrufen	**za**telefonovat,-uji	**brát**, beru nehmen	**vzít**, vezmu	
	platit,-ím zahlen	**za**platit,-ím bezahlen			
	zpívat,-ám singen	**za**zpívat,-ám			

▸▸ 1. Perfektives oder imperfektives Verb? Warum?

nakupovala jsem × nakoupila jsem	Dnes jsem už všechno **?** . Včera jsem **?** asi dvě hodiny.
setkáváme se × setkáme se	Často se **?** s přáteli v pivnici. Kdy se zase **?** ?
píšeš × napíšeš	Co **?** , Michale? **?** domácí úkol? Ne, domácí úkol **?** zítra.
navštěvoval × navštívil	Ivan **?** babičku každý den, ale včera babičku **?** , neměl čas.
učil jsem se × naučil jsem se	Celý večer **?** gramatiku, ale ne- **?** bohužel nová slovíčka.
odpovídat × odpovědět	Neumím **?** vždycky dobře. Ale na tuto otázku chci **?** dobře.

▸▸ 2. Setzen Sie die folgenden Sätze ins Futur: *Děláš večeři?*

1. unter Verwendung der zusammengetzten Verbform ***Budeš dělat večeři?***
2. unter Verwendung des perfektiven Verbs ***Uděláš večeři?***

Uklízím pokoj. — Viktor nakupuje ovoce. — Studenti píšou diktát. — Pijeme dobré víno. — Končíme v 10.00 hodin. — Telefonuješ na univerzitu? — Slavíme jeho narozeniny. — Překládáte nový text? — Přátelé večeří v restauraci. — Čtu české noviny. — Odpovídají na otázku. — Otec platí oběd. — Kateřina zve přátele na večírek. — Navštěvujete babičku na venkově? — Lekce začíná v 9.00. — Trávíme víkend na chalupě. — Odpočíváš o víkendu? — Děti se vracejí pozdě. — Učíme se aspekt v češtině.

T2 Večírek u Viktora Party bei Viktor

Track 02

- ● Dobrý večer! Jsem rád, Pavle, že jste přišli.
- ○ Děkujeme za pozvání. To je moje přítelkyně Iva.
- □ Dobrý večer! Těší mě.
- ● Těší mě. Co si dáte k pití?

- ● Všechno nejlepší k narozeninám!
- ○ Děkuji mockrát. A děkuji taky za všechny dárky.
- ● Na zdraví, Viktore!
- ○ Na zdraví a dobrou chuť!

- ○ Ahoj! To je fajn, Zdeňku, že jsi tady. Dlouho jsem tě neviděl.
- ● Byl jsem půl roku v Americe. Ale jsem rád, že jsem zase doma.
- ○ Už se těším, jak budeš vypravovat. Dáš si pivo?
- ● Rád, děkuji.
- ○ Tam je studený bufet. Můžeš se obsloužit sám.

U bufetu Am Büfett

- ○ Inge, už jsi ochutnala chlebíčky? Jsou výborné.
- ● Ještě ne, Julie. Ale zkusila jsi ty palačinky se šlehačkou? To je typická česká specialita.
- □ A ten jablkový závin! Jako od maminky!
- ■ Já jím, Petře, jen zeleninový a ovocný salát. Držím momentálně dietu.
- ○ To máš smůlu, Ivo. Já si dám ještě trochu bramborového salátu. Ten mi moc chutná. A co si dáš ty, Bobe?
- ◆ Já si dám ještě jednu becherovku. Ta mi chutná ze všeho nejvíc.

dát si *(p.)*	sich nehmen
děkovat za pozvání *+A*	danken für eine Einladung
dobrou chuť	guten Appetit
držet dietu	Diät halten
chutnat	schmecken
k pití	zum Trinken
na zdraví!	zum Wohl!
nejvíc	am meisten
obsloužit (se) *(p.)*	(sich) bedienen
od maminky	von Mutti
ochutnat *(p.)*	kosten
pití	zum Trinken
přijít *(p.)*	kommen
půl roku	ein halbes Jahr
sám, sama	selbst, allein
se šlehačkou	mit Schlagsahne
studený,á,é	kalt
tě	dich
těšit se	sich freuen
všechno nejlepší k narozeninám	alles Gute zum Geburtstag
ze všeho	von allem
zkusit *(p.)*	probieren

▸▸ 1. Beantworten Sie die Fragen zum Text:

Kdo má narozeniny? — Jak se jmenuje přítelkyně Pavla? — Kdo byl v Americe? — Kdo stojí u bufetu? — Co jí Inge? — Co si dá Bob? — Jak chutná jablkový závin? — Kdo jí jablkový závin? — Co je typická česká specialita? — Co jí Iva? — Kdo ochutnal chlebíčky? — Jak dlouho byl Zdeněk v Americe? — Co bude Zdeněk pít? — Za co Viktor děkuje? — Co přeje Viktor?

➲ **Co si dáte u bufetu vy?** Was nehmen Sie sich vom Büfett?

§2 GENITIV SINGULAR

Jsem bez ... Ich bin ohne ... **KOHO? ČEHO?** Wen? Was? (wessen?)

Pronomen „hart“		Pronomen „weich“		Adjektiv „hart“		Adjektiv „weich“		Substantiv			Genus	
jedn / t	**oho**	naš	**eho**	nov / m	**ého**	modern / jej	**ího**	pán	**a**	„hart“	**Mb**	1
jedn / t	**oho**	naš	**eho**	nov / m	**ého**	modern / jej	**ího**	muž	**e**	„weich“	**Mb**	
jedn / t	**oho**	naš	**eho**	nov / m	**ého**	modern / jej	**ího**	hrad	**u**	„hart“	**Mu**	
jedn / t	**oho**	naš	**eho**	nov / m	**ého**	modern / jej	**ího**	stroj	**e**	„weich“	**Mu**	
jedn / t	é	naš / moj	í	nov / m	é	modern / jej	í	žen	**y**		**F**	2
jedn / t	é	naš / moj	í	nov / m	é	modern / jej	í	růž	**e**		**F**	
jedn / t	é	naš / moj	í	nov / m	é	modern / jej	í	písn	**ě**		**F**	
jedn / t	é	naš / moj	í	nov / m	é	modern / jej	í	kost	**i**		**F**	
jedn / t	**oho**	naš	**eho**	nov / m	**ého**	modern / jej	**ího**	měst	**a**		**N**	
jedn / t	**oho**	naš	**eho**	nov / m	**ého**	modern / jej	**ího**	kuř**et**	**e**		**N**	
jedn / t	**oho**	naš	**eho**	nov / m	**ého**	modern / jej	**ího**	moř	**e**		**N**	
jedn / t	**oho**	naš	**eho**	nov / m	**ého**	modern / jej	**ího**	nádraž	**í**		**N**	

✓1 Einige **Mu** haben im G Sg. die Endung **-a**, z.B. *chleba*, *sýra*, *večera*, *světa*, *lesa* Wald, *kostela* Kirche, *kláštera* Kloster, *Berlína, Pasova* (Städtenamen auf *-ín/-ýn,-ov*), einige Monatsbezeichnungen ☞ **L 8**

✓2 **F mit Konsonantenauslaut** haben entweder die Endung **-e** (Typ **F-e**) oder die Endung **-i** (Typ **F-i**) – z.B. *radost* Freude, *místnost* Raum (F auf *-ost*), *noc, věc* Sache...

ERSCHEINUNGSFORMEN DES GENITIVS:

1. Attribut im G
byt **mého** přítele *(possess.)*
kniha Milan**a** Kunder**y**
obraz prezident**a**
rekonstrukce dom**u**

2. partitiver Genitiv
trochu, málo
moc, mnoho, hodně
kolik, tolik soviel
dost genug } kávy
litr vína
sklenice piva Glas
šálek čaje Tasse
půl kila

3. Objekt beim Verb (Adjektiv)
ptát se fragen ptá se otce
bát se, bojím (sich) fürchten bojím se vody
účastnit se teilnehmen účastnil se přednášky
plný mléka

4. Präposition + G
do Brna nach, in, bis
z/ze Německa aus, von
od maminky / **od** středy von / seit, ab
od rána **do** večera von – bis
u Viktora bei
bez Katky ohne
vedle pošty neben
blízko banky in der Nähe von
kolem (**=okolo**) světa um ... herum, an ... vorbei
podél Vltavy entlang
uprostřed pokoje inmitten
kromě kolegy außer
během roku während
za války, Marie Terezie im Krieg, unter M.T.

5. Datum ☞ **L 8**

? Versuchen Sie an Beispielen aus den bisher behandelten Texten zu charakterisieren, um welchen Genitiv es sich handelt: do **Prahy**, rodina **Viktora**, půl **roku**, od **maminky**, trochu **bramborového salátu**, z **Bernu**, u **Viktora**, kolik **práce**, kolem **světa**, ze **všeho** nejvíc, bez **gramatiky**.

Verwenden Sie den Genitiv:

▸▸ 1. V obchodě: Co si přejete?

Chtěl/a bych 20 deka (bramborový salát, pražská šunka, ementál, uherský salám, špek, sýrová roláda, balkánský sýr, rybí salát...).
Musím koupit půl kila (krystalový cukr, černá káva, ruský čaj, chléb, mouka Mehl, rýže Reis...)

▸▸ 2. Čí je to? Wessen ist das? / Wem gehört das?

To je fotografie (moje přítelkyně, tvůj bratr, naše učitelka, ten Čech, jejich dědeček, celá rodina).

To je kniha (Václav Havel, Milan Kundera, Karel Čapek, Karel Hynek Mácha, Božena Němcová, Bohumil Hrabal, Milena Jesenská, Günter Grass, Franz Kafka...).

▸▸ 3. Koho ses ptal? Wen hast du gefragt?

Ptal jsem se (pan profesor Nový, tvůj kolega, hezká studentka, můj otec, to dítě, paní Veselá...).

▸▸ 4. Koho/čeho se bojíte nebo nebojíte? Vor wem / Wovor haben Sie Angst?

Bojím/nebojím se (globalizace, strýc Rudolf, tma, alkohol, naše učitelka, ta žena, terorismus...)

▸▸ 5. Übersetzen Sie ins Deutsche:

z Itálie — během víkendu — uprostřed města — do Bonnu — do pondělí — od středy — kromě naší učitelky — vedle univerzity — z Prahy do Berlína — u babičky — bez knihy — blízko Ostravy — kolem Malty — za socialismu — podél Dunaje — u pošty

T3 Jídelní lístek Die Speisekarte

Je neděle večer. Kateřina a Viktor se právě vrátili z výletu na Šumavu. Celý den málo jedli a pili. Katka má hlad jako vlk a Viktor zase strašnou chuť na pivo.

track 03

česká kuchyně	böhmische Küche
hlad jako vlk	e-n Bärenhunger haben
otvírací doba	Öffnungszeit
plzeňské pivo	Pilsner B.
právě	eben, gerade
přineste mi	bringen Sie mir
sklenička	Glas
těšit se *na +A*	sich freuen
vařit	kochen
vrátit se *(p.)*	zurückkehren
vrchní *Adj.*	Ober
vůbec ne	überhaupt nicht
zvát, zvu	einladen

Katka: Dnes večer vůbec nemám chuť vařit večeři.
Viktor: Zvu tě do restaurace Na Růžku, tam výborně vaří.
Katka: Hm, už se na to těším!

Hospoda Na Růžku
výborná česká kuchyně
otvírací doba: Po-Pá 10 – 22 hod.
So-Ne 12 – 24 hod.
Písecká ul. 21, Praha 5
tel/fax: 259 343 217

vrchní: Dobrý den. Co si přejete?
Viktor: Já si dám jedno plzeňské pivo.
Katka: Skleničku červeného vína, prosím.
vrchní: Budete také jíst?
Katka: Ano, přineste mi, prosím, jídelní lístek.

JÍDELNÍ LÍSTEK Hospoda Na Růžku

Předkrmy	
Pražská šunka, máslo, okurka	45,00
Česneková topinka se sýrem	22,50
Bramboráčky, 3 kusy	33,00
Polévky	
Česnečka se sýrem a vejcem	18,00
Hovězí vývar s játrovými knedlíčky	24,00
Slepičí nudlová polévka	21,50
Bramborová polévka s houbami	16,50
Hlavní jídla	
Svíčková pečeně s brusinkami	95,00
Vepřová pečeně, zelí	89,00
Pečené kuře	84,50
Kapr na modro	86,00
Vídeňský řízek	97,50
Hovězí guláš	68,00
Pstruh na grilu	98,00

Bezmasá jídla	
Smažený sýr, tatarská omáčka	72,00
Špenát s vejcem	49,00
Vaječná omeleta se zeleninou	53,00
Špagety s brokolicí	60,00
Sladká jídla, moučníky	
Ovocné knedlíky s tvarohem	56,00
Palačinky s ovocem a se šlehačkou	63,50
Jablkový závin	21,50
Zmrzlinový pohár	40,00
Přílohy	
Brambory	26,00
Hranolky	29,00
Houskové, bramborové knedlíky	22,00
Rýže	23,00
Saláty	
Zeleninový míchaný (podle výběru)	39,00

In der deutschen Speisekarte ist alles durcheinander geraten. Finden Sie zu den böhmischen Speisen die richtigen deutschen Äquivalente?

Speisekarte

Schweinebraten, Kraut Reis Wiener Schnitzel Eisbecher
Spinat mit Ei Karpfen blau Semmel-, Kartoffelknödel
Knoblauchsuppe mit Käse und Ei **Hauptgerichte**
Prager Schinken, Butter, Gurke **Vorspeisen**
Sauerbraten mit Preiselbeeren Kartoffeln Rinderbrühe mit Leberknödel
Suppen panierter Käse mit Tatarensoße Obstknödel mit Quark
Hühnerbrühe mit Nudeln Pommes frites **Süße Speisen, Nachspeisen**
Salate
Knoblauchschnitte mit Käse **Beilagen** gegrillte Forelle
gemischter Gemüsesalat (nach Wahl) Kartoffelsuppe mit Pilzen
3 Stück Kartoffelpuffer Apfelstrudel **Vegetarisches**
Spaghetti mit Brokkoli Rindergulasch gebratenes Huhn
Omelette mit Gemüse Palatschinken mit Obst und Schlagsahne

track 03

vrchní: **Co** jste si **vy**brali?
Viktor: **Já** si dám **tra**dičně **sví**čkovou a kne**dlí**ky.
Katka: **Ja**ko předkrm si dám **bram**boráčky, **po**tom pstr**u**ha **na** grilu, hr**a**nolky a **mí**chaný **sa**lát a **na**konec **pa**lačinky.
vrchní: Je to všechno?
Viktor: **Ješ**tě **jed**no **pi**vo. **Mám** dnes **vel**kou **ží**zeň.

dohromady	zusammen
jako předkrm	als Vorspeise
platit	zahlen
vybrat si *(p.)*	(aus)wählen / aussuchen
zvlášť	extra, besonders
žízeň	Durst

Viktor: **Pla**tit, **pro**sím!
vrchní: **Do**hromady, **ne**bo zvl**á**šť?
Viktor: **Do**hromady.
vrchní: 385 **ko**run, **pro**sím.
Viktor: 400 (**ko**run). **Dě**kujeme.

1. Das Wort *chuť* erschien in den Texten in zweierlei Bedeutung. Wie übersetzen Sie folgende Sätze ins Deutsche?

*Mám **chuť** na pivo. Nemám **chuť** vařit večeři. Dobrou **chuť**!*

Wie übersetzen Sie die Verben mit der Wurzel -chut-?

*Chtěl bych **ochutnat** české pivo. České pivo mi moc **chutná**.*

▸▸ 2. Führen Sie einen Dialog im Restaurant. Verwenden Sie die folgenden Sätze und tauschen Sie die Rollen:

vrchní: Co si přejete? — Co si dáte jako předkrm, hlavní jídlo? — Co si objednáte k pití? — Už jste si vybral/a/i? — Je to všechno? — Chcete platit? — Dohromady, nebo zvlášť?

vy: Přeju si ... — Dám si ... — Chtěl bych ... — Vezmu si ...— Objednám si ... — Vybral/a jsem si ... — Prosím ... — Platím!

§3 INTERROGATIVA

Interrogativa zielen auf die Ergänzung von Information.

		OTÁZKA Frage	**ODPOVĚĎ** Antwort
KDO?	wer	Kdo je to?	*To je Petr.*
CO?	was	Co je to?	*To je káva.*
KDE?	wo	Kde bydlíš?	*Bydlím v Řezně.*
KDY?	wann	Kdy je přednáška?	*V sedm hodin.*
KAM?	wohin	Kam jdeš?	*Jdu na univerzitu.*
ODKUD?	woher	Odkud jsi?	*Jsem z Německa.*
JAK? Adverb	wie	Jak se máte?	*Dobře.* (Adverb)
JAKÝ/Á/É? Adjektiv	wie, was für ein	Jaký je ten film? (Qualität)	*Ten film je kritický.* (Adjektiv)
KTERÝ/Á/É?	welcher/e/es	Který svetr máš? (Auswahl)	*Mám ten černý svetr.*
ČÍ?	wessen	Čí je ten svetr?	*To je můj svetr.*
KOLIK?	wieviel	Kolik je hodin?	*Je sedm hodin.*
JAK ČASTO?	wie oft	Jak často máš kurz?	*Dvakrát za týden.*
JAK DLOUHO?	wie lange	Jak dlouho studujete?	*Studuji/u jeden rok.*
PROČ?	warum	Proč jsi tady?	*Protože tady studuji.*

? Welches deutsche Fragewort hat im Tschechischen mehrere Entsprechungen?

. . . .

? Welche Wortart muss im Tschechischen auf die Frage JAK? und welche auf die Frage JAKÝ? folgen?

. . . .

▸▸ 1. Fragen Sie mit dem richtigen Fragewort:

v Praze	*kde?*	*23*	______	*moje sestra*	______
večer	______	*v 5 hodin*	______	*atraktivní dívka*	______
z Rakouska	______	*do Prahy*	______	*v Americe*	______
dva dny	______	*můj*	______	*v pondělí*	______
dobře	______	*velmi sympatický*	*jak?*	*tady*	______
každý den	______	*bratr Antonín*	______	*celý den*	______
z Berlína	______	*dobrý*	______	*na univerzitu*	______
150 korun	______	*svetr*	______	*ten český student*	*který?*
protože se učím česky	______	*výborně*	______	*ten muž tady*	______

P1

To je výborný nápad.
Neboj/te se.
To je moje věc.
Všechno nejlepší k narozeninám.
Na zdraví!
Mám hlad jako vlk.
Už se na to těším.

ÜA VÝSLOVNOST Aussprache

1. Können Sie buchstabieren? Kehren Sie zunächst zu L 0 § 1 zurück und buchstabieren Sie dann folgende Abkürzungen:

track 04

CDU/CSU – [cé-dé-´ú cé-es-´ú] *USA – [´ú-es-´á]*

FDP — DNA — XXL — CD — PC — EKG — AFP — Kč — NHL — NTV

Einige tschechische politische Parteien:

ČSSD (Česká strana sociálně demokratická) — **ODS** (Občanská demokratická strana) — **KDU-ČSL** (Křesťanská a demokratická unie — Československá strana lidová) — **SZ** (Strana zelených) — **KSČM** (Komunistická strana Čech a Moravy)

Buchstabieren Sie folgende Eigennamen:

Viktor — Kateřina — Julia — Bob — Věra (-ě-: [é] s háčkem) — Tomáš (-á-: dlouhé [á]) — Horová — Kellnar — Schäfer (-ä-: přehlasované [á]) — Sára — Václav — **a vaše jméno?**

2. Lesen Sie die folgenden Wörter mit richtiger Wortbetonung:

track 05

Wörter tschechischen Ursprungs	**na**rozeniny, **ze**leninový, **pa**lačinky, **ne**jlepší, **na**kupuji, **bra**mboráčky, **vy**pravovat, **u**prostřed, s **br**usinkami, **sv**íčková, **do**hromady, **ne**pracoval
Fremdwörter	**re**staurace, **mo**mentálně, **spe**cialita, **li**monáda, **o**meleta, **cha**rakteristický, **ka**pitalismus, **li**teratura, **a**ristokracie, **ky**bernetika, **re**gionální, **sy**mpatický
Komposita	**svě**tlemodrý, **li**terárněhistorický, **te**lekomunikace, **mo**drobílý, **sa**mozřejmě

ÜB

1. Von welchen Wörtern wurden die folgenden Adjektive gebildet? ***zeleninový – zelenina***

pomerančový — kávový — ovocný — narozeninový — cibulový — jablečný — okurkový — bramborový — vídeňský — jogurtový — pražský — houskový — vaječný — plzeňský — jídelní — krystalový — sýrový

Jakou zmrzlinu máte rádi?	***kakaovou ...***
Jaká může být polévka?	***česneková ...***
Jaký salát rádi jíte?	***zeleninový ...***
Jaký džus rádi pijete?	***ananasový ...***

2. Lesen Sie den Text zunächst im Präsens und erzählen Sie ihn dann noch einmal im Präteritum und im Futur. Achten Sie auf den Aspekt:

Bob dnes vstává v 8 hodin. Potom se sprchuje v koupelně. Vaří kávu a dělá snídani taky pro Zuzanu. Potom snídá se Zuzanou a poslouchá přitom rádio. Do práce jde v 9 hodin. Jde pěšky, cesta trvá asi 20 minut. Začíná pracovat v 9. 30. V kanceláři píše dopisy, čte poštu, vede porady, překládá těžký text z angličtiny do češtiny, diskutuje, odpovídá na otázky, plánuje služební cestu do Brna, setkává se s klienty. Práce končí v 18.00. Potom telefonuje Zuzaně. Chtějí spolu večer navštívit přítele Viktora, protože má narozeniny. Kupují proto láhev dobrého moravského vína a knihu o Praze. Večírek začíná ve 20.00. Celý večer pijou francouzské víno a jedí výborné chlebíčky. Viktor nejprve vypravuje o cestě do Francie, potom se dívají na video a prohlížejí si fotografie z Francie. Bob a Zuzana se vracejí domů teprve pozdě v noci.

láhev	Flasche
porada	Beratung
prohlížet (si)	besichtigen
přitom	dabei
s klienty	mit Klienten
spolu	zusammen, gemeinsam
trvat	dauern
vracet se	zurückkehren
Zuzaně *D*	der Zuzana

a) ***Bob včera vstával/vstal v 8 hodin. ...***

b) ***Bob zítra bude vstávat/vstane v 8 hodin. ...***

3. Beantworten Sie die Fragen im Futur. Wo möglich, bilden Sie beide Aspektformen:

Co budete dělat o víkendu? *nakupovat* *O víkendu budu nakupovat / nakoupím.*
(uklízet byt, vařit dobrý oběd, psát dva dopisy, dívat se na televizi, poslouchat hudbu, telefonovat příteli...)

Co budete dělat na návštěvě v Brně?
(kupovat suvenýry, prohlížet památky, dívat se na hezké domy, navštěvovat přátele...)

Co budete dělat v restauraci?
(jíst svíčkovou, pít pivo, mluvit s přáteli, vypravovat o Francii, obědvat, večeřet...)

4. Ergänzen Sie diese Einladung: Schreiben Sie eine Einladung für Ihre Party:

Slavíme!

CO?
KDY?
KDE?

607 768 297

Vilém a Jarmila

5. Sie haben einen runden Geburtstag und Sie wollen zu Hause für Ihre Freunde eine Geburtstagsparty veranstalten. In welcher Reihenfolge treffen Sie die Vorbereitungen?

Nejprve ...

objednat šampaňské
napsat pozvánky **dát květiny do pokoje**
uvařit rodinnou specialitu
uklidit celý byt
udělat zeleninový a žampionový salát
poslat pozvánky
koupit nové skleničky
nakoupit potraviny
. . . . ? . . . .

Nakonec ...

Co nakoupíte na večírek? . . . .
. . . .
. . . .

Co budete na večírku jíst a pít? . . . .
. . . .
. . . .

6. Sie stehen an einem reichhaltigen kalten Büfett. Unterhalten Sie sich mit Ihrem Nachbarn über Essen und Trinken:

●	○
Už jste ochutnal ...	To je výborné.
Jak vám chutná ...	... mi moc nechutná.
Na zdraví!	Děkuji, nápodobně.
Dobrou chuť!	... jsem ještě nezkusil/a.
Ten ... je moc dobrý.	To nejím, jsem vegetarián/ka.
Dáte si ...	To musím zkusit.
Jaký/á/é je ...	Nemám hlad ani žízeň.
Co chcete pít?	Bohužel, držím dietu.

nápodobně gleichfalls

7. Co si chcete koupit? Co si chcete objednat?

Chci si koupit konzervu guláše. (A: konzervu, G: guláše)

Chci si objednat skleničku koňaku. (A: skleničku, G: koňaku)

20 deka, 1 kg, 2 litry, konzerva, balíček, půl, 10 deka, láhev, sklenice, čtvrt kila

ruský čaj, francouzský sýr, chléb, uherský salám, moravské víno, mléko, džus, guláš, becherovka

sklenička, šálek, kousek, půl litru, dvě deci, pohár, sklenice, láhev, talíř

česneková polévka, pivo, dort, bílé víno, jablkový závin, jahodová zmrzlina, koňak, černá káva, čaj, minerálka, míchaný salát, kakao

balíček	Packung
decilitr, deci	Dezi
20 deka	200 Gramm
dekagram, deko	dkg
kilogram, kilo	Kg
kousek	Stück(chen)
půl	(ein) halb
talíř	Teller

8. Übersetzen Sie:

Seit Montag, von morgens bis abends, neben der Bank, in der Nähe von Bonn, aus Amerika, ab Mittwoch, bei meiner Großmutter, außer unserem Freund Michal, nach Australien, um die Welt, von Milan Kundera, während des letzten Jahres, inmitten der Stadt, ohne ihren Bruder, am Blumengeschäft vorbei, außer unserer Professorin, in die Arbeit.

9. Ergänzen Sie die fehlenden Wörter anhand von T 3 und korrigieren Sie, was nicht stimmt. Schreiben Sie den richtigen Text nach Diktat:

Je . . . . večer. Kateřina a Viktor se už vrátili z . . . . do Brna. Celý den málo . . . . a pili, a tak má Katka . . . . jako vlk a Viktor má strašnou . . . . na dobré víno. Viktor pozval Katku . . . . hospody Na Růžku, protože tam výborně . . . . Vrchní jim přinesl . . . . lístek. Viktor vypil dvě skleničky vína, protože měl velkou . . . . , a Katka si dala jedno pivo. Viktor si vybral tradičně svíčkovou a . . . . , Katka jedla jako . . . . bramboráčky, potom jako hlavní . . . . kapra na modro, brambory a míchaný salát. Nakonec si . . . . palačinky. Platili . . . . 400 korun.

10. Einer von Ihnen ist Ober im Gasthaus Na Růžku. Ein anderer bestellt nach der Getränkekarte. Vergessen Sie nicht zu bezahlen.

- Co si **dáte / objednáte / přejete** k pití?

○ Dám si ...
Chtěl/a bych ...
Objednám si ...
Vybral/a jsem si ...
Přeju si ...

Hospoda Na Růžku
Nápojový lístek

studené nápoje		teplé nápoje	
minerálka	15.00	čaj	26.00
pomerančový džus	21.00	ovocný čaj	19.00
tonik	25.00	černá káva	32.50
kokakola	35.00	vídeňská káva	40.00
pivo Prazdroj 10°	19.00	espreso	30.00
pivo Prazdroj 12°	25.00	cappuccino	31.00
černé pivo 0,3l	22.00	čokoláda	35.00
bílé víno, 2 dl	38.50		

k pití	zum Trinken
studený,á,é	kalt
teplý,á,é	warm

11. Fragen Sie mit einem ganzen Satz nach den unterstrichenen Wörten:

*Je 8 hodin. **Kolik je hodin?***

To je moje přítelkyně. —Thomas mluví výborně česky. — Ta vesta stojí 560 korun. — Dám si jedno světlé pivo. — To je jeho káva. — Byl v Praze celý týden. — Jezdí tam na návštěvu každý rok. — Líbí se mi ten stůl vpravo. — Vrátili se z výletu v neděli večer. — Večer půjdeme do hospody. — Eva koupila krásnou červenou tašku. — Setkáme se v 11 hodin. — Náš kurz trvá dvě hodiny. — Náš nový profesor je sympatický. — Ta nová studentka se učí německy. — Musím se najíst, protože mám hlad. — Albert je ze Švýcarska. — Pojedeme v neděli ráno. — Dělá tu práci dobře. — Zítra půjdeme na diskotéku.

12. Hörübung: Viktor, Kateřina, Bob a Zuzana obědvají v restauraci.

track 06

CO SI KDO DAL?	k pití?	k jídlu?
Viktor		
Kateřina		
Bob		
Zuzana		

13. Übersetzen Sie:

Ich habe heute keine Lust zu kochen. Gehen wir ins Restaurant? — Das ist eine ausgezeichnete Idee.
Geburtstagsparty — Das ist viel Arbeit! — Keine Angst, das ist meine Sache.
Viktor, du hast heute Geburtstag? — Ja. — Dann alles Gute. Zum Wohl.
Katharina, hast du Hunger? — Ja, ich habe einen Bärenhunger.
Sie fahren am Wochenende in den Böhmerwald? — Ja, ich freue mich schon darauf.

T4 Kdo je ...? Wer ist ...?

Božena Němcová (1820–1862),

track 07 první velká česká spisovatelka, zakladatelka moderní české prózy v 19. století (devatenáctém), vydavatelka lidových pohádek, autorka mnoha povídek a prózy Babička.

lidový	Volks
pohádka	Märchen
povídka	Erzählung
první	die erste
spisovatelka	Schriftstellerin
vydavatelka	Herausgeberin
zakladatelka	Gründerin

T5 Kde je ...? Wo ist ...?

Zámek Ratibořice a Babiččino údolí

track 08 jsou místa, kde se odehrává děj románu *Babička* Boženy Němcové. V zámku v stylu klasicismu a empíru bydlela kněžna Zaháňská, postava z románu Babička. Nedaleko od zámku stojí socha babičky s dětmi a psy Sultánem a Tyrlem od sochaře Otto Gutfreunda.

Babiččino údolí	Großmuttertal
děj	Handlung
kněžna Zaháňská	Fürstin von Sagan
místo	Ort
odehrává se	sie spielt
postava	Figur, Gestalt
zámek	Schloss

T6 VÍTE, ŽE ... Wissen Sie, dass ...

... die Tschechen im Bierverbrauch einen der ersten Plätze der Welt belegen? Ihr Jahresverbrauch liegt bei 161 Liter pro Kopf.

P2

ČESKÉ PŘÍSLOVÍ
Hlad je nejlepší kuchař.

V1

		Anwendung	Antonym
balíček, -čku *m*	Packung, Paket	~ kávy	
bát se, bojím se *(i.)*	sich fürchten	neboj se!	
bramborák, bramboráček, -čku *m*	Kartoffelpuffer		
brambory *f Pl.*	Kartoffeln		
brokolice *f*	Brokkoli	špagety s brokolicí	
brusinky *f Pl.*	Preiselbeeren	svíčková s brusinkami	
bufet *m*	Büffet	u bufetu	
cibule *f*	Zwiebel		
česnek *m*	Knoblauch		
dárek, -rku *m*	Geschenk	koupit ~	
dát si,-ám *(p.)*, **dávat si**	nehmen	co si dáte k pití?	
dieta *f*	Diät	držet dietu	
dohromady	zusammen	platit ~ nebo zvlášť	
držet,-ím *(i.)*	halten	~ dietu	
hlad *m*	Hunger	mám ~ jako vlk	
hořčice *f*	Senf		
houba *f*	Pilz, Schwamm	polévka s houbami	
hovězí vývar *m*	Rinderbrühe		
hranolky *m*	Pommes frites		
chlebíček, -čku *m*	belegtes Brötchen	koupit chlebíčky	
chuť,-i *f*	Appetit	dobrou ~!	
chutnat, chutná*(i.)*	schmecken, es schmeckt	to mi moc chutná	
jablkový, jablečný,á,é	Apfel-	jablkový závin, jablečný džus	
jablko *n*	Apfel		
jahoda *f*	Erdbeere		
játrové knedlíčky *m Pl.*	Leberknödel		
jídelní lístek,-tku *m*	Speisekarte	přineste mi jídelní lístek	
jídlo *n*	Essen, Speise	co si dáte k jídlu?	
kadeřn/ík,-ice *m, f*	Friseur, Friseuse		
kapr, -a *m*	Karpfen	~ na modro	
knedlík *m*	Knödel	bramborový, houskový ~	
koupit,-ím *(p.)*, **kupovat**	kaufen	~ dárek	
kousek,-sku; kus *m*	Stückchen, Stück	~ dortu	
kuře *n*	Huhn	pečené ~	
láhev,-hve *f*	Flasche	~ červeného vína	
míchaný,á,é	gemischt	~ salát	
moučník *m*	Nachspeise, Mehlspeise		
nakoupit,-ím *(p.)*			
nakupovat,-uji/u	einkaufen	~ potraviny	prodat *(p.)*, prodávat
nápad *m*	Idee, Einfall	mám výborný ~	
nápoj *m*	Getränk	studené nápoje	
napsat, napíšu *(p.)*, **psát**	schreiben	~ pozvánku	
narozeniny *f Pl.*	Geburtstag	kdy máš ~?	
nejlepší *Adj., Superlativ*	r,e,s beste	všechno ~ k narozeninám!	nejhorší
nejvíc(e) *Adv., Superlativ*	am meisten	to mi ~ chutná	nejméně, nejmíň
objednat,-ám *(p.)*			
objednávat,-ám	bestellen	~ dort	
obsloužit (se),-ím *(p.)*			
obsluhovat (se),-uji/u	(sich) bedienen	můžeš se ~ sám	

ochutnat,-ám *(p.)*			
ochutnávat,-ám	kosten, probieren	už jsi ochutnala chlebíčky?	
okurka *f*	Gurke		
omáčka *f*	Soße		
omeleta *f*	Eierkuchen, Omelette	vaječná ~	
oslavit,-ím *(p.)*, **slavit**	feiern	jak to oslavíme?	
otvírací doba *f*	Öffnungszeit		
ovocný,á,é	Obst-	ovocný džus	
palačinka *f*	Palatschinken		
párek,-rku *m*	Würstchen	vídeňský ~	
pečený,á,é	gebraten	pečené kuře	
pití *n*	Trinken	co si dáte k pití?	
platit,-ím, zaplatit *(p.)*	zahlen, bezahlen	kolik platím?	
pohár *m*	Becher	zmrzlinový ~	
polévka *f*	Suppe	česneková polévka	
porada *f*	Beratung	mám poradu	
poslat, pošlu *(p.)*, **posílat**	schicken, senden	~ pozvánku	
pozvánka *f*	Einladung	~ na večírek	
pozvat, pozvu *(p.)*, **zvát**	einladen	zvu tě na pivo	
právě *Adv.*	eben, gerade	~ jsme se vrátili	
prohlédnout si,-nu *(p.)*			
prohlížet,-ím	besichtigen, sich etwas ansehen	~ fotografie	
předkrm *m*	Vorspeise	jako ~	
přijít, přijdu *(p.)*	kommen	jsem rád, že jste přišli	odejít
příloha *f*	Beilage	jako ~	
přinést, přinesu *(p.)*	bringen	přineste mi jídelní lístek	odnést
pstruh,-a *m*	Forelle	~ na grilu	
půl *+G*	(ein) halb	~ roku	
rajče,-ete, *Pl.* **rajčata** *n*	Tomate,-n		
řízek,-zku *m*	Schnitzel	vídeňský ~	
rýže *f*	Reis		
sám *m*, **sam/a** *f*,**-o** *n*,**-i/-y** *Pl.*	selbst, allein	můžeš se obsloužit ~	
sklenička *f*	Glas	dát si skleničku vína	
sladký,á,é	süß	sladká jídla	
slavit,-ím, oslavit *(p.)*	feiern	slaví narozeniny	
slepičí	Hühner-	~ polévka	
smažený,á,é	paniert	~ sýr	
smetana *f*	Sahne		
spolu	zusammen, gemeinsam	chtějí ~ pracovat	
studený,á,é	kalt, kühl	studené nápoje	teplý,á,é
svíčková pečeně *f*	Sauerbraten		
šampaňské *n*	Champagner	pít ~	
šlehačka *f*	Schlagsahne		
špagety *f, Pl.*	Spaghetti	~ s brokolicí	
špenát *m*	Spinat		
talíř *m*	Teller	talíř polévky	
teplý,á,é	warm	teplé nápoje	studený,á,é
těšit se,-ím *(i.) na +A*	sich freuen auf	už se na to těším!	
topinka *f*	Toast	česneková ~	
trvat,-á *(i.)*	dauern	cesta trvá dlouho	
udělat,-ám *(p.)*, **dělat**	machen, tun	uděláme večírek	
uklidit,-ím *(p.)*, **uklízet,-ím**	aufräumen, sauber machen	~ celý byt	

uvařit,-ím *(p.)*, **vařit**		
vařit,-ím, uvařit *(p.)*	kochen	tam výborně vaří
věc,-i *f*	Sache	to je moje ~
večírek,-rku *m*	Party	uděláme ~
vepřová pečeně *f*	Schweinebraten	
volat,-ám, zavolat *(p.) +D*	anrufen	
vrátit se,-ím *(p.)*		
vracet se,-ím	zurückkehren	~ z výletu
vrchní, -ího *m*	Ober	pane ~, platit!
vybírat (si),-ám		
vybrat (si), vyberu *(p.)*	(aus)wählen, aussuchen	co jste si vybrali?
zaplatit,-ím *(p.)*, **platit**	bezahlen, zahlen	už jsi zaplatil?
zavolat,-ám *(p.)*, **volat** *+D*	anrufen	
zdraví *n*	Gesundheit	na ~! zum Wohl!
zeleninový,á,é	Gemüse-	~ salát
zelí *n*	Kraut	
zkusit,-ím *(p.)*, **zkoušet,-ím**	probieren, versuchen	už jsi zkusila ty palačinky?
zmrzlina *f* Eis		
zvát, zvu, pozvat *(p.)*	einladen	zvu tě na pivo
zvlášť	extra, besonders	platit dohromady nebo ~
žízeň, -zně *f*	Durst	mám velkou ~!

V2

Babiččino údolí *n*	Großmuttertal	
děj *m*	Handlung	~ se odehrává
kněžna *f*	Fürstin	
lidový,á,é	Volks-	lidové pohádky
místo *n*	Ort, Platz, Stelle	
odehrávat se *(i.)*	spielen	děj se odehrává
pohádka *f*	Märchen	lidové pohádky
postava *f*	Figur, Gestalt	~ z románu
povídka *f*	Erzählung	
spisovatelka *f*	Schriftstellerin	česká ~
vydavatelka *f*	Herausgeberin	~ lidových pohádek
zakladatelka *f*	Gründerin	~ moderní prózy
zámek,-mku *m*	Schloss	

Hlad je nejlepší kuchař. Hunger ist der beste Koch.

Schlüssel zu den Übungen:

Ü 2 a)

Potom se sprchoval/osprchoval v koupelně. Vařil/uvařil kávu a dělal/udělal snídani taky pro Zuzanu. Potom snídal/se nasnídal se Zuzanou a přitom poslouchal rádio. Do práce šel v 9 hodin. Šel pěšky, cesta trvala asi 20 minut. Začal pracovat v 9.30. V kanceláři psal/napsal dopisy, četl/přečetl poštu, vedl porady, překládal/přeložil těžký text z angličtiny do češtiny, diskutoval, odpovídal/odpověděl na otázky, plánoval/naplánoval služební cestu do Brna, setkal se/setkával se s klienty. Práce skončila v 18.00. Potom telefonoval/zatelefonoval Zuzaně. Chtěli spolu navštívit přítele Viktora, protože měl narozeniny. Koupili proto láhev dobrého moravského vína a knihu o Praze. Večírek začal ve 20.00. Celý večer pili francouzské víno a jedli výborné chlebíčky. Viktor nejprve vypravoval o cestě do Francie, potom se dívali/podívali na video a prohlíželi si/prohlédli si fotografie z Francie. Bob a Zuzana se vrátili domů teprve pozdě v noci.

Ü 2 b)

Potom se bude sprchovat/osprchuje v koupelně. Bude vařit/uvaří kávu a bude dělat/udělá snídani taky pro Zuzanu. Potom bude snídat/se nasnídá se Zuzanou a přitom bude poslouchat rádio. Do práce půjde v 9 hodin. Půjde pěšky, cesta bude trvat asi 20 minut. Začne pracovat v 9.30. V kanceláři bude psát/napíše dopisy, bude číst/přečte poštu, povede porady, bude překládat/přeloží těžký text z angličtiny do češtiny, bude diskutovat, bude odpovídat/odpoví na otázky, bude plánovat/naplánuje služební cestu do Brna, bude se setkávat/setká se s klienty. Práce skončí v 18.00. Potom bude telefonovat/zatelefonuje Zuzaně. Chtějí (budou chtít) spolu navštívit přítele Viktora, protože bude mít narozeniny. Koupí proto láhev dobrého moravského vína a knihu o Praze. Večírek začne ve 20.00. Celý večer budou pít francouzské víno a jíst výborné chlebíčky. Viktor bude nejprve vypravovat o cestě do Francie, potom se budou dívat/podívají na video a budou si prohlížet/prohlédnou si fotografie z Francie. Bob a Zuzana se vrátí domů teprve pozdě v noci.

Ü 8

od pondělí, od rána do večera, vedle banky, blízko Bonnu, z Ameriky, od středy, u mé/mojí babičky, kromě našeho přítele Michala, do Austrálie, kolem/okolo světa, od Milana Kundery, během minulého roku, uprostřed města, bez jejího bratra, kolem/okolo květinářství, kromě naší profesorky, do práce

Ü 11

Kdo je to? — Jak mluví Thomas česky? — Kolik korun stojí ta vesta? — Co si dáš? — Čí je ta káva? — Jak dlouho byl v Praze? — Jak často tam jezdí na návštěvu? — Který stůl se mi líbí? — Odkud se v neděli večer vrátili? — Kam půjdeme večer? — Jakou tašku Eva koupila? — V kolik hodin se setkáme? — Jak dlouho trvá náš kurz? — Jaký je náš nový profesor? — Která studentka se učí německy? — Proč jíš? — Odkud je Albert? — Kdy pojedeme? — Jak dělá tu práci? — Kam půjdeme zítra?

Ü 12

vrchní: Dobrý den. Budete jíst a pít?	Viktor: Ano, přineste nám prosím jídelní lístek.
vrchní: Tady je. Co si dáte k pití?	Viktor: Já si dám jedno plzeňské pivo. A co si dáš ty, Katko? Katka: Chtěla bych skleničku dobrého bílého vína. Dáš si taky víno, Zuzano? Zuzana: Ne, já vůbec nepiju alkohol. Přineste mi prosím pomerančový džus.
vrchní: Bohužel máme jen jablečný džus.	Zuzana: To nevadí, dám si ráda jablečný džus. A ty, Bobe? Bob: Minerálku, musím ještě jet autem.
vrchní: Co jste si vybrali k jídlu?	Viktor: Hovězí polévku a svíčkovou s knedlíky. Dáš si svíčkovou, Bobe? To je tradiční české jídlo. Bob: Ne, já nemám rád knedlíky. Objednám si pražskou šunku jako předkrm a potom pečené kuře a brambory. Nakonec si dám palačinky. To je taky česká specialita. Katka: Zuzano, dáš si taky pstruha na grilu a hranolky jako já? Já mám ryby moc ráda. Zuzana: Ne, já jsem vegetariánka. Dám si zeleninovou polévku, špagety s brokolicí a nakonec zmrzlinový pohár.
vrchní: Je to všechno?	Viktor: Uvidíme. Děkujeme.

Ü 13

Dnes nemám chuť vařit. Půjdeme do restaurace? — To je výborný nápad.
Narozeninový večírek — to je moc práce! — Neboj se, to je moje věc.
Viktore, (ty) máš dnes narozeniny? — Ano. — Tak všechno nejlepší. Na zdraví.
Kateřino, máš hlad? — Ano, mám hlad jako vlk.
Pojedete o víkendu na Šumavu? — Ano, už se na to těším! (Těším se už na to.)

CESTOVÁNÍ – DATUM – POČASÍ

T 1 Cesta na Moravu Reise nach Mähren

track 09

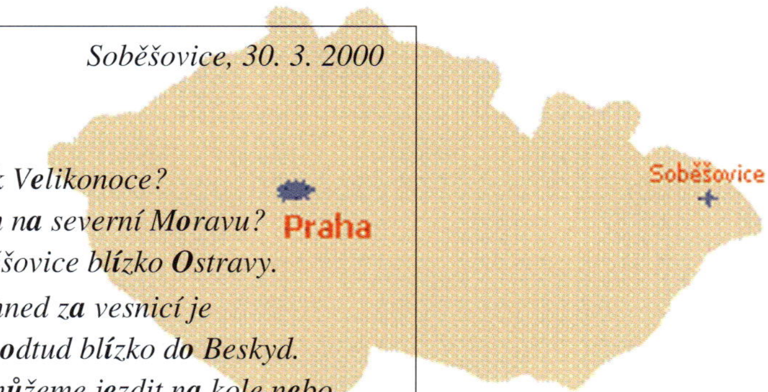

Soběšovice, 30. 3. 2000

Milá Katko,

kde chcete strávit tento rok Velikonoce?
Nechceš přijet i s Viktorem na severní Moravu?
Bydlím teď ve vesnici Soběšovice blízko Ostravy.
Kolem je krásná příroda, hned za vesnicí je Žermanická přehrada a je odtud blízko do Beskyd.
Když bude dobré počasí, můžeme jezdit na kole nebo dělat výlety do okolí.
Já vím, z Prahy je to daleko, ale severní Moravu ještě neznáte. Doufám, že v tom termínu ještě nemáte jiný plán.
Těším se na tvou odpověď

Jana

Beskydy *Pl.*	Beskiden
cestování	Reisen
daleko	weit
doufat	hoffen
jiný,á,é	r,e,s andere
odtud	von hier
okolí	Umgebung
počasí	Wetter
přehrada	Talsperre, Stausee
přijet *(p.)*	(an)kommen
severní	nördlich
termín	Termin
Velikonoce *Pl.*	Ostern
vesnice	Dorf
za *+I,A*	hinter

K: Viktore, Jana nás zve na severní Moravu. Máš chuť tam na Velikonoce jet?
V: To je výborný nápad. Prý je tam moc krásně. Ale jak tam pojedeme? Vlakem, autobusem, autem... ?
K: Víš, co? Já půjdu na nádraží na Informace a zjistím spojení vlakem nebo autobusem, nebo se podívám na internet..
V: A já se zeptám Romana, jak se tam dostaneme autem. Je z Ostravy a často tam s rodinou jezdí navštěvovat rodiče.

autem	mit dem Auto
autobusem	mit dem Bus
nás	uns
prý	angeblich
spojení	Verbindung
vlakem	mit dem Zug
zjistit *(p.)*	ermitteln, herausfinden

1. Beantworten Sie die Fragen zum Text:

Kam zve Jana Kateřinu? — Kde bydlí Jana? — Jaké je okolí Soběšovic? — Kdy mají Katka s Viktorem přijet? — Jak se jmenují hory Berge blízko Soběšovic? — Co plánuje Jana? — Mají Katka a Viktor chuť jet do Soběšovic? — Kde bydlí Roman? — Proč jezdí Roman často do Ostravy? — Kam půjde Katka a proč?

2. Schreiben Sie aus T 1 alle präpositionalen Verbindungen mit ...

Genitiv: . . . .

Akkusativ: . . . .

Lokativ: . . . .

? Die übrigen Verbindungen von Präpositionen mit Subst. in T 1 erfordern den Instrumental. Um welche Verbindungen handelt es sich? . . . .

? Finden Sie in T 1 ein Beispiel für einen präpositionslosen Instrumental? Im Deutschen steht in diesem Fall in der Regel die Präposition *mit*. . . . .

§1 INSTRUMENTAL SINGULAR

Stojím před ... Ich stehe vor ... **KÝM? ČÍM?** Mit wem? Womit?

Pronomen „hart“		Pronomen „weich“		Adjektiv „hart“		Adjektiv „weich“		Substantiv		Genus	
t / jedn	**ím**	naš	**ím**	nov / m	**ým**	modern / jej	**ím**	pán	**em**	„hart“	**Mb**
								muž		„weich“	
								hrad		„hart“	**Mu**
								stroj		„weich“	
t / jedn	**ou**	naš / moj	**í**	nov / m	**ou**	modern / jej	**í**	žen	**ou**	**F**	
								růž	**í**		
								písn			
								kost			
t / jedn	**ím**	naš	**ím**	nov / m	**ým**	modern / jej	**ím**	měst	**em**	**N**	
								kuřet			
								moř			
								nádraž	**ím**		

✓ wie ***žena*** auch das Maskulinum ***kolega***

ERSCHEINUNGSFORMEN DES INSTRUMENTALS:

1. ČÍM? womit
jet aut**em**
letět letadl**em** Flugzeug
psát tužk**ou**
jíst příbor**em** Besteck

2. KUDY? wodurch
jet/jít park**em**
měst**em**
tout**o** ulic**í**
slunce svítí okn**em**
e Sonne scheint durch das Fenster

3. Weitere Verben + I
stát se *(p.)*/stávat se werden
stanu se inženýr**em**
zabývat se sich beschäftigen
zabývám se problém**em**

4. Präposition + I

s/se mit		s přítel**em**
nad über	KDE?	nad okn**em**
pod unter	KDE?	pod postel**í**
před vor	KDE?	před dom**em**
za hinter	KDE?	za vesnic**í**
mezi zwischen	KDE?	
před vor (Zeit)		před rok**em**

✓ Der bloße Instrumental im Tschechischen wie *jet autem, jíst příborem* ist im Deutschen durch „mit Hilfe von“ paraphrasierbar, die Präpositionalgruppe *s/se* + Instr. wie *s přítelem* aber hat die Bedeutung von „zusammen mit“.

✓ Die Präpositionen ***nad, pod, před, za, mezi*** verbinden sich auf die Frage **KAM?** mit Akkusativ. ☞ **L 6**

▸▸ 1. Setzen Sie in den Instrumental:

Mluvila jsem s (náš nový lektor, tvoje přítelkyně, celá rodina, jeden český turista, jeho otec a matka). Petr stojí před (Národní divadlo, naše fakulta, její pokoj, hlavní nádraží, ta nová restaurace). Pojedeme (vlak, metro, její auto, tramvaj, taxík, rychlík Schnellzug, výtah Aufzug, loď Schiff, parník Dampfschiff). Zabývám se (historie Prahy, ta nová metoda, politická situace v Asii, americká literatura, česká hudba, sport, nová móda...)

T2 Informace – vlaky a autobusy

track 10

K: Dobrý den. Můžete mi zjistit ideální spojení z Prahy do Soběšovic?
● Na který den?
K: Na pátek dvacátého prvního dubna.
● Když pojedete vlakem, musíte přestoupit dvakrát – v Ostravě a ve Frýdku-Místku. Potom už musíte jet autobusem. Když pojedete autobusem, musíte také dvakrát přestoupit.
K: Co mi doporučujete?
● Autobus je lacinější, ale cesta trvá dvakrát déle. Tady máte obě spojení.
K: Děkuju mockrát.

déle	länger
doporučovat *(i.)*	empfehlen
dvacátého prvního dubna	am 21. April
lacinější	billiger
mi	mir
oba, obě	beide
přestoupit *(p.)*	umsteigen

VLAKOVÉ SPOJENÍ PRAHA – SOBĚŠOVICE

Datum	Výchozí a cílová stanice	Příjezd	Odjezd	Číslo vlaku, doba cestování
21.4.	Praha hlavní nádraží		16:45	SC 503 MANAŽER ①
	Ostrava hl. n.	20:41	21:15	Os 3108
	Frýdek-Místek	21:50		přesun asi 7 minut
	Frýdek-Místek, Na Veselé		22:33	Bus 860336/47
	Soběšovice	23:06		6 hod 21 min, 396 km, 535,- Kč

① jede v 1–5

AUTOBUSOVÉ SPOJENÍ

Datum	Výchozí a cílová stanice	Příjezd	Odjezd	Číslo autobusu, doba cestování
21.4.	Praha, ÚAN Florenc, metro		21:00	Bus 900833/2
22.4.	Opava, aut. nádr.	4:15	6:25	Bus 850111/1
	Frýdek-Místek, aut. nádr.	7:50	11:32	Bus 860336/15
	Soběšovice	11:56		15 hod 04 min, 434 km, 308,- Kč

① jede v 4, 5

autobusový,á,é	Bus-
doba	Zeit
odjezd	Abfahrt
přesun	Übergang
příjezd	Ankunft
ÚAN	Zentraler Busbahnhof
vlakový,á,é	Zug-
výchozí a cílová stanice	Ausgangs- und Zielstation

▸▸ **1. Pojede Katka raději vlakem nebo autobusem? Proč?**

§2 ORDINALZAHLEN

1. **první** r,e,s erste	11. **jedenáctý**	20. dvacátý	30. třicátý
2. **druhý**	12. dvanáctý	21. dvacátý první	40. čtyřicátý
3. **třetí**	13. třináctý	22. dvacátý druhý	50. **padesátý**
4. **čtvrtý**	14. **čtrnáctý**	23. dvacátý třetí	60. **šedesátý**
5. **pátý**	15. **patnáctý**	24. dvacátý čtvrtý	70. sedmdesátý
6. šestý	16. šestnáctý	25. dvacátý pátý	80. osmdesátý
7. sedmý	17. sedmnáctý	26. dvacátý šestý	90. **devadesátý**
8. osmý	18. osmnáctý	27. dvacátý sedmý	100. **stý**
9. **devátý**	19. **devatenáctý**	28. dvacátý osmý	
10. **desátý**		29. dvacátý devátý	

✓ Nach den Ordinalzahlen fragt man **KOLIKÁTÝ, -Á, -É?** r,e,s wievielte?

? Die Ordinalzahlen werden wie harte Adjektive dekliniert. Nur zwei Ordinalzahlen haben die Form weicher Adjektive. Welche sind es? . . . .

§3 DATUM. KALENDÁŘ

Nach dem Datum fragt man im Tschechischen: **Kolikátého je dnes?** Der wievielte ist heute?

Das Datum wird mit einfachem Genitiv ausgedrückt: **25.4. = dvacátého pátého dubna × dvacátého pátého čtvrtý**
(G=Tag + N=Monat)

KDY? „v“ + L	KOLIKÁTÉHO?, OD/DO + G	
v lednu	prvního	ledna
v únoru	druhého	února
v březnu	třetího	března
v dubnu	čtvrtého	dubna
v květnu	?..........	května
v červnu	?..........	června
v červenci	?..........	července
v srpnu	?..........	srpna
v září	?..........	září
v říjnu	?..........	října
v listopadu	?..........	listopadu
v prosinci	?..........	prosince

1. Lesen Sie folgende Ordinalzahlen:

24. den — 5. člověk —12. měsíc — 93. auto — 34. židle – 9. computer — 15. rok — pro našeho 3. učitele — mluvili o její 8. knize — s 33. studentem — to je můj 2. byt — pojedete 1. autobusem — dostala jsem už 10. dopis — v 6. domě — byli jsme na 4. výstavě — to je moje 5. návštěva Prahy

2. Kdy mají narozeniny? Wann haben sie Geburtstag?

Petr	Jana	Eva	Karel	Milan	Dita	Alena	Jakub	Olga	Mirek	vy?
23.8.	11.9.	3.5.	30.4.	18.10.	12.11.	29.2.	2.6.	16.3.	22.7.	

Milena Vašek Vendula Jirka Jiřina Honza Helena Adam vy?
im Mai — im November — im Januar — im April — im März — im August — im Juli — im Februar —

T3 Jak se dostanu autem do ... Wie komme ich mit dem Auto nach ...

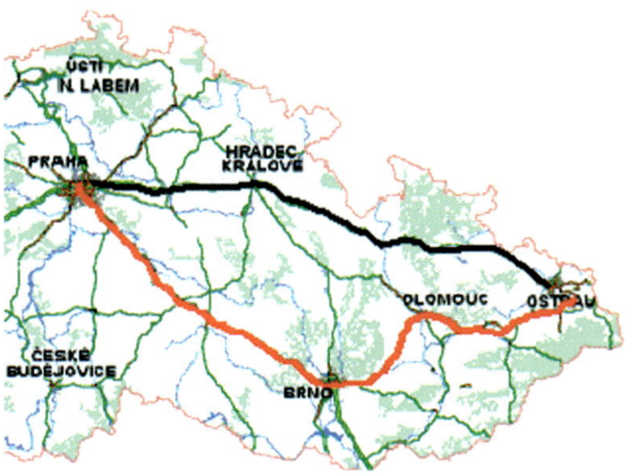

track 11

Viktor: Romane, jak se dostanu nejlépe autem z Prahy do Soběšovic?
Roman: Ideální spojení autem do Soběšovic? Až do Olomouce je to jednoduché. Pojedeš po dálnici D 1. V Olomouci bohužel dálnice končí. Dál pojedeš pořád po silnici E 462 přes Hranice na Moravě, Nový Jičín a Frýdek-Místek. Asi 15 kilometrů za Frýdkem-Místkem je vesnice Horní Tošanovice. Tam odbočíš doleva a pojedeš asi 7 kilometrů do Soběšovic. Vlevo od silnice uvidíš přehradu Žermanice.
Viktor: Jak dlouho asi trvá ta cesta?
Roman: Když jde všechno dobře, čtyři až pět hodin, ale když je zácpa, můžeš jet taky šest hodin.

až	bis
dál(e)	weiter
dálnice	Autobahn
jednoduchý,á,é	einfach
nejlépe	am besten
odbočit *(p.)*	abbiegen
silnice	Landstraße
vesnice	Dorf
zácpa	Stau

1. Beschreiben Sie die „nördliche“ Route über Hradec Králové (Königgrätz) nach Soběšovice.

T4 Pohlednice Eine Ansichtskarte

Praha, 2. dubna 2000

Ahoj Jano,
děkujeme mockrát za pozvání, rádi přijedeme. Do Soběšovic pojedeme autem. Cesta vlakem je drahá, autobusem je sice lacinější, ale trvá moc dlouho. Z Prahy odjedeme 21.4.v poledne. Když všechno půjde dobře, můžeme být asi v 6 hodin v Soběšovicích. Zpátky pojedeme v pondělí odpoledne. Už se moc těšíme. Brzy ahoj

Katka

Jana Houdková
Úzká ulice 12
787 00 Soběšovice

brzy ahoj	bis bald
odjet	ab/wegfahren
pozvání	Einladung
zpátky	zurück

1. Warum fahren Katka und Viktor schließlich doch mit dem Auto?

§4 DIE BEWEGUNGSVERBEN / 2

Präfigierte Bewegungsverben drücken verschiedene **Richtungen der Bewegung** aus. Verben, die eine determinierte Bewegung bezeichnen, wie *jít, jet* u.a. werden durch Präfigierung **perfektiv** – *přijít, přijet* u.a. Falls die Wurzel identisch ist, werden die Verben auch identisch konjugiert. Verben wie *přicházet, přijíždět* u.a. sind imperfektiv und haben eine andere Wurzel. Diese Wurzel ist in den indeterminierten Bewegungsverben erkennbar, die Konjugation ist aber verschieden.

? Welche Richtungen drücken die Präfixe ***při-*** und ***od-*** in den nachstehenden Sätzen aus? ***Při****jedeme rádi do Soběšovic.* ***Od****jedeme z Prahy v poledne.*

. . . . ➔ ➔ . . . .

BEWEGUNGSVERBEN			
determiniert	perfektiv	imperfektiv	indeterminiert
jít jde, šel, půjde	***při*****jít / *ode*****jít** kommen / weggehen	***při*****cházet / *od*****cházet** kommen / weggehen	**chodit** chodí, chodil, bude chodit
jet jede, jel, pojede	***při*****jet / *od*****jet** kommen, ankommen / ab-, wegfahren	***při*****jíždět / *od*****jíždět** kommen, ankommen / ab-, wegfahren	**jezdit** jezdí, jezdil, bude jezdit
nést nese, nesl, ponese	***při*****nést / *od*****nést** (her)bringen / weg-, abtragen	***při*****nášet / *od*****nášet** (her)bringen / wegtragen	**nosit** nosí, nosil, bude nosit
vézt veze, vezl, poveze	***při*****vézt / *od*****vézt** bringen, zuführen / wegführen, -bringen	***při*****vážet / *od*****vážet** bringen, zuführen / wegführen, -bringen	**vozit** vozí, vozil, bude vozit
vést vede, vedl, povede	***při*****vést / *od*****vést** bringen / wegführen	***při*****vádět / *od*****vádět** bringen / wegführen	**vodit** vodí, vodil, bude vodit
letět letí, letěl, poletí	***při*****letět / *od*****letět** anfliegen / wegfliegen	***při*****létat / *od*****létat** anfliegen / wegfliegen, abfliegen	**létat** létá, létal, bude létat
běžet běží, běžel, poběží	***při*****běhnout / *od*****běhnout** gelaufen kommen / weglaufen	***při*****bíhat / *od*****bíhat** gelaufen kommen / weglaufen	**běhat** běhá, běhal, bude běhat

✓ Übersicht über die Bewegungsverben ☞ L 5 § 3

✓ Die Präfixe ***při-*** und ***od-*** haben dieselbe Bedeutung auch in den Substantiven **PŘÍJEZD / ODJEZD**; **PŘÍLET / ODLET.**

✓ Neben den Präfixen ***při-*** und ***od-*** werden wir später weitere Präfixe und ihre Bedeutungen kennenlernen, z. B.***vy-***, *s-*, ***pře-***… ☞ L 16 § 2

▸▸ 1. Das Verb *kommen* übersetzt man ins Tschechische mit Hilfe verschiedener Verben:

1. přijít/přicházet (zu Fuß) kommen, **2. přijet/přijíždět** (fahrend) kommen, **3. přiběhnout/přibíhat** (laufend) kommen

Wählen Sie das richtige Verb:

Přijeli/přišli jsme do Soběšovic večer. — Petře, kdy přijedeš/přijdeš do Berlína? — Přijelo/přiběhlo tam malé dítě. — Včera v noci jsme nepřišli/nepřijeli tramvají, ale přijeli/přišli pěšky. — Eva bydlí hned vedle našeho domu, a tak přijíždí/přichází často na návštěvu. — Taxi právě přijíždí/přichází. — Přijdete/přijedete zítra? — Maratonci už přišli/přiběhli do cíle.

▸▸ 2. PŘIJÍT/ PŘICHÁZET nebo PŘIJET/ PŘIJÍŽDĚT?

Ergänzen Sie das Verb in der richtigen Aspektform:

Pavel včera ne- . . . . (ty) . . . . zítra na univerzitu? Vidíš, maminka právě . . . . Proč jsi minulý týden ne- . . . . ? Dědeček . . . . vždy v 9 hodin. Zuzana . . . . často pozdě domů. V neděli jsem bohužel . . . . pozdě. Když jsme . . . . domů, byla už noc. Petře, můžeš zítra . . . . do Brna?

T5 Předpověď počasí Die Wettervorhersage

Předpověď počasí na 22. a 23.4.:

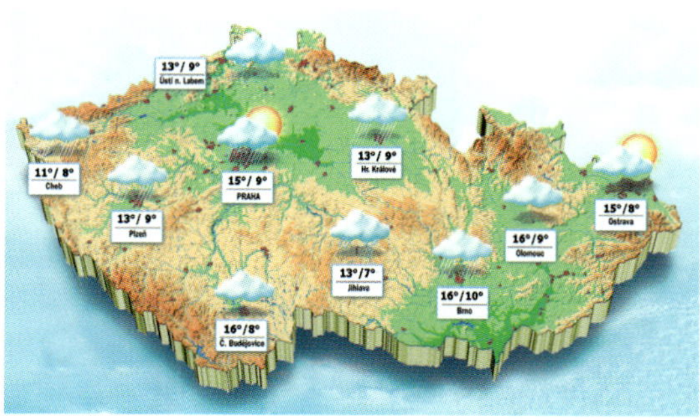

POČASÍ V EVROPĚ (°C)

Amsterodam	oblačno	13
Atény	jasno	24
Berlín	zataženo	11
Budapešť	polojasno	8
Moskva	déšť	10
Praha	zataženo	15
Vídeň	polojasno	21

maximální denní teploty 16 °C, minimální noční teploty 7 °C

Předpověď na dnes:
Oblačno až zataženo, k večeru déšť. Noční teploty 10 až 7 stupňů, denní teploty 11 až 16 stupňů. Slabý severní vítr.

track 12

Předpověď na zítra:
Polojasno až oblačno, ráno ojediněle mlhy. Noční teploty 7 až 1 stupeň, denní teploty 14 až 18 stupňů. Silný vítr 15 až 20 metrů za sekundu.

až	bis
denní	Tage(s)
déšť	Regen
jasno	klar
k večeru	gegen Abend
mlha	Nebel
noční	Nachts-
oblačno	bewölkt
ojediněle	vereinzelt
předpověď	Vorhersage
počasí	Wetter
polojasno	leicht bewölkt
slabý,á,é	schwach
silný,á,é	stark
stupeň, stupňů *G Pl.*	Grad
teplota	Temperatur
vítr	Wind
zataženo	bedeckt

▸▸ 1. Jaké počasí je v Aténách, ve Vídni... ?

▸▸ 2. Jaké je aktuální počasí? Jaké počasí bylo včera? Jaká je předpověď na zítra?

▸▸ 3. Bob spricht mit Viktor über Ostern. Wonach fragt er Viktor wohl? Ergänzen Sie:

Bob: . . . .
Viktor: Byli jsme v Soběšovicích na severní Moravě u přítelkyně Jany. Cesta tam byla dlouhá, ale bylo tam moc hezky.
Bob: . . . .
Viktor: Autem. Vlak je moc drahý a cesta autobusem zase trvá moc dlouho.
Bob: . . . .
Viktor: Předpověď počasí byla moc špatná. Mělo pršet a být zima. Ale naštěstí pršelo jen v noci, přes den bylo oblačno nebo polojasno. Když svítilo slunce, bylo pěkně teplo. Teploty v noci byly pod 10 stupňů, ve dne ale 15 až 18 stupňů. Jen v neděli foukal nepříjemný studený vítr.
Bob: . . . .
Viktor: V sobotu jsme jeli na kole okolo Žermanické přehrady a v neděli jsme jeli na výlet do Beskyd. Udělali jsme túru asi 25 kilometrů.

foukat	blasen
nepříjemný	unangenehm
pěkně teplo	schön warm
pršet	regnen
přes den	tagsüber
slunce	Sonne
studený,á,é	kalt
svítit	scheinen
túra	Tour
zima *Adv.*	kalt

§5 BILDUNG DER ADVERBIEN VON ADJEKTIVEN

Adjektiv JAKÝ, -Á, -É?	Suffix	**Adverb JAK?**
mladý, moderní, teplý	**-ě/-e**	mladě, moderně, teple
drahý, jednoduchý, lehký, dobrý	(h→z, ch→š, k→c, r→ř)	draze, jednoduše, lehce, dobře
český, německý, hezký	**-y**	česky, německy, hezky
vysoký, blízký, daleký, častý, dlouhý hoch nahe weit häufig lang	**-o**	vysoko, blízko, daleko, často, dlouho Orts- oder Zeitbestimmung
pomalý langsam	**-u**	pomalu

✓ Manche Adverbien auf **-ě/-e** können in der prädikativen Position auf **-o** enden: *teple* × *teplo* (☞ weiter)

▸▸ 1. Bilden Sie Adverbien von den Adjektiven: *hezký – **hezky***

starý	sympatický	nový	krásný
komický	laciný	jasný	nutný
černý	volný	italský	strašný
modrý	blízký	inteligentní	optimistický
špatný	správný	pomalý	studený ! ***zima*** !

FUNKTION IM SATZ

	Adjektiv	Adverb	
attributiv	Dnes je *teplý* den. Es ist ein warmer Tag.	Dnes je ***pěkně*** teplý den. Dnes je ***pěkně*** teplo. Heute ist ein schön warmer Tag. Heute ist es schön warm. (vor dem Adjektiv / Adverb)	**-ě/-e**
prädikativ	Ten svetr je *teplý*./Je [ten svetr] *teplý*. Der Pulli ist warm. Er ist warm. Ta vesta je *teplá*. Je *teplá*. To sako je *teplé*. Je *teplé*.	Je ***teplo***. Es ist warm. Je mi ***smutno***. Ich bin traurig. (subjektlose Sätze)	**-o**
adverbial		Oblékám se ***teple***. Ich ziehe mich warm an.	**-ě/-e**
idiom. Verwendung		*Dobře*! *Výborně*! No *jasně*!	

✓ Im Präteritum steht das Verb in subjektlosen Sätzen in der 3. Sg. und verlangt die Form des Neutrums: ***Bylo** teplo. **Bylo** mi smutno. **Bylo** zima.* (aber auch ***Byla** zima.*)

▸▸ 2. Adverb oder Adjektiv? Entscheiden Sie und ergänzen Sie:

rychlý,á,é/rychle

To auto je . . . . Proč jíš tak . . . . ? Nejsem bohužel moc . . . . Potřebuji . . . . spojení do Brna. Musíme to . . . . udělat.

jasný,á,é/jasně/jasno

Dnes je . . . . Můžete mluvit . . . .? To je . . . . věc. Ta barva je . . . . červená. Včera byl . . . . den. Zítra asi nebude . . . . jako dnes.

dlouhý,á,é/dlouho/dlouze

Bydlel . . . . v Paříži. Vypravoval . . . . o novém filmu. Přečetl jsem . . . . knihu. . . . . jsme o tom problému diskutovali. Byla vaše cesta . . . .?

▸▸ 3. Setzen Sie folgende subjektlose Sätze ins Präteritum:

Je jasno. ***Bylo jasno.***

V Madridu je teplo. — Bude zima. — Tady je veselo. — V noci bude zataženo. — Prší. — O víkendu nebude polojasno. — Bude zítra oblačno? — Dnes není teplo. — V Soběšovicích neprší.

P 1

Doufám, že ...
Co mi doporučujete?
Jaké je ideální spojení z ... do ... ?
To trvá moc dlouho.
Kolikátého je dnes?
Děkuji za pozvání.
Brzy na shledanou / ahoj.

ÜA VÝSLOVNOST Aussprache

Bestimmend für die Aussprache des Tschechischen sind Neutralisation am Wortende sowie Assimilation, wenn stimmhafter und stimmloser Konsonant aufeinander treffen: ☞ L 0 § 5

1. Am Wortende spricht man stimmhafte Konsonanten stimmlos aus:

track 13

b → [p]			z → **[s]**			v → **[f]**			d → **[t]**		
klu**b**	ale	kluby	be**z**	ale	beze	le**v**	ale	lvi	hla**d**	ale	hladový
chlé**b**	ale	chleby	obra**z**	ale	obrazy	kre**v**	ale	krvi	obě**d**	ale	obědy
Bo**b**	ale	s Bobem	mrá**z**	ale	mrazy	zdrá**v**	ale	zdravý	odku**d**	ale	kudy
ď → [ť]			ž → **[š]**			h →**[ch]**			g → **[k]**		
te**ď**	ale	sedí	kdy**ž**	ale	kdeže	sní**h**	ale	sněhy	gro**g**	ale	grogy
lo**ď**	ale	lodi	mu**ž**	ale	muži	ji**h**	ale	na jihu	gon**g**	ale	gongy
sla**ď**	ale	sladit	nů**ž**	ale	nože	bů**h**	ale	o bohu	geolo**g**	ale	geologové

2. Bei Kombination stimmhafter und stimmloser Konsonanten erfolgt regressive Assimilation:

track 14

b → [p]			**z → [s], s → [z]**			**v → [f]**			**d → [t], t → [d]**		
ry**b**ka	ale	ryba	blí**z**ko	ale	blizoučko	**v** pokoji	ale	v domě	o**d**poledne	ale	odbor
o**b**chod	ale	obejít	pro**s**ba	ale	prosit	dí**v**ka	ale	dívenka	fo**t**bal	ale	fotograf
ď → [ť]			ž → **[š]**			h → **[ch]**			k → **[g]**		
lo**ď**ka	ale	loděk	tu**ž**ka	ale	tužek	le**h**ký	ale	lehounký	**k**do	ale	koho
bu**ď**te	ale	budí	tě**ž**ký	ale	těžební	vl**h**ký	ale	vlahý	**k** domu	ale	k pokoji

3. Lesen Sie die folgenden Sätze und unterstreichen Sie, wo es zur Assimilation/Neutralisation kommt. Hören Sie sich anschließend die richtige Aussprache an. *Kdy byl tatínek doma?*

track 15

To je výborný nápad. — Bydlím teď v Soběšovicích. — Je odtud blízko do Beskyd. — Těším se na odpověď. — Z Prahy odjedeme v poledne. — Přes den bylo moc hezky. — Předpověď počasí.

ÜB

1. Ordnen Sie in richtiger Reihenfolge:

ROK SEKUNDA MINUTA TÝDEN MĚSÍC STOLETÍ HODINA DEN VÍKEND

LISTOPAD ÚNOR BŘEZEN PROSINEC SRPEN ŘÍJEN DUBEN KVĚTEN ZÁŘÍ ČERVENEC LEDEN ČERVEN

2. Benutzen Sie eine antonyme Präposition. Wo nötig, ändern Sie auch den Fall.

do Prahy ***z Prahy*** *před rokem* ***po roce***

nad hotelem — do listopadu — na Šumavu — v Ostravě — do tramvaje — bez přítele — za parkovištěm — od soboty — pod stolem — z Německa — z výletu — před univerzitou — s mlékem a cukrem — do příštího týdne — z nádraží — po víkendu — na skříni — nad postelí — před měsícem — do zítra — v České republice

3. Wo wollen Sie Ostern verbringen? Schreiben Sie einen kurzen Text:

A: v Praze
architektura, kultura, divadlo

B: v Babiččině údolí
literární procházky

C: v Soběšovicích
setkání s přáteli

D: na Šumavě
krásná příroda, sport

F: v ...? ...
návštěva rodiny ...

E: v Mikulově
dobré víno, folklor

Chtěl/a bych strávit Velikonoce v Babiččině údolí.
Rád/a chodím na literární procházky. Líbí se mi
česká literatura a znám román Babička Boženy Němcové.

Chtěl/a bych . . . .

. . . .

. . . .

. . . .

4. Mit wem möchten Sie einen Ausflug machen, mit wem auf keinen Fall?

princ Charles
otec a matka
Asterix
Steffi Grafová
naše učitelka češtiny
jejich dítě
můj pes
krásná žena
modelka
Tom Cruise
královna Viktorie
rektor univerzity
dobrý voják Švejk
jeho přítelkyně
Mickey Mouse
atraktivní muž

Chtěl/a bych jet s ...
Nechtěl/a bych jet s ...

5. Lesen Sie den Brief und fragen Sie anschließend nach den unterstrichenen Ausdrücken:

Mikulov, 12. června 2000

Milý Bobe,
nechceš přijet na víkend do Mikulova?
Znám Mikulov už docela dobře, protože tady půl roku pracuji.
Je to krásné historické město na Moravě blízko Rakouska. Má taky hezké okolí, blízko jsou hory Pálava a velká přehrada Nové Mlýny.
Vím, že máš rád víno, ale ještě neznáš moravské víno. Je výborné. Doufám, že Ti bude chutnat.
Moc se těším, jak spolu ochutnáme mikulovská vína. Musíš ale napsat, kdy a jak přijedeš.
Brzy ahoj

Zdeněk

. . . . ***Kolikátého června píše Zdeněk dopis?*** . . . .

Schreiben Sie einen ähnlichen Einladungsbrief an Ihren Freund oder Ihre Freundin.

6. Bob will Zdeněk in Mikulov besuchen. Soll er mit dem Zug fahren oder mit dem Bus?

VLAKOVÉ SPOJENÍ PRAHA – MIKULOV NA MORAVĚ

Datum	Výchozí a cílová stanice	Příjezd	Odjezd	Spoje, doba cestování
pátek	Praha-Holešovice		16:39	EC 77 COMENIUS ⓘ
16. 6.	Břeclav	19.55	21:06	Os. 4516
	Mikulov na Moravě	21:35		4 hod 56 min, 328 km, 278,- Kč

ⓘ jede denně
ⓘ vlak se zvláštním příplatkem

AUTOBUSOVÉ SPOJENÍ

Datum	Výchozí a cílová stanice	Příjezd	Odjezd	Číslo autobusu, doba cestování
16. 6.	Praha, ÚAN Florenc, metro		17:00	Bus 800500/2
	Brno, ÚAN Zvonařka	19:29	20:10	Bus 720170/33
	Mikulov, železniční stanice	21:30		4 hod 30 min, 270 km, 180,- Kč

7. Fragen Sie einander, wer wann bzw. wann wer Namenstag hat:

KVĚTEN 2001

1 Út Svátek práce	14 Po Bonifác	28 Po Vilém
2 St Zikmund	15 Út Žofie	29 Út Maxmilián
3 Čt Alexej	16 St Přemysl	30 St Ferdinand
4 Pá Květoslav	17 Čt Aneta	31 Čt Kamila
5 So Klaudie	18 Pá Nataša	
6 Ne Radoslav	19 So Ivo	
7 Po Stanislav	20 Ne Zbyšek	
8 Út Státní svátek	21 Po Monika	
9 St Ctibor	22 Út Emil	
10 Čt Blažena	23 St Vladimír	
11 Pá Svatava	24 Čt Jana	
12 So Pankrác	25 Pá Viola	
13 Ne Servác, Svátek matek	26 So Filip	
	27 Ne Valdemar	

Kdy má svátek Vladimír?

Kdo má svátek 24. května?

Kdy je státní svátek ČR?

8. Beschreiben Sie mit Hilfe einer Karte Ihre Fahrt von Prag nach Mikulov:

Z Prahy pojedu nejprve . . . .

. . . .

. . . .

. . . .

. . . .

. . . .

. . . .

. . . .

. . . .

. . . .

. . . .

. . . .

9. Hörübung. Kdy mají narozeniny nebo svátek?

track 16

	NAROZENINY / SVÁTEK	KDY?
Kateřina		
Viktor		
matka Kateřiny		
otec Viktora		
Zdeněk		

10. Welche Adjektive gehören als Antonympaare zusammen? Arbeiten Sie mit dem Wörterbuch.

krásný	pesimistický
mladý	komplikovaný
rychlý	černý
aktivní	starý
optimistický	slabý
dobrý	ošklivý
nový	smutný
bílý	pasivní
veselý	drahý
laciný	pomalý
jednoduchý	špatný
silný	studený
teplý	

Bilden Sie von allen Adjektiven Adverbien: *aktivní* → ***aktivně***

11. Schreiben Sie zu den meteorologischen Symbolen die richtige Bezeichnung:

. . . .

. . . . **Předpověď počasí** . . . .

. . . .

. . . .

12. Ergänzen Sie in der Wettervorhersage die fehlenden Wörter:

PŘEDPOVĚĎ NA ZÍTRA, 13.5.2000:

Zítra bude skoro . . . . až polojasno. Přes den bude svítit . . . . , k večeru přijde studená fronta od severu. V noci bude oblačno až . . . . , ráno ojediněle . . . . Maximální denní . . . . 22° . . . . 25°, minimální . . . . teploty 5°C. V noci bude foukat silný, studený . . . . 30 metrů za . . . .

13. Schreiben Sie die folgenden Sätze im Präteritum:

Je pěkně teplo.
Celý den prší.
Je jasno až polojasno.
Fouká slabý severní vítr.
Je mlha.
Je zima.
V noci přijde déšť.
Je krásný teplý den.
Svítí slunce.
Noční teploty jsou 10 stupňů.
Je zataženo.
Počasí je špatné.
Je pět stupňů.
Bude oblačno.

14. Hörübung. Jaké je počasí v daných městech?

track 17

Praha	
Bombaj	
Madrid	
Moskva	
Hamburk	

15. Stellen Sie sich gegenseitig Fragen zum Text:

KONCERTNÍ TURNÉ

Swing Quartet Praha je pražská jazzová skupina. Hraje originální jazz ve stylu kvarteta Benny Goodmana. Skupina existuje už od roku 1972 a je moc známá. Jiří Kudrna hraje na klarinet a saxofon, Jan Freiburg na vibrafon, Ivan Dominak na bicí a Milan Dvořák na piano. Cestují po celém světě. Často jsou na turné, jejich termínový kalendář je pořád plný. Hrají v Evropě, v Americe, v Austrálii, v Asii, každý týden, každý měsíc, pořád jsou „na cestě".

Jakou hudbu hraje Swing Quartet?
Kde hraje Swing Quartet v . . . . ?
Kdy je Swing Quartet v . . . . ?
Jak dlouho hrají v . . . . ?
Od kdy do kdy hrají v . . . . ?
V srpnu hrajou v . . . .
Ve Španělsku hrají od ... do ... .
Swing Quartet nehraje . . . .
Na jaké nástroje (instrumenty) hraje Swing Quartet?

	1–31
LEDEN	Slovensko, Maďarsko
ÚNOR	Velká Británie
BŘEZEN	Švýcarsko; Rakousko
DUBEN	USA
KVĚTEN	Kanada; Austrálie
ČERVEN	Austrálie; Japonsko
ČERVENEC	
SRPEN	Belgie, Dánsko, Holandsko; Velká Británie – Jazzový festival
ZÁŘÍ	Jazzové dny v Hamburku; Španělsko
ŘÍJEN	Jazz v Praze; Polsko; Maďarsko; Slovinsko
LISTOPAD	
PROSINEC	

16. Übersetzen Sie:

Bob kam am Freitag, dem 16. Mai, mit dem Bus. Wann fuhr der Bus ab? Fährst du lieber mit dem Auto oder mit dem Zug? Petr, kommst du heute abend? Wann ging er weg? An die Uni kommt sie immer um 10 Uhr. Die Ankunft des Zuges ist um 15:30 Uhr und die Abfahrt ist um 15:35 Uhr.

T6 KDO JE ...? Wer ist ...?

Bedřich Smetana (1824–1884),

track 18 český skladatel, známý jako autor českých národních oper. Zkomponoval 8 oper (například Prodaná nevěsta a Libuše). Opera Libuše se hrála při otevření Národního divadla roku 1881. Jeho cyklus symfonických básní *Má vlast* zahajuje každý rok hudební festival Pražské jaro.

T7 KDE JE ...? Wo ist ...?

Litomyšl

track 19 je město ve východních Čechách, rodiště Bedřicha Smetany. Ve městě je krásný renesanční zámek, zámecký areál je od roku 1999 na seznamu památek UNESCO. Každý rok se zde koná mezinárodní operní festival *Smetanova Litomyšl*.

báseň	Gedicht
hrála se	e wurde gespielt
konat se	stattfinden
Má vlast	Mein Vaterland
na seznamu památek	auf der Denkmal-liste
například	zum Beispiel
národní	national
Pražské jaro	Prager Frühling
Prodaná nevěsta	Die verkaufte Braut
při otevření	bei Eröffnung
rodiště	Geburtsort
ve východních Čechách	in Ostböhmen
zahajovat	eröffnen
zámek	Schloss
známý	bekannt

T8 VÍTE, ... Wissen Sie, wie die tschechischen Monatsbezeichnungen entstanden sein könnten?

LEDEN	kommt von *led* = Eis
ÚNOR	vielleicht von *nořiti* = tauchen (Das Eis bricht, taut, wird dadurch schwerer und taucht unter.)
BŘEZEN	am ehesten von *březí* = trächtig (Tiere werden zu dieser Zeit trächtig) oder von *bříza* = Birke
DUBEN	von *dub* = Eiche (treibt im April Knospen)
KVĚTEN	von *květ* = Blüte
ČERVEN	vielleicht von *červený* = rot (Obst wird rot)
ČERVENEC	auch von *červený* wie červen
SRPEN	vielleicht von *srp* = Sichel (Getreideernte)
ZÁŘÍ	von *za říje* = in der Brunftzeit
ŘÍJEN	von *říje* = Brunft (Hirsche sind in der Brunft)
LISTOPAD	von *list* und *padat* = Blatt und fallen
PROSINEC	vielleicht von *sivý* (šedivý) = grau (graue Tage) oder von *prase* = Schwein (Schlachtfest), ursprünglich vielleicht *prasinec*? Wer weiß?

P2

ČESKÉ PŘÍSLOVÍ

Kam nechodí slunce, tam chodí lékař.

V1

		Anwendung	Antonym
autobusový,á,é	Bus-	autobusové spojení	
až	bis	~ do Olomouce	
blízký,á,é / blízko *Adv.*	nahe	blízké město / to je ~	daleký / daleko
brzy ahoj	bis bald		
březen,-zna *m*	März	v březnu	
červen,-vna *m*	Juni	v červnu	
červenec,-nce *m*	Juli	v červenci	
dál(e) *Komp. Adv.*	weiter	~ pojedete pořád rovně	blíž (e)
daleký,á,é / daleko *Adv.*	weit	daleká cesta / to je ~	blízký / blízko
dálnice *f*	Autobahn	jet po dálnici	
déle *Komp.*, **dlouho** *Adv.*	länger, lange	cesta trvá dvakrát ~	kratší dobu
denní	Tage(s)-	~ teploty	noční
déšť, deště *m*	Regen	k večeru ~	
doba *f*	Zeit	doba cestování	
doporučit,-ím *(p.)*			
doporučovat,-uji/u	empfehlen	co mi doporučujete?	
doufat,-ám *(i.)*	hoffen	doufám, že ...	
duben,-bna *m*	April	v dubnu	
foukat,-á *(i.)*	blasen, wehen	fouká vítr	
jasno *Adv.*	klares Wetter	je ~	zataženo
jednoduchý,á,é	einfach	to je jednoduché	komplikovaný, složitý
jiný,á,é	r,e,s andere	mám ~ plán	stejný
květen,-tna *m*	Mai	v květnu	
lacinější *Komp.*, **laciný,á,é**	billiger, billig	autobus je ~ než vlak	dražší
leden,-dna *m*	Januar	v lednu	
listopad *m*	November	v listopadu	
loď,-ě *f*	Schiff	jet lodí	
mlha *f*	Nebel	ranní ~	
nejlépe *Superl.*, **dobře** *Adv.*	am besten, gut	jak se dostanu ~ autem ...	nejhůře
nepříjemný	unangenehm	~ vítr	příjemný
nízký,á,é / nízko *Adv.*	niedrig	~ dům / to je ~	vysoký / nízko
noční	Nacht-	~ teploty	
oblačno	bewölkt	je ~	
odbočit,-ím *(p.)*			
odbočovat,-uji/u	abbiegen	~ doleva	
odjezd *m*	Abfahrt	~ vlaku	příjezd
odlet *m*	Abflug	doba odletu	přílet
odtud	von hier	je ~ blízko do ...	odtamtud
ojediněle *Adv.*	vereinzelt	~ mlhy	
okolí *n*	Umgebung	výlety do ~	
okres *m*	Kreis, Landkreis	okres Havířov	
parník *m*	Dampfschiff	jet parníkem	
počasí *n*	Wetter	předpověď ~	
polojasno *Adv.*	leicht bewölkt	je ~	
pomalý,á,é / pomalu *Adv.*	langsam	~ vlak / jede ~	rychlý / rychle
pozvání *n*	Einladung	děkuji za ~	
prosinec,-nce *m*	Dezember	v prosinci	
pršet, prší *(i.)*	regnen, es regnet	v noci pršelo	svítit slunce
prý *Adv.*	angeblich	~ je tam moc krásně!	

předpověď,-i *f*	Vorhersage	~ počasí	
přehrada *f*	Talsperre		
přes den	tagsüber		
přestoupit,-ím *(p.)*			
přestupovat,-uji/u	umsteigen	musíte ~ dvakrát	
přijet, přijedu *(p.)* **přijíždět,-ím**	(an)kommen	~ do Brna	odjet *(p.),* odjíždět
příjezd *m*	Ankunft	~ vlaku	odjezd
přílet *m*	Anflug	doba příletu	odlet
rychlík *m*	Schnellzug	jet rychlíkem	
říjen,-jna *m*	Oktober	v říjnu	
severní	nördlich	~ Morava	jižní
silnice *f*	Landstraße	jet po silnici	
silný,á,é	stark	silný vítr	slabý
slabý,á,é	schwach	slabý vítr	silný
slunce *n*	Sonne	svítí ~	
smutný	traurig		veselý
spojení *n*	Verbindung	~ vlakem	
srpen,-pna *m*	August	v srpnu	
stupeň,-pně *m*	Grad	je 20 stupňů	
svítit, svítí *(i.)*	scheinen, es scheint	svítí slunce	
teplota *f*	Temperatur	vysoká ~	
túra *f*	Tour	dlouhá ~	
únor,-a *m*	Februar	v únoru	
Velikonoce *Pl.*	Ostern	kde chcete strávit ~?	
veselý,á,é	lustig, fröhlich		smutný
vesnice *f*	Dorf	bydlí na vesnici	město
vítr, větru *m*	Wind	silný ~	
vlak *m*	Zug	jede vlakem	
vlakový,á,é	Zug-	vlakové spojení	
vysoký,á,é / vysoko *Adv.*	hoch	~ dům / to je vysoko	nízký / nízko
výtah *m*	Aufzug	jet výtahem	
zácpa *f*	Stau	je ~	
září *n*	September	v září	
zataženo *Adv.*	bedeckt	je ~	jasno
zima *Adv.*	kalt	je mi zima	teplo
zjistit,-ím *(p.)* **zjišťovat,-uji/u**	feststellen	~ spojení	
zpátky	zurück	cesta ~	dopředu

V2

báseň,-sně *f*	Gedicht	symfonická ~	
konat se, koná se *(i.)*	stattfinden, es findet statt	koná se zde operní festival	
Má vlast,-i *f*	Mein Vaterland	symfonická báseň ~	
například	zum Beispiel		
národní	national	~ opera	
otevření *n*	Eröffnung	při ~	
památka *f*	Denkmal	být na seznamu památek UNESCO	
Pražské jaro *n*	Prager Frühling	festival ~	
Prodaná nevěsta *f*	Die verkaufte Braut	opera ~	
seznam *m*	Liste, Verzeichnis	~ památek UNESCO	
východní	östlich	~ Čechy	západní
zahájit,-ím *(p.)* **zahajovat,-uji/u**	eröffnen	~ festival	

Kam nechodí slunce, tam chodí lékař. Wohin die Sonne nicht kommt, dorthin kommt der Arzt. (Sonne und Ruh tun dem Arzt die Türe zu.)

Schlüssel zu den Übungen:

Ü 2
pod hotelem — od listopadu — z Šumavy — do Ostravy — z tramvaje — s přítelem — před parkovištěm — do soboty — nad stolem — do Německa — na výlet — za univerzitou — bez mléka a cukru — od příštího týdne — na nádraží — před víkendem — ve skříni — pod postelí — po měsíci — od zítra — do České republiky

Ü 5
Kam má Bob přijet? — Jak zná Zdeněk Mikulov? — Jak dlouho tam pracuje Zdeněk? — Kde je Mikulov? — Co je blízko Mikulova? — Které víno Bob ještě nezná? — Jaké je moravské víno? — Jak se Zdeněk těší? — Co spolu Zdeněk a Bob ochutnají?

Ü 9
Kateřino, kdy má tvoje maminka svátek? Svátek? Ten má maminka 24. května.

A ty, Katko? Kdy slavíš svátek a narozeniny? Svátek mám v listopadu – 25. 11. a narozeniny mám v srpnu – 11. 8. **Zdeňku, kdy slavíš narozeniny**? Mám narozeniny 29. února, a tak slavím narozeniny jen jedenkrát za čtyři roky.

Viktore, kdy máš svátek? Mám svátek 28. července. Ale my ve Švýcarsku svátek neslavíme. Svátek slavím jen tady v České republice.

Bude slavit tvůj otec, Viktore, narozeniny v Praze, nebo ve Švýcarsku? Bude slavit tady v Praze, příští týden – to je 30. března.

Ü 10
krásně — ošklivě, mladě — staře, rychle — pomalu, aktivně — pasivně, optimisticky — pesimisticky, dobře — špatně, nově — staře, bíle — černě, vesele/veselo — smutně/smutno, lacině/lacino — draze/draho, jednoduše — komplikovaně, silně — slabě, teple/teplo — studeně/zima

Ü 12
jasno — slunce — zataženo — mlhy — teploty — až — noční — vítr — sekundu

Ü 13
Bylo pěkně teplo. Celý den pršelo. Bylo jasno až polojasno. Foukal slabý severní vítr. Byla mlha. Bylo/a zima. V noci přišel déšť.
Byl krásný teplý den. Svítilo slunce. Noční teploty byly 10 stupňů. Bylo zataženo. Počasí bylo špatné. Bylo 5 stupňů. Bylo oblačno.

Ü 14
V Madridu je jasno a velmi teplo, od rána svítí slunce, teploty jsou 27 až 32 stupňů.
V Moskvě je zataženo, déšť. Fouká studený vítr. Teploty jsou 8 až 10 °C.
V Bombaji momentálně prší, ale je moc teplo, teplota 34°C.
V Hamburku je jasno, ale zima, silný severní vítr. Maximální denní teploty 10 až 15°C.
V Praze je polojasno, pěkně teplo. Slunce svítí, teplota asi 25 °C.

Ü 16
Bob přijel v pátek šestnáctého května autobusem. Kdy autobus odjel? Jezdíš raději autem nebo vlakem? Petře, přijdeš/přijedeš dnes večer? Kdy odešel? Na univerzitu přichází/přijíždí vždycky v 10 hodin. Příjezd vlaku je v 15.30 hod. a odjezd v 15.35 hod.

ŽIVOTOPIS – ROČNÍ OBDOBÍ

T1 Jak psát životopis?

1

track 20

Životopis

Jméno:	Kateřina Horová
Datum narození:	11.8.1977
Místo narození:	Brno
Bydliště:	Zborovská 4, 150 00 Praha 5
Telefon:	257 489 133, 607 123 456
E-mail:	k.horova@volny.cz
Rodinný stav:	svobodná
Vzdělání:	1983–1991 základní jazyková škola v Brně 1991–1995 gymnázium v Brně 1995–1999 Fakulta sociálních věd UK v Praze 1999–2000 stipendijní pobyt na univerzitě v Berlíně
Jazykové znalosti:	velmi dobře německy a rusky, konverzačně anglicky
Praxe:	studijní praxe 2 měsíce v Sociálním institutu v Praze administrativní práce – ministerstvo práce
Další znalosti:	práce s PC [Word, Excel], řidičský průkaz
Zájmy:	sport, cestování, hudba
Datum, podpis:	Praha, 21.5.2000 Kateřina Horová

2 ŽIVOTOPIS

Jmenuji se Jan Novotný. Bydlím v Ostravě 1, 28. října 1, 701 00. Narodil jsem se 13.5.1975 v Jihlavě. Můj otec Josef Novotný je automechanik, matka Iva Novotná pracuje jako sekretářka. Nemám sourozence. Jsem ženatý, manželka Petra je učitelka. Mám jedno dítě. V letech 1982 až 1990 jsem navštěvoval základní školu v Ostravě, potom jsem studoval 4 roky na střední škole elektrotechnické, maturitu jsem složil v roce 1994. Roku 1995 jsem absolvoval základní vojenskou službu. Od roku 1996 pracuji ve firmě Traktory s.r.o. jako obchodní manažer. Absolvoval jsem kurzy – základy PC (1997 – f. Computer), manažerské školení (1998 – f. Best Top). V roce 1998 jsem se oženil s Petrou Veselou a roku 1999 se nám narodila dcera Tereza. Umím dobře pracovat s PC, mám jen základní znalosti němčiny a angličtiny. Moje hobby jsou internet, PC, mobilní komunikace, cestování, práce s lidmi.

V Ostravě, 21.5.2000 *Jan Novotný*

3 ŽIVOTOPIS

ing. Veronika Májová, rozená Hradská (* 12.10.1968 v Brně), vdaná, 1 syn

1975–83	základní škola v Brně
1983–87	obchodní akademie v Brně
1987–88	kurz němčiny v Marburku
1988–93	Vysoká škola ekonomická v Praze
1990–92	studijní praxe v Logica s.r.o., Praha
1993–95	vedoucí marketingového oddělení ve firmě AFIN, Brno
1994	kurz personalistiky
1995	sňatek s ing. Janem Májem
1995	narození syna Jana
1995–98	mateřská dovolená
1997–98	intenzivní kurz angličtiny
1999	manažerka firmy AFIN, Brno
1999	práce na marketingové studii

Brno, 21. května 2000

Veronika Májová
Legerova ulice 19
602 00 Brno

! Wie liest man Jahreszahlen? 1990 **roku/v roce** tisíc devět set devadesát / devatenáct set devadesát
1990–95 (**v letech**) 1990 **až** (19)95 / **od roku** 1990 **do roku** (19)95

▸▸ 1. Welche Art von Lebensläufen würden Sie schreiben:

1. jako žádost o místo
2. při psaní slohové práce na téma *Můj životopis*
3. na své webové stránce
4. jako informaci k vaší nové publikaci.

▸▸ 2. Welche Informationen sind Ihrer Meinung nach in diesen Lebensläufen überflüssig und welche wiederum fehlen?

bydliště	Wohnort
další	r,e,s weitere
datum narození	Geburtsdatum
ministerstvo	Ministerium
místo narození	Geburtsort
pobyt	Aufenthalt
podpis	Unterschrift
roční období	Jahreszeit
rodinný stav	Familienstand
řidičský průkaz	Führerschein
svobodný,á,é	ledig
věda	Wissenschaft
vzdělání	Ausbildung
základní škola	Grundschule
znalost	Kenntnis
životopis	Lebenslauf

letopočet	Jahreszahl
mateřská dovolená	Mutterschaftsurlaub
maturita	Abitur
narodit se	geboren werden
nám	uns
obchodní	Handels-, Geschäfts-
oddělení	Abteilung
oženit se (*p.*) **s/se**	heiraten (eine Frau)
rozená	geboren
s lidmi	mit Menschen
složit m.	A. ablegen
sňatek	Heirat
sourozenci	Geschwister
s.r.o.	GmbH
střední škola	Mittelschule
školení	Schulung
vdaná	verheiratet (F)
v letech	in den Jahren
vysoká škola	Hochschule
vedoucí	Leiter/in
základní vojenská služba	Wehrdienst
ženatý	verheiratet (M)

k/ke +*D*	zu
psaní	Schreiben
slohová práce	Aufsatz
webová stránka	Webseite
žádost o místo	Bewerbung, Stellengesuch

▸▸ **3.** **Erzählen Sie Veronikas Lebenslauf in der Form von Lebenslauf Nr. 2:**
Schreiben Sie Jans Lebenslauf in der Form von Lebenslauf Nr. 3:

▸▸ **4.** **Das Tschechische unterscheidet bei seinen Entsprechungen für die Wörter *verheiratet* und *heiraten*, ob von einer Frau oder einem Mann die Rede ist. Ergänzen Sie die fehlenden Wörter nach T 1:**

Jan Novotný je . . . .

Veronika Májová je . . . .

Veronika Hradská a ing. Jan Máj **se vzali.**
Kateřina je ještě . . . .
A vy?

Oženil se . . . . Petrou Veselou.
Vzal si Petru Veselou.
Vdala se za inženýra Jana Máje.
Vzala si. . . . .

§1 DATIV SINGULAR

? Dem Dativ sind wir bisher nur in Verbindungen wie *k narozeninám* oder bei Personalpronomina begegnet. Unterstreichen Sie die Dativform in den bereits bekannten Sätzen: *Líbí se ti Praha? Ano, Praha se mi líbí. To je mi líto. Koupím si nový svetr. Přineste mi jídelní lístek. Já si dám jedno pivo. Co mi doporučujete? Doufám, že ti víno bude chutnat.*

? Finden Sie in dieser Tabelle Ihnen bereits bekannte Formen? Welchen Fall indizieren sie? . . . .

Co máš proti ...? Was hast du gegen ...? **KOMU? ČEMU?** Wem? Was?

Pronomen „hart“		Pronomen „weich“		Adjektiv „hart“		Adjektiv „weich“		Substantiv			Genus	
	omu	naš	**emu**		**ému**		**ímu**	pán	**ovi/u**	„hart“	**Mb**	1
								muž	**i**	„weich“		
								hrad	**u**	„hart“	**Mu**	
								stroj	**i**	„weich“		
t jedn	**é**	naš moj	**í**	nov m	**é**	modern jej	**í**	žen	**ě**		**F**	2
								růž	**i**			
								písn				
								kost				
	omu	naš	**emu**		**ému**		**ímu**	měst	**u**		**N**	
								kuřet	**i**			
								moř				
								nádraž	**í**			

√[1] Was die Endungen der Substantive betrifft, so sind die Parallelen zwischen dem Dativ Singular und dem Lokativ Singular deutlich ☞ **L 4 § 2**. Dies trifft auch für die Sonderregeln zu: so kommt die Endung ***-ovi*** wie im L Sg. auch bei Maskulina des Typs *kolega* vor, die im Singular sonst wie *žena* dekliniert werden; bei einer Kombination von Maskulina des Typs *pán* kommt auch die Endung ***-u*** vor, bei dem letzten dieser Maskulina bleibt die Endung ***-ovi*** erhalten: *Jan**ovi*** vs. *Jan**u** Novák**ovi**, pan**u** Jan**u** Novák**ovi**, pan**u** profesor**u** Jan**u** Novák**ovi***.

√[2] Bei **F** auf ***-ha, -cha, -ka, -ga, -ra*** kommt es wie im L zu einem Konsonantenwechsel: *Praha — k Praze, sprcha — sprše, Amerika — Americe, Olga — Olze, opera — opeře*, F auf *-la, -za, -sa* haben die Endung *-e* wie *ke škole.*

ERSCHEINUNGSFORMEN DES DATIVS:

1. Objekt (Vb + D)			2. das zweite Objekt	3. Altersangabe Kolik je *ti/vám* let?	4. Präposition + D
			Dat. Akk.	Wie alt bist du/sind Sie?	
rozumět	verstehen jn.!	Rozumím přítel**i**.	Koupím **matce** knihu.	Je **mi** 20 let/roků.	**k/ke** zu k přítel**i**
(za)volat	anrufen jn.!	Volal Viktorov**i**.	Dal/daroval **mi** knihu	Katc**e** je 24 let/roků.	**proti** gegen proti Petrov**i**
	rufen	Volal Viktor**a**. -**A**	Říkal **mi**, vyprávěl **mi**, psal **mi**, poslal **mi**...	Dědečk**ovi** je 70 let/roků.	**proti, naproti** gegenüber proti pošt**ě**
telefonovat		Telefonovala **ti**	Koupím **si** ich kaufe mir, für mich	Evič**ce** jsou 2/3/4 roky.	**kvůli** wegen kvůli otc**i**
věřit	glauben	Věřím přítelkyn**i**.	dám **si**, vezmu **si**, přeju **si** ...		**díky** dank díky mat**ce**
hodit se	passen	To se **mi** hodí.	(durch reflexive Form werden Handlungen zugunsten des Agens ausgedrückt)		
patřit	gehören	**Komu** to patří?	☞ **L 9 § 4**		
líbit se	gefallen	Brat**rovi** se to líbí.			
pomáhat	helfen	Pomáhá sest**ře**.			

▸▸ 1. Bilden Sie Dativformen:

Ta kniha patří (můj kamarád, ten nový student, vaše malá sestra, pan Veselý, její přítel, jejich rodina). Stojí proti (moderní kino, staré nádraží, vysoký dům, Národní muzeum, jeho firma, velká banka). Jedeme k (Černé moře, babička, moje rodina, Petr a Zuzana, obchodní dům, náš kolega, parkoviště). Kolik je komu let? (Kateřina – 24, jeho tatínek – 61, náš nový šéf – 45, moje sestřenice – 4, vy – ?)

T2 Češi ve světě

Lesen und übersetzen Sie mithilfe eines Wörterbuchs. Beantworten Sie die Fragen zu den Texten:

Miloš Forman

Filmový režisér Miloš Forman se narodil roku 1932 v Čáslavi. V roce 1956 ukončil FAMU (Filmovou akademii múzických umění) v Praze. V letech 1956–62 pracoval jako dramaturg Československé televize a později Laterny magiky. V letech 1962–72 byl režisérem filmového studia Barrandov. Od roku 1968 žije legálně v USA, v roce 1977 dostal americké občanství. Pracuje jako pedagog na Filmové fakultě Kolumbijské univerzity v New Yorku. Je reprezentantem „nové vlny" československého filmu v šedesátých letech (*Černý Petr*, *Lásky jedné plavovlásky*, *Hoří má panenko*). V USA měl světový úspěch s filmy *Přelet nad kukaččím hnízdem* (5 Oskarů) a *Amadeus* (8 Oskarů). Úspěšné byly ale také filmy *Vlasy*, *Regtime*, *Valmont*, *Lid versus Larry Flynt*.

Madelaine Albrightová

Madelaine Albrightová (rozená Marie Jana Korbelová), americká politička, se narodila 15.5.1937 v rodině československého diplomata. V roce 1948 rodina emigrovala do USA. Od roku 1958 má Albrightová americké státní občanství. Studovala politické vědy na Wellesley College (bakalářský titul), dále studovala na Johns Hopkins University, na Ruském institutu Columbia University a titul master a doktorát získala na Katedře veřejného práva. Potom byla profesorkou na univerzitě v Georgetownu. V sedmdesátých letech začala být aktivní v Demokratické straně. V letech 1993-97 byla velvyslankyní USA v OSN. Od roku 1997 do roku 2000 byla první ženou ve funkci ministryně zahraničních věcí USA.

☞ In den Sätzen ... *byla* ***profesorkou*** *na univerzitě* ..., ...***velvyslankyní*** *USA*..., ...***první ženou*** *ve funkci* ... steht der sog. **prädikative Instrumental**, der eine vorübergehende Eigenschaft ausdrückt – im Unterschied zum prädikativen Nominativ, der eine relativ stabile Eigenschaft ausdrückt: *M. Albrightová je* ***americká politička***.

	Miloš Forman	Madelaine Albrightová
Jaké povolání mají?	. . . .	. . . .
Kde žijí?	. . . .	. . . .
Kdy a kde se narodili?	. . . .	. . . .
Jakou vysokou školu vystudovali?	. . . .	. . . .
Od kdy mají americké státní občanství?	. . . .	. . . .
Co bylo jejich velkým úspěchem?	. . . .	. . . .

§2 DEKLINATION DER PERSONALPRONOMINA

N		JÁ	TY	ON	ONA	ONO	MY	VY	ONI
G	unbetont	**mě**	tě	Ptá se **ho.**	**jí**	**ho**	**nás**	**vás**	**jich**
	betont	**mne (mě)**	tebe	**Jeho/Jej** se ptá.		**jeho/jej**			
	nach Präposition			Sedí vedle **něho/něj.**	**ní**	**něho/něj**			**nich**
D	unbetont	**mi**	ti	Rozumí **mu.**	**jí**	**mu**	**nám**	**vám**	**jim**
	betont	**mně**	tobě	**Jemu** rozumí.		**jemu**			
	nach Präposition			Jdu k **němu.**	**ní**	**němu**			**nim**
A	unbetont	**mě**	tě	Nezná **ho.**	**ji**	**ho**	**nás**	**vás**	**je**
	betont	**mne (mě)**	tebe	**Jeho/jej** nezná.		**je/jej**			
	nach Präposition			To je pro **něho/něj.**	**ni**	**ně/něj**			**ně**
L		**mně**	tobě	Mluví o **něm.**	**ní**	**něm**	**nás**	**vás**	**nich**
I	unbetont/betont	**mnou**	tebou	Zabývá se **jím.**/**Jím** se zabývá.	**jí**	**jím**	**námi**	**vámi**	**jimi**
	nach Präposition			Jde s **ním.**	**ní**	**ním**			**nimi**

✓ Die unbetonte/kurze Form steht immer hinter dem ersten betonten Glied bzw. Satzglied. ☞ **L 9 § 3**

✓ Die betonte/lange Form wird bei Hervorhebung (oft am Satzanfang) sowie nach einer Präposition verwendet.

✓ Nach der Präposition wird ***j-*** im Anlaut zu ***n-*** [ň-].

✓ Bei dem Personalpronomen ***já*** kann im G und A auch die Kurzform ***mě*** benutzt werden.

▸▸ 1. Welche von den Formen des Pronomens *ty* müssen Sie in den folgenden Sätzen verwenden? Warum?

To se . . . . líbí. Pavel . . . . neviděl. Kdo půjde s . . . . do kina? . . . . to nezajímá. Zuzana o . . . . včera mluvila? Co . . . . chce tatínek ukázat? Seděl v divadle před . . . . koupil Ivan květiny a Petrovi láhev vína. Ten Američan . . . . vůbec nerozumí. Proč se . . . . pan profesor nezeptal? Nedíval se na . . . . Dal to . . . . , a ne mně.

➲ Setzen Sie nun der Reihe nach die übrigen Personalpronomina in ▸▸1 ein:

▸▸ 2. Ersetzen Sie die Ausdrücke nach der Präposition durch Personalpronomen:

*pro Ivanu – **pro ni***

k profesoru Jirákovi, u babičky a dědečka, od přítelkyně Petry, s kamarádem, proti kinu, před obchodním domem, kvůli Viktorovi, za parkem, se mnou a Zuzanou, díky naší učitelce, dívám se na knihu, vedle otce a matky, s přáteli, od strýce, kvůli mně a Evě, nad skříní, kolem knihkupectví, ze stolu, pro bratrance a sestřenici, zajímám se o politiku, mluví o literatuře, na posteli, u Petra a Ivy.

T3 Naše chalupa a čtyři roční období

(Slohová práce Kateřiny, žákyně 5. třídy)

track 21 *Naše chalupa leží na Českomoravské vysočině asi 30 kilometrů na západ od Brna. Jezdíme tam s tatínkem a maminkou jednou za měsíc, ale taky na Vánoce, Velikonoce a hlavně na letní prázdniny. Stojí na kopci na kraji lesa a je od ní krásný výhled široko daleko.*

Českomoravská vysočina	Böhmisch-mährische Höhe
kopec	Hügel
kraj	Rand
letní prázdniny *Pl.*	Sommerferien
na západ	im Westen
slohová práce	Aufsatz
široko daleko	weit u. breit
třída	Klasse
Vánoce *Pl.*	Weihnachten
za měsíc	in einem Monat
žákyně	Schülerin

Zima

V zimě mám naši chalupu nejraději. Krajina je bílá, všude leží sníh. Můžu se sestrou lyžovat a sáňkovat. Když je velký mráz, chodíme na blízký rybník bruslit. Je tam vždycky moc veselo, protože tam jsou taky kluci a holky z vesnice.

Jaro

Na jaro se po zimě vždycky moc těším. Konečně je zase teplo. Příroda je zelená, cesty jsou už suché, a tak můžu běhat v lese, nebo jezdit na kole. Rodiče rádi pracují na zahradě a já jim musím bohužel často pomáhat.

Léto

Léto – to jsou pro mě barevné louky a prázdniny. Líbí se mi, když se můžu z okna dívat na letní bouřku s hromy a blesky a hned po bouřce jít zase ven. Raději mám ale slunce a vůbec mi nevadí vedro. Děláme výlety do okolí, chodíme se koupat k rybníku nebo jen tak lenošíme.

Podzim

Podzim nemám moc ráda, protože končí prázdniny a začíná zase škola. Ale maminka ho miluje. Líbí se jí, že je příroda krásně barevná, že má na zahradě velkou úrodu, že může chodit do lesa na houby a že už není tak vedro. Když v listopadu padá listí, těším se, že už brzy bude padat sníh a brzy přijdou Vánoce.

bouřka	Gewitter
bruslit	Schlittschuh laufen
cesta	Weg
jaro	Frühling
hrom, blesk	Donner, Blitz
kluk, holka	Bube, Mädel
konečně	endlich
koupat se *(i.)*	baden
krajina	Landschaft
léto	Sommer
listí	Laub
louka	Wiese
mráz	Frost
padat *(i.)*	fallen
podzim	Herbst
pomáhat *(i.)*	helfen
rybník	Teich
suchý,á,é	trocken
sáňkovat *(i.)*	rodeln
sníh	Schnee
úroda	Ernte
vedro	Hitze
ven	hinaus
všude	überall
zima	Winter

▸▸ 1. Auf welche Jahreszeiten beziehen sich diese Redewendungen?

PSÍ POČASÍ
Hundewetter, Sauwetter

APRÍLOVÉ POČASÍ
Aprilwetter

POČASÍ, ŽE BYS PSA NEVYHNAL
ein Wetter, bei dem man keinen Hund vor die Tür jagt

LEJE JAKO Z KONVE
es gießt in Strömen (wie aus einer Kanne)

MRZNE, AŽ KOSTI PRAŠTÍ
es friert Stein und Bein

BABÍ LÉTO
Altweibersommer / Indianersommer

▸▸ 2. Welches Wetter stellen diese Symbole dar?

▸▸ 3. Merken Sie sich:

jaro — léto — podzim — zima

na jaře — **v létě** — **na podzim** — **v zimě**

jarní počasí — **letní** — **podzimní** — **zimní**

▸▸ 4. Beantworten Sie die Fragen mit Substantiven, die eine „Wasserfläche" (*vodní plocha*) bezeichnen:

Kam jedete? *rybník* ***Jedeme k rybníku.*** Wir fahren an den Teich.
Kde jste byli? ***Byli jsme u rybníka.*** Wir waren am Teich.

Černé moře — jezero — Atlantický oceán — řeka — Dunaj — přehrada — Baltské moře — Balaton — Bodamské jezero — Vltava — Jaderské moře — Rýn — Starnberské jezero

jezero	r See
řeka	Fluss

§3 WORTFOLGE DER ENKLITIKA

Enklitika sind kurze, meist einsilbige unbetonte Wörter, die sich an andere Wörter anschließen. Im Satz stehen sie hinter dem ersten betonten Glied.

Enklitika sind:	1. Formen des Hilfsverbs ***být*** (*jsem, jsi..., bych, bys...*) ☞ **L 5 § 1**	Dnes *jsem* pracoval.
	2. Reflexivpronomina ***se, si***	Petr *si* dal kávu.
	3. unbetonte Formen der Personalpronomina (***mi, mu, ji, ho***...)	Koupila *mi* (D) *ho* (A) tam.
potenziell betonbar sind	4. Demonstrativpronomen ***to***	Dnes *to* napíšu./To napíšu dnes.
	5. die adverbialen Ausdrücke (***tu, tam, teď, už, tak***...)	Dnes *tam* napíšu./Tam napíšu dnes.
	6. Präposition + Personalpronomen (***s ním, k němu***...)	Dnes *to s ní* napíšu./S ní *to* napíšu dnes.

Die Reihenfolge der Enklitika im Satz: Punkte 1 → 6

	1	2.	3.		
Chtěl	**jsem** (Hilfsverb)	**se** (Reflexivpronomen)	**ho** (Personalpronomen)	na ni zeptat.	Ich wollte ihn nach ihr fragen.
	3.	4.	5.		
Petr	**mi** (Personalpron.)	**to** (Demonstrativpron.)	**tam** (kurzes Adverb)	dal.	Petr gab es mir dort.

✓ Die Enklitika 1–3 können nicht hinter den unbetonten Konjunktionen ***a, ale, i*** stehen. ☞ **L 6 § 2**
V knihkupectví měli nový slovník, ale nekoupila *jsem si ho*. Petr *si ho* koupil, ale já *jsem si ho* nekoupila.

▸▸ 1. Bilden Sie die Sätze ohne Personalpronomen im Subjekt:

Ty jsi mu netelefonoval. → ***Netelefonoval jsi mu.***
Já jsem jim to neřekl. Ty jsi tam s ním šla? Ona si to taky koupí. Oni se už asi vrátili. On se tam narodil. Já jsem se s ní oženil minulý týden. My jsme se to už učili. Vy jste se tam s ní setkali.

▸▸ 2. Verschieben Sie die unterstrichenen Ausdrücke an den Satzanfang:

Prosil jsem ho už. → ***Už jsem ho prosil.***
Neřekli jsme mu to. Včera jsem se tam byl podívat. Nejel jsem tam s nimi. Na něco se vás chci zeptat. Včera mu bylo 20 let. Nechtěla jsem to tak dělat často. Bude vás to asi zajímat. Znal jsem ho dobře. Měli jsme se tam včera setkat. Líbilo se nám to moc. Neučil jsem se novou gramatiku.

▸▸ 3. Verwenden Sie an der ersten – zu betonenden – Stelle alle Ausdrücke, die dort stehen können:

Nechtěl jsem mu to včera říkat. → ***Včera jsem mu to nechtěl říkat. To jsem mu včera nechtěl říkat. Říkat jsem mu to včera nechtěl.***
Asi tam na něco čekal. Dnes se mi to moc líbilo. Nemohli jsme tam už jít. Bylo mi to trochu líto. Nesměl jsem se ho na bratra ptát. Všichni jste to už asi četli. Dal jsem mu to ráno na stůl.

§4 DAS REFLEXIVPRONOMEN *SE* „sich“

N		(SE)
G	unbetont	se
	betont	sebe
	nach Präposition	
D	unbetont	si
	betont	sobě
	nach Präposition	
A	unbetont	se
	betont	sebe
	nach Präposition	
L		sobě
I	unbetont	sebou
	betont	
	nach Präposition	

✓ Das Pronomen ***se*** wird analog zu ***ty*** dekliniert, es hat aber keinen Nominativ.

✓ ***se*** drückt Konferenz mit dem Agens aus, das meistens als Subjekt des Satzes auftritt: *myje se* er/sie wäscht sich (selbst) im Gegenteil zu *myje ho* er/sie wäscht ihn, *mluvím o sobě* ich spreche über mich (selbst), *navštěvujeme se (navzájem, jeden druhého)* wir besuchen uns (einander), *znají se* sie kennen sich (einander).

✓ Die Ausdrücke ***vedle sebe, za sebou, po sobě, od sebe***... übersetzt man in der Regel mit dem Pronomen ***einander*** nebeneinander, hintereinander, nacheinander, voneinander... . *Seděli vedle sebe.* Sie saßen nebeneinander.

1. Übersetzen Sie ins Deutsche:

Známe se už dlouho. Nechci to pro sebe. Proč mluvíš jen o sobě? Díval se na sebe do zrcadla. Děti si hrály před domem. Mamince koupil parfém a sobě knihu. V divadle seděli za sebou. Vezmeš si to s sebou? Bydlíme nedaleko od sebe. Naše děti mají k sobě blízko. Pro tebe uvařím kávu a pro sebe čaj. Máme mezi sebou známého sportovce. Viděla jen sebe.

§5 VERBEN MIT REFLEXIVEM *SE* UND *SI*

	se	si
immer reflexiv (kein Pronomen)	**dívat se**, **líbit se**, **ptát se**, **těšit se**, **bát se** (sich) fürchten, **smát se** lachen, **stát se** werden, geschehen...	**sednout si** sich setzen, **odpočinout si** sich ausruhen, **vzpomenout si** sich erinnern...
reflexive Verben (Pronomen)	**mýt se / mýt** (dítě) sich waschen / waschen **oblékat se / oblékat** (dceru) sich anziehen / anziehen **připravovat se / připravovat** s. vorbereiten / vorbereiten **koupat se / koupat** (syna) baden / jn. baden **učit se / učit** lernen/lehren	**koupit si / koupit**, **přát si / přát**, **vzít si / vzít**, **dát si / dát**, **oblékat si /oblékat** (svetr)
sekundär refl. V.	**jmenovat se / jmenovat + A** heißen/nennen **procházet se / projít + A** spazieren gehen / durchgehen **vracet se / vracet + A** zurückkehren/zurückgeben	**hrát si** (s balonem) / **hrát** (tenis, na klavír) **vážit si** (někoho) jn. schätzen / **vážit** wiegen
reziproke Verben	**navštěvovat se**, **znát se**	**pomáhat si** sich (einander) helfen

2. Ergänzen Sie, wo nötig, das reflexive *se/si:*

O víkendu . . . . . často navštěvujeme. — Děti . . . . . hrají každý večer fotbal. — Rád . . . . . koupu v řece. — Musím . . . . . umýt vanu. — Kdy . . . . . vrátili rodiče domů? — Na koncert . . . . . vezmu nový kostým. — Lektor to naučil . . . . . studenty rychle. — Co . . . . . dáš k večeři? — Těším . . . . . na víkend. — Nechce . . . . . mi vrátit tu knihu. — Musíme . . . . . pomáhat. — Zajímá . . . . . o sport. — Co . . . . . přejete? — Maminka . . . . . připravila večeři pro všechny. — Rádi . . . . . procházíme v lese.

P1

On je ženatý, ona je vdaná.
On se s ní oženil, ona se za něho vdala.
Kolik je vám let?
Je mi 25 let.
Má velký úspěch.
Má výhled široko daleko.

ÜA VÝSLOVNOST Aussprache

1. Lesen Sie mit der richtigen Betonung:

track 22

u domu, k **do**mu, **na** domu, **od** domu, s **do**mem, **bez** domu, **o**kolo domu, **pro**ti domu, v **do**mě, v **di**vadle, **ve** škole, **ve** studiu, v **ob**chodě, v **kni**ze, **ve** stole, **ve** Vídni, **ve** středu, v **Ně**mecku, **ve** vodě

2. Entscheiden Sie, ob Sie eine nicht vokalisierte oder eine vokalisierte Präposition benutzen.

(Die Präposition wird vokalisiert, wenn das nachfolgende Wort mit demselben oder einem ähnlichen Laut oder mit einer Konsonantengruppe – 2–3 Konsonanten – anfängt.)

(s/se) sestrou — (z/ze) Prahy — (před/přede) mnou — (z/ze) sešitu — (k/ke) stromu — (v/ve) čtvrtek — (s/se) přáteli — (k/ke) mně — (bez/beze) tebe — (bez/beze) všeho — (k/ke) Karlovi — (z/ze) Žďáru

3. Achten Sie auf Betonung und Rhythmus in den Sätzen mit Enklitika:

track 23

Bratr se ho na to **ze**ptal.
Bratr Karel se ho na to **ze**ptal.
Můj starší bratr Karel se ho na to **ze**ptal.
Až včera se ho na to **bratr ze**ptal.
Na to, co nevěděl, se ho **bra**tr **ze**ptal.
Bratr, který to nevěděl, se ho na to **ze**ptal.

4. Lesen Sie mit richtiger Satzbetonung:

Track 24

Petr koupil chléb. Petr koupil dobrý chléb. Petr koupil velmi dobrý chléb.
Já jsem to nevěděl, ale on ano. Proč jsi tam přišel ty? Ji jsme tam opravdu nečekali.
Také Petr napsal diktát správně. Petr napsal správně také diktát. Petr napsal diktát také správně.

ÜB

1. Finden Sie in diesen Sätzen Fehler?

Moje matka pracuje sekretářkou.
Jsem ženatá.
Mám praxi na Sociálním institutu.
Rok 1999 jsem měla mateřské prázdniny.
Jsou mi 44 let.
Narodila jsem 11. srpna 1977.
Vdala jsem se s ing. Janem Májem.
Mluvím velmi dobře němčinu a angličtinu.
V letech 1995 do 1999 jsem chodil na gymnázium.
Napsala jsem žádost pro místo.

2. Kdy to bylo?

12.4.1968	1985–87	* 22.11.1964
2001-06-15	1948	1888–1900
1938	4.12.1950	2004
1778–1800	1415	28.10.1918

3. Schreiben Sie Ihren Lebenslauf als Anlage zu einem Antrag auf ein Auslandsstipendium:

4. Ergänzen Sie die fehlenden Ausdrücke in den Lebensläufen von M. Forman und M. Albright:

Miloš Forman je filmový . . . . Narodil se . . . . 1932 v Čáslavi. . . . . Filmovou akademii múzických umění v Praze. Potom pracoval . . . . dramaturg Československé televize a později Laterny magiky. . . . . 1962–72 byl režisérem filmového studia Barrandov. Od roku 1968 žije v USA, kde dostal americké státní . . . . Je . . . . „nové vlny“ československého filmu v šedesátých letech. V USA měl světový . . . . s filmy *Přelet nad kukaččím hnízdem a Amadeus*. . . . . byly ale také například filmy Vlasy nebo Ragtime.

Madelaine Albrightová (. . . . . Marie Jana Korbelová) je známá americká . . . . Narodila se 15. 5. 1937 v . . . . československého diplomata. V roce 1948 rodina . . . . do USA. . . . . 1958 má Albrightová americké občanství. Studovala . . . . vědy na Wellesley College (bakalářský titul), ... studovala na Johns Hopkins University, na Ruském . . . . Columbia University a titul master a doktorát . . . . na Katedře veřejného práva. Potom byla . . . . na univerzitě v Georgetownu. Od roku 1970 začala . . . . v Demokratické straně. Byla . . . . USA v OSN. Od roku 1997 do roku 2000 byla . . . . ženou ve funkci . . . . zahraničních věcí USA.

5. Erkennen Sie aus den biographischen Angaben, um welche deutschen Persönlichkeiten es sich handelt?

* 16.10.1927	v Gdaňsku (Danzig)
1933–44	základní škola a gymnázium
1948–52	studium na umělecké akademii v Düsseldorfu
1953–56	studium v Berlíně
1954	sňatek s Annou Schwarzovou
1956/57	první výstava plastik a grafik
1959	první román – Plechový bubínek
1999	kniha – Moje století
1999	Nobelova cena za literaturu
???	. . . .

datum narození:	14.6.1969
místo narození:	Mannheim
bydliště:	Las Vegas, USA
povolání:	podnikatelka, dříve profesionální sportovkyně (22 titulů Grand Slam)
rodiče:	Heidi a Peter
sourozenci:	Michael (*1971), ženatý, dvě děti
manžel:	Andre Agassi
děti:	2 děti
zájmy:	umění, fotografie, hudba, literatura
???	. . . .

Erzählen Sie, was Sie über deren Leben wissen:

Schreiben Sie den Lebenslauf einer bekannten Persönlichkeit als Rätsel:

6. Ergänzen Sie in den Sätzen die vorgegebenen Personalpronomina in der richtigen Form:

1. Proč ses . . . . . nezeptal? (on, my, oni) — 2. Přátelé na . . . . . čekají. (já, ona, ty) — 3. Koupili jsme . . . . . knihu o Praze. (oni, vy, on) — 4. . . . . . ještě dobře neznám. (on, ty, oni). — 5. Půjdeš s . . . . . do kina? (já, my, ona). — 6. Dlouho jsme o . . . . . neslyšeli. (ty, on, oni). — 7. Nechci tam jet bez . . . . . (ona, vy, ty). — 8. Kdy k . . . . . přijedete na návštěvu? (my, oni, já). — 9. Petr seděl mezi . . . . . (já) a . . . . . (ty). — 10. Včera jsem . . . . . neviděl. (ty, ona, oni) — 11. Nechci to dát . . . . . (on), ale . . . . . (ty). — 12. Je . . . . . 50 let. (ona, já, oni)

7. Übersetzen Sie:

von uns — bei euch — ohne sie — neben dir — in ihr — wegen uns — für mich — vor ihn — nach ihnen — mit mir — hinter dir — außer ihnen — gegen uns — zwischen uns und euch — zu ihr — in der Nähe von ihm — mit ihnen — statt euer — gegen dich — unter ihm — unter sie — von ihr — dank dir

8. Nennen Sie die Antonyme zu den folgenden Ausdrücken:

na jaře — letní den — zataženo — je nad nulou — podzim — svítí slunce — jarní počasí — je teplo — fouká studený vítr — v létě — dlouhé noci — déšť — denní teploty — slabý mráz — brzy ráno — léto — krásné počasí

9. Für welche Jahreszeit und insbesondere für welchen Monat ist solches Wetter typisch?

Ráno je často mlha a teploty jsou kolem nuly. Přes den jsou teploty maximálně 10° C, je zataženo, fouká studený vítr. Noci jsou už dlouhé. Je příjemné sedět doma v teple.

. . . .

CHVÍLI PRŠÍ, CHVÍLI SVÍTÍ SLUNCE. CHVÍLI FOUKÁ TEPLÝ VÍTR, CHVÍLI STUDENÝ SEVERNÍ VÍTR. DNY JSOU STEJNĚ DLOUHÉ JAKO NOCI. NEVÍM, JESTLI SI VZÍT TEPLÝ SVETR NEBO LETNÍ KOSTÝM.

. . . .

Je strašné vedro. Slunce svítí celý den, je přes 30°C. Noci jsou tropické, vítr nefouká. Příroda je suchá. Všichni se těší na déšť.

. . . .

Padá sníh. Teplota je často pod nulou. Dny jsou krátké a noci dlouhé. Je velký mráz, na rybníku je led. Je možné lyžovat, sáňkovat nebo bruslit.

. . . .

Příroda už je hezky zelená, přicházejí často bouřky. Ve dne je teplo jako v létě, ale noci můžou být ještě studené, ráno může být také ještě mráz.

. . . .

➲ **Lesen Sie die Texte und schreiben Sie sie dann im Präteritum. Vorsicht bei den subjektlosen Sätzen!**

10. Unterhalten Sie sich mit Ihrem Nachbarn, welche Jahreszeit Sie mögen oder nicht mögen und warum.

➲ **Víte, ...** **které měsíce jsou podzimní měsíce?**
jaké počasí je typické pro srpen?
o jakém počasí říkáme: „Je psí počasí."
jaká byla tento rok zima?
jaké je typické aprílové počasí?
proč říkáme měsíci září „babí léto"?
„Ani psa by nevyhnal."
A jaké bylo léto?

12. Heben Sie die Wörter in Klammern hervor, indem Sie sie an den Satzanfang stellen:

Znal jsem ho. (dobře) → ***Dobře jsem ho znal.***

Mohli jsme to udělat. (snad) — Měli jsme se tam setkat. (včera) — Něco jsme o nich slyšeli. (už) — Líbilo se mi to. (dnes) — Nemohl jsem se na to zeptat. (potom) — Zajímal jsem se o ni. (já) — Neučil se to. (Petr)

➲ **Beginnen Sie den Satz mit „Myslím, že ..." („Ich denke, dass ..."):**

Mohli jsme mu ji dát. → ***Myslím, že jsme mu ji mohli dát.***

Včera tě tu Pavel hledal. Ještě jsem ti chtěl něco ukázat. Zítra ho ještě uvidím. Zapomněl jsi mu napsat. Bude ti trochu zima. Měli jsme tam málo času. Čekal jsem na ně už dost dlouho. Koupím si to raději příští měsíc. Vůbec se mu to nelíbilo. Už jsem to měla udělat.

13. Hörübung. Ergänzen Sie die Informationen:

track 25

Můj strýc Adam

jméno: . . . .
rodinný stav: . . . .
děti: . . . .
datum a místo narození: . . . .
povolání rodičů: . . . .
sourozenci: . . . .
školy: . . . . základní škola v . . . .
. . . . gymnázium v . . . .
. . . . maturita . . . .
povolání: . . . .
zájmy: . . . .
charakter: . . . .

➲ **Schreiben Sie den letzten Teil des Textes als Diktat:**

T4 KDO JE ...? Wer ist ...?

track 26

Josef Lada (1887–1957), významný český malíř, karikaturista, ilustrátor knih pro děti i dospělé (například geniální ilustrace románu Jaroslava Haška „Osudy dobrého vojáka Švejka" nebo příběhy kocoura Mikeše); jeho obrázky – dodnes reprodukované – se staly symbolem českého venkova, přírody, Vánoc nebo Velikonoc.

dodnes	bis heute
dospělý,á,é	erwachsen
kocour	Kater
například	zum Beispiel
Osudy dobrého vojáka Š.	Die Abenteuer des braven Soldaten Schwejk
příběh	Geschichte
reprodukovaný	reproduziert
významný	bedeutend

T5 KDE JE ...? Wo ist ...?

track 27

Říp

je hora nedaleko Labe s románskou rotundou. Podle české mytologie sem přivedl praotec Čech svůj národ. Krajina kolem Řípu se mu zalíbila, a proto se tam národ Čechů usadil.

krajina	Landschaft
nedaleko	nicht weit
praotec	Urvater
přivést *(p.)*	bringen
sem	hierher
svůj národ	sein Volk
usadit se	sich niederlassen

T6 VÍTE, ŽE ... Wissen Sie, dass ...

... der satirische Roman *Die Abenteuer des braven Soldaten Schwejk* von Jaroslav Hašek in 51 Sprachen übersetzt wurde?

P2

ČESKÉ PŘÍSLOVÍ
Jedna vlaštovka jaro nedělá.

V1

		Anwendung	Antonym
blesk *m*	Blitz	hromy a blesky	
bouřka *f*	Gewitter	přišla letní ~	
bruslit,-ím *(i.)*	Schlittschuh laufen	chodit ~	
bydliště *n*	Wohnort		
Českomoravská vysočina *f*	Böhmisch-mährische Höhe	na Českomoravské vysočině	
další	r,e,s weitere, nächste	~ znalosti	
holka *f*	Mädel	holky a kluci	
houby *f Pl.*	Pilze	chodit na ~	
hrom *m*	Donner	hromy a blesky	
jaro *n*	Frühling, Frühjahr	na jaře	podzim
jezero *n*	r See	Starnberské ~	
kluk *m*	Bube	kluci a holky	
konečně	endlich	~ je jaro tady	
kopec,-pce *m*	Hügel	na kopci	
koupat se, koupu *(i.)*	baden	~ v rybníku	
kraj *m*	Rand, Gegend	na kraji lesa	
krajina *f*	Landschaft	~ je bílá	
letní	Sommer-	~ prázdniny	zimní
léto *n*	Sommer	v létě	zima
letopočet,-čtu *m*	Jahreszahl		
louka *f*	Wiese	barevná ~	
mateřská dovolená *f*	Mutterschaftsurlaub	mít mateřskou dovolenou	
maturita *f*	Abitur	udělat/složit maturitu	
ministerstvo *n*	Ministerium	pracovat na ministerstvu	
ministr/yně	Minister/in	~ zahraničních věcí	
narození *n*	Geburt	datum ~	
občanství *n*	Staatsbürgerschaft	státní ~	
obchodní	Handels-, Geschäfts-	~ akademie	
oddělení *n*	Abteilung	vedoucí ~	

oženit se,-ím *(p.)* s/se +*I*	heiraten (eine Frau)	~ se s Petrou	
padat,-ám *(i.)*	fallen	~ sníh	
pobyt *m*	Aufenthalt	stipendijní ~	
podpis *m*	Unterschrift		
podzim *m*	Herbst	na podzim	jaro
pomoct, pomohu/pomůžu *(p.)*			
pomáhat,-ám	helfen	~ na zahradě	
prázdniny *f Pl.*	Ferien	letní ~	
psaní *n*	Schreiben		
roční období *n*	Jahreszeit	které ~ máte rád?	
rodinný stav *m*	Familienstand		
rozená *f*	geboren	Veronika Májová, ~ Hradská	
rybník,-a *m*	Teich	bruslit na rybníku	
řeka *f*	Fluss	~ Vltava	
řidičský průkaz *m*	Führerschein	mít ~	
s.r.o.	GmbH		
sáňkovat,-uji/u *(i.)*	rodeln	chodit ~	
slohová práce *f*	Aufsatz	psát slohovou práci	
složit,-ím *(p.)* **maturitu**	Abitur ablegen		
sňatek,-tku *m*	Heirat		
sníh, sněhu *m*	Schnee	moc sněhu	
sourozenci *m Pl.*	Geschwister		
střední škola *f*	Mittelschule	studovat na střední škole	
suchý,á,é	trocken	cesty jsou suché	mokrý
svobodný,á,é	ledig	Petr je ~	ženatý, vdaná
svatba *f*	Hochzeit	slavit svatbu	
široko daleko	weit und breit		
školení *n*	Schulung	mít ~	
třída *f*	Klasse	pátá ~	
úroda *f*	Ernte	mít velkou úrodu	
Vánoce *Pl.*	Weihnachten	na ~	
vdaná	verheiratet	ona je vdaná	svobodná
vdát se,-ám *(p.) za +A*	heiraten (einen Mann)	~ se za Jana	
věda *f*	Wissenschaft	fakulta sociálních věd	
vedoucí *m, f*	Leiter/in	pracovat jako ~	
vedro *n*	Hitze	je ~	
velvyslan/ec,-kyně *m, f*	Botschafter/in	je velvyslankyní USA	
ven	hinaus	jít ~	
vlna *f*	Welle	„nová ~" československého filmu	
všude	überall	~ je sníh	
vysoká škola *f*	Hochschule	studovat na vysoké škole	
vzdělání *n*	Ausbildung, Bildung	vysokoškolské ~	
vzít se, vezmeme se *(p.)*	heiraten, wir werden heiraten	Jan a Petra se vzali	
vzít si, vezmu *(p.) +A*	(jemanden) heiraten	~ Petru, Jana	
webová stránka *f*	Webseite	psát na webovou stránku	
základní	Grund-	základní škola	
základní vojenská služba *f*	Wehrdienst	absolvovat základní vojenskou službu	
západ *m*	Westen	na ~ od Brna	východ
zima *f*	Winter	v ziměl	éto
znalost,-i *f*	Kenntnis	jazykové znalosti	
žádost,-i *f*	Gesuch, Bewerbung	žádost o místo	
žák/yně *m, f*	Schüler/in	~ páté třídy	

ženatý *m*	verheiratet	on je ~
životopis *m*	Lebenslauf	

V2

dodnes	bis heute	~ reprodukované obrázky
dospělý,á,é	r,e Erwachsene, erwachsen	knihy pro dospělé
kocour *m*	Kater	~ Mikeš
národ *m*	Volk	přivedl sem svůj ~
nedaleko	nicht weit	~ od Prahy
příběh *m*	Geschichte	~ kocoura Mikeše
přivést, přivedu *(p.)*	bringen	~ sem národ
reprodukovaný,á,é	reproduziert	reprodukované obrázky
sem	hierher	přijít ~
usadit se,-ím *(p.)*	sich niederlassen	národ se tady usadil
významný,á,é	bedeutend	~ malíř

Jedna vlaštovka jaro nedělá. Eine Schwalbe macht noch keinen Sommer.

Schlüssel zu den Übungen:

Ü 1
jako sekretářka — narodila jsem se — jsem vdaná — za ing. Jana Máje — v Sociálním institutu — německy a anglicky — roku 1999, mateřskou dovolenou — v letech 1995 až 1999 — je mi 44 let — žádost o místo

Ü 6
1. ho, nás, jich — 2. mě/mne, ni, tebe — 3. jim, vám, mu — 4. jeho, tebe, je — 5. mnou, námi, ní — 6. tobě, něm, nich — 7. ní, vás, tebe — 8. nám, nim, mně — 9. mnou, tebou — 10. tě, ji, je — 11. jemu, tobě — 12. jí, mi, jim

Ü 7
od nás — u vás — bez ní/nich — vedle tebe — v ní — kvůli nám — pro mne/mě — před něho — po nich — se mnou — za tebou — kromě nich — proti nám — mezi námi a vámi — k ní — blízko něho — s nimi — místo vás — proti tobě — pod ním — pod ni/ně — od ní — díky tobě

Ü 8
na podzim — zimní den — jasno — je pod nulou — jaro — prší — podzimní počasí — je zima — fouká teplý vítr — v zimě — krátké dny — slunce — noční teploty — silný mráz — pozdě večer — zima — ošklivé počasí

Ü 9
Ráno byla často mlha a teploty byly kolem nuly. Přes den byly teploty maximálně 10° C, bylo zataženo, foukal studený vítr. Noci byly už dlouhé. Bylo příjemné sedět doma v teple.
Chvíli pršelo, chvíli svítilo slunce. Chvíli foukal teplý vítr, chvíli studený severní vítr. Dny byly stejně dlouhé jako noci. Nevěděla jsem, jestli si vzít teplý svetr nebo letní kostým.
Bylo strašné vedro. Slunce svítilo celý den, bylo přes 30° C. Noci byly tropické, vítr nefoukal. Příroda byla suchá. Všichni se těšili na déšť.
Padal sníh. Teplota byla často pod nulou. Dny byly krátké a noci dlouhé. Byl velký mráz, na rybníku byl led. Bylo možné lyžovat, sáňkovat nebo bruslit.
Příroda byla už hezky zelená. Přicházely často bouřky. Ve dne bylo teplo, ale noci mohly být ještě studené, ráno mohl být ještě mráz.

Ü 12

Snad jsme to mohli udělat. Včera jsme se tam měli setkat. Už jsme o nich něco slyšeli. Dnes se mi to líbilo. Potom jsem se na to nemohl zeptat. Já jsem se o ni zajímal. Petr se to neučil.

➲ Myslím, že tě tu Pavel včera/včera Pavel hledal. ..., že jsem ti chtěl něco ukázat. ..., že ho zítra ještě uvidím. ..., že jsi mu zapomněl napsat. ..., že ti bude trochu zima. ..., že jsme tam měli málo času. ..., že jsem na ně čekal už/už čekal dost dlouho. ..., že si to raději koupím/koupím raději příští měsíc. ..., že se mu to vůbec nelíbilo. ..., že jsem to už měla/měla už udělat.

Ü 13

Z celé naší rodiny mám nejraději strýce Adama. Narodil se 31.12. 1950 ve Vídni jako třetí a poslední syn. Jeho otec Adam Nový senior tam pracoval jako kulturní atašé, matka byla žena v domácnosti. Ve Vídni navštěvoval od roku 1957 do roku 1965 základní školu, ale do gymnázia začal chodit v Praze v roce 1966. Nebyl moc dobrý student, a tak musel jeden rok na gymnáziu opakovat. Maturitu složil až v roce 1971. Ale hrál moc dobře na saxofon ve školním džezovém orchestru, dělal amatérské divadlo a taky byl výborný fotbalista.

➲ diktát:

Otec a matka z něho chtěli mít diplomata, ale on neměl chuť studovat. 5 let hrál profesionálně fotbal, od roku 1980 hrál jako saxofonista v džezovém klubu. Od roku 1994 učí v hudební škole hru na saxofon. Byl třikrát ženatý a má asi čtyři děti. Ale všichni ho mají rádi, protože je dobrý kamarád, optimista a má vždycky dobrou náladu.

OPAKOVACÍ LEKCE Wiederholungslektion

1. Kdo je kdo, odkud je, čím je a jak mluví (mluvil)?
Pablo Picasso je Španěl, je ze Španělska, je malíř a mluví španělsky.

Pablo Picasso	Američan/ka	Španělsko	režisér/ka
Lech Wałęsa	Čech/Češka	Švýcarsko	tenista/tenistka
Martina Navrátilová	Španěl	USA	malíř/ka
Luchino Visconti	Švýcar/ka	Polsko	politik/politička
Golo Mann	Ital/ka	Německo	dramatik/dramatička
Friedrich Dürrenmatt	Němec/Němka	Česká republika	historik/historička
Hillary Clinton	Polák/Polka	Itálie	zpěvák/zpěvačka
Edith Piaf	Francouz/ka	Francie	

2. Bilden Sie Sätze mit antonymer Bedeutung: ***Dnes je zima. Včera bylo teplo.***

Půjde nahoru.
Auto jede do garáže.
Televizor stojí vpravo.
Už odešel?
Máme mladou učitelku.
Pracoval celou noc, až do rána.
Mám moc času.
Napsal to špatně.
Kdy večeříte?
Snídám každý den rychle.
Minulý týden byl v Praze.
Budeme psát test teď.
Kdy končí divadlo?
Jde spát brzy.
Přijedeš dopoledne?
Ta židle stojí za stolem.

3. Fragen Sie einander, wieviel etwas kostet und wo man es kaufen kann.

V supermarketu Julius Meinl jsme pro vás připravili:

➲ **Kaufen Sie zu zweit – in den Rollen Verkäufer × Kunde – die abgebildeten Waren ein:**

4. Tragen Sie in die Tabelle ein, wieviel eine Dreizimmerwohnung in den genannten Städten der Tschechischen Republik im Jahr 2000 kostete (Ziffern):

Velmi drahý je třípokojový byt ve velkém městě jako je Praha nebo Brno. V Praze stojí tři miliony čtyři sta šedesát pět tisíc korun a v Brně dva miliony čtyři sta tisíc korun. V Českých Budějovicích a v Karlových Varech stojí třípokojový byt stejně – jeden milion sedm set padesát tisíc korun. Lacinější je třípokojový byt v Plzni, stojí milion šest set tisíc korun. Relativně velmi laciný je třípokojový byt na severní Moravě a v severních Čechách. V Ostravě stojí milion tři sta čtyřicet tisíc korun a v Mostě devět set sedmdesát pět tisíc korun.

Ostrava	
Praha	
Brno	
České Budějovice	
Most	
Plzeň	
Karlovy Vary	

5. Co kdo dělá, dělal a bude dělat? fotograf – *fotografuje, fotografoval, bude fotografovat*

asistent — komentátor — emigrant — sportovec — informátor — praktikant — diskutér — kritik — kontrolor — dirigent — ilustrátor — kopírka — fax

6. Welche Adjektive passen zu folgenden Personen? Übersetzen Sie sie ins Tschechische:

babička
Claudia Schiffer
kosmonaut
Asterix
kovboj
kamarád/ka
já

aktiv jung pragmatisch fröhlich
stark extravagant komisch attraktiv
optimistisch schnell alt traurig naiv
chaotisch lieb passiv melancholisch
modern klein teuer hübsch
sympathisch intelligent hässlich realistisch

7. Mám nový byt!

POZVÁNKA

Praha, 22. března 2000

Milá Kateřino,

konečně mám nový byt! Je to jako sen.
Kde? Samozřejmě ve středu města. Ty víš, jak miluji atmosféru města, jsem ráda tam, kde to „žije".
Bydlím ve čtvrtém patře ve starém domě s krásným secesním schodištěm. Mám dva pokoje, miniaturní kuchyni, koupelnu s vanou a WC a velkou terasu s výhledem na celé město. Takový byt jsem si vždycky přála.
V neděli ve dvacet hodin dělám první večírek v novém bytě. Přijdeš?

Tvoje Julia

konečně	endlich
přát si	sich wünschen
schodiště	Treppenhaus
takový	so ein, solcher
žít, žije	leben

➲ **Proč organizuje Julia večírek?**

➲ **Co se líbí Julii na jejím novém bytě?**

Jaký je váš byt – sen?

8. Ergänzen Sie die fehlenden Lokaladverbien:

KDE?	KAM?
vpravo, napravo	. . . .
. . . .	dozadu
. . . .	domů
tady	. . . .
uprostřed	. . . .
. . . .	doleva, nalevo
vpředu	. . . .

9. Znáte obraz Ložnice v Arles od Vincenta van Gogha? Beschreiben Sie es:

Übersetzen Sie aus dem Tschechischen ins Deutsche, was Vincent van Gogh über das Zimmer schrieb, wenn nötig mithilfe eines Wörterbuchs:

„Stěny jsou bledě fialové. Na podlaze červená cihla. Dřevo postele a židle jsou jako čerstvé máslo, prostěradlo a polštář světle nazelenalý citron. Deka je šarlatově červená. Okno zelené. Mycí stůl oranžový, umyvadlo modré. Dveře jsou světle fialové. A to je všechno – portréty na stěně a zrcadlo a ručník."

Líbí se vám ložnice Vincenta van Gogha? Proč?

10. Um wen handelt es sich? *otec mé matky* ***je dědeček***

syn mého strýce — sestra mé maminky — syn mé babičky — bratr mé matky — dcera mé tety — manželka mého tatínka — syn nebo dcera mé matky

Und jetzt umgekehrt. Sprechen Sie von Ihren Verwandten:

dědeček . . . . ***— dědeček Alfons je otec mého tatínka***

sestřenice . . . . — teta . . . . — strýc . . . . — bratranec . . . . — jedna babička . . . . — druhá babička . . . . — druhý dědeček . . . .

11. Hörübung. Ergänzen Sie die Tabelle:

track 28

NAŠE RODINA A JÍDLO

	Co rád/a dělá?	Co rád/a jí?	Co nemá rád/a?
tatínek			
maminka			
bratr Kamil			
bratr Adam			
sestra Žofie			
já			

12. Wiederholen Sie die Deklination:

G Sg.	Zeptala se	(náš učitel, oni, její sestra, pan Marek, Jirka, to malé dítě, on, přítelkyně)
D Sg.	Nerozumím	(ten cizinec, ty, jeho kolegyně, tvoje/tvá sestra, ta studie, vy, naše učitelka, pan docent Havelka, paní Horová, ona, vaše přednáška)
A Sg.	Viděli jste	(jeho nové auto, my, ten anglický film, tvůj přítel, nová učitelka, její bratr, oni, jejich atraktivní sestřenice, Václavské náměstí, moje/má nová skříň, on)
V	Haló!	(Eva, pan doktor, Petr, paní Vlková, Žofie, pan profesor Mareš, Jiřina, Honza)
L Sg.	Mluvili o	(německý román, politická situace, naše univerzita, jejich dítě, jedno město, její malý syn, zajímavá přednáška, moderní městské divadlo, ty)
Byl jsem **v/ve × na**		(kino, Amerika, výstava, seminář, Francie, restaurace, Německo, koncert, parkoviště, procházka, divadlo, Berlín, Morava, Česká republika)
I Sg.	Stojí před/přede	(Viktor, velký stůl, kolegyně Petra, hlavní nádraží, její byt, ta žena, já)
N Pl.	To jsou	(tvůj přítel, tenhle člověk, anglická studentka, jeho kolega, krásné město, zajímavý výlet,
A Pl.	Těším se na	naše učitelka, bratr a sestra, malé dítě, český a německý dělník)

13. Setzen Sie die Wörter in Klammern in die richtige Form:

SMOLNÝ DEN

Ivana měla včera (špatný den). Odpoledne chtěla jít s (Honza) na (procházka) do (park) a večer měli jít do (kino) na (zajímavý francouzský film). Čekala na (Honza) v (jedna hodina) před (stanice) (autobus). Ale Honza nepřišel. Čekal tam, kde vždycky – před (univerzita). Po (hodina) šla Ivana do (restaurace), protože měla (hlad a žízeň). K jídlu si dala (palačinka) s (ovoce a šlehačka) a k pití (sklenička) (červené víno). Potom si ještě objednala (černá káva). U (stůl) vedle seděl (sympatický mladý muž). Jmenoval se Jan. Mluvili spolu o (literatura, politika, studium). Nakonec Jan pozval (Ivana) do (kino) na (nový francouzský film). Proč ne? Film začínal v (20.00). A kde seděla Ivana? Mezi (Honza) a (Jan). Není to smůla?

Jaký měla Ivana den? . . . .
Kde se měla s Honzou setkat? . . . .
Proč se nesetkali? . . . .
Proč šla Ivana do restaurace? . . . .
Co si tam objednala? . . . .
S kým tam mluvila? . . . .
Kam šla Ivana večer? . . . .
Kde seděla Ivana v kině? . . . .

14. Welchen Fall (oder welche Fälle) verlangen folgende Präpositionen?

k/ke — na — před — s/se — bez — blízko — při — u — mezi — naproti — od — kvůli — vedle — za — díky — z/ze — pro — po — proti — do — okolo — nad — v/ve — pod — během — kromě — přes — o

Genitiv . . . .
Dativ . . . .
Akkusativ ***na*** *(kam?),* ***před*** *(kam?)* . . . .
Lokativ . . . .
Instrumental ***před*** *(kde? kdy?)* . . . .

15. Fügen Sie die passenden Präpositionen in die folgenden Sätze ein:

Šli jsme . . . . . výstavu a potom . . . . . divadla. Banka je . . . . . náměstí, ... poště. Otec přijede . . . . . pondělí. Moje auto stojí . . . . . hotelem. Těšíme se . . . . . výlet . . . . . Brna. Piju rád kávu . . . . . mlékem, ale . . . . . cukru. Kurz začíná . . . . . listopadu. Chtěl bych koupit knihu . . . . . České republice . . . . . kamaráda . . . . . Německa.
Bydlíme . . . . . městě . . . . . náměstí . . . . . školy . . . . . velkém domě . . . . . malém bytě. Odpoledne půjdeme . . . . . procházku . . . . . parku. Telefon je . . . . . stole a taška . . . . . stolem. . . . . . víkendu

jsme byli . . . . . Moravě . . . . . Jany. Konference byla . . . . . středy . . . . . pátku. Jedl čokoládu . . . . . obědem. Pracoval . . . . . rána . . . . . večera. . . . . . 11. ledna pojedu domů. Byli tam všichni . . . . . Petra. Stůl stojí . . . . . skříní a postelí. Přišel . . . . . Petrovi až . . . . . hodině.

16. Ivana má kalendář na únor 2004 plný. a) Co bude dělat? b) Co dělala?

1.	Hynek	
2.	Nela	**maminka narozeniny**
3.	Blažej	**narozeniny.**
4.	Jarmila	**klavírní koncert v Rudolfinu**
5.	Dobromila	
6.	Vanda	**přednáška v Goethe-Institutu**
7.	Veronika	
8.	Milada	
9.	Apolena	**večírek u Kateřiny**
10.	Mojmír	**návštěva tety Běty z Plzně**
11.	Božena	**halový turnaj v tenise**
12.	Slavěna	
13.	Věnceslav	
14.	Valentýn	**opera v Národním divadle**
15.	Jiřina	**rande s Honzou – 20.00**
16.	Ljuba	
17.	Miloslava	**rande s Janem – 20.00**
18.	Gizela	}
19.	Patrik	}
20.	Oldřich	}
21.	Lenka	} **lyžařský kurz na Šumavě**
22.	Petr	}
23.	Svatopluk	}
24.	Matěj	}
25.	Liliana	
26.	Dorota	
27.	Alexandr	**setkání s otcem – 18.00**
28.	Lumír	

✍ ***Druhého února** a) bude Ivana slavit s maminkou*
b) slavila s maminkou narozeniny.

Fragen Sie einander anhand des Kalenders, wer Namenstag hat und wann:

Kdy má svátek Liliana? ...

17. Beantworten Sie die Fragen bzw. ergänzen Sie die Sätze:

Který měsíc je třetí měsíc? — V kterém ročním období jsou Velikonoce? — Kolik měsíců má rok? — 7 dnů je jeden . . . . — V kterém ročním období je měsíc září? — Který den je mezi pátkem a nedělí? — Který měsíc je krátký měsíc? — 60 minut má jedna . . . . Které dva měsíce začínají na *č-* ? — Jak se jmenuje den před čtvrtkem? — Který měsíc je druhý měsíc? — Kolikátý měsíc je srpen? — Kolik roků má jedno století? — Které měsíce jsou letní měsíce? — Kdy začíná jaro? — V kterém měsíci jsou Vánoce? — Kolikátého je dnes?

18. Tragen Sie die fehlenden Verbformen in die Tabelle ein:

Infinitiv (i.)	**1. Sg. Präs.** (i.)	**3. Pl. Präs.** (i.)	**Präteritum 3. Sg.** (i.+p.)	**Futur 3. Sg.** (i.+p.)	**Infinitiv** (p.)
dostávat	dostávám	dostávají	dostával/dostal	bude dostávat/dostane	dostat
					udělat
	čtu				
		slaví			
pít					
			začínal/začal		
				bude odpovídat/odpoví	
	překládám				přeložit
		telefonují/ou			
					pozvat
			platil/zaplatil		
				bude brát/vezme	
				bude přicházet/přijde	
vstávat					
					napsat
	jsem				
			dával/dal		

19. Wir wiederholen die Verben:

Co můžu dělat, když ... ?

Když stojím u studeného bufetu, můžu ... *ochutnat bramborový salát, pít skleničku alkoholu ...*
Když mám hodinu češtiny, ...
Když mám hezký sen, ...
Když mám volno, ...
Když sedím v restauraci, ...
Když jsem v přírodě, ...
Když se setkám s přáteli, ...
Když cestuji vlakem, autem ...
Když jsem na večírku, ...

Fragen Sie Ihren Partner, was er in den angeführten (oder auch anderen) Situationen macht:

Co děláš, když máš volno? Co děláš, když cestuješ vlakem? Co děláš, když máš lekci češtiny? ...

20. Ergänzen Sie das Verb in der richtigen Form: *jet × jezdit*

Návštěva na venkově.

Zítra . . . . (já) s celou rodinou navštívit rodiče. . . . . (my) k nim asi jednou za měsíc. Rodiče bydlí na vesnici, a tak to bude hezký výlet. Je jaro a na jaře tam . . . . moc rádi, protože všichni milujeme jarní přírodu. Tento rok tam chceme . . . . na celé prázdniny. Nemáme chuť jet zase k moři, tam . . . . každý rok. Děti se mohou koupat v rybníku, ... na kole nebo . . . . na výlety do okolí. Petře, ne- . . . . s námi?

21. Ergänzen Sie die passenden Modalverben a) im Präsens b) im Prät. c) in der 3. Pl.:

Mám bratra.
Píšu těžký diktát.
Nespím dlouho.
Vím všechno.
Piju kávu.
Žiju v Řezně.

Jedu do Berlína.
Čtu české noviny.
Hraju na klavír.
Stojím vzadu.
Nejím salám.
Učím se česky.

22. Ergänzen Sie: *jeho nebo svůj?*

Tomáš a . . . . pes

. . . . pes se jmenuje Bony. Tomáš nemá jiné psy rád, ale . . . . psa nekriticky miluje. Mně se . . . . pes moc nelíbí, ale Tomáš bez . . . . psa nemůže existovat. Když jdu s Tomášem a s . . . . přítelkyní na procházku, má s sebou vždycky i . . . . psa. Bohužel ale . . . . pes není moc disciplinovaný. Naše procházka často končí tak, že . . . . psa minimálně hodinu hledáme. Myslím, že už s Tomášem a . . . . psem na procházku nepůjdu. Půjdu raději jen s . . . . přítelkyní.

23. Wir wiederholen die Interrogativa: *Mám zítra přednášku. Kdy?*

kde? odkud? jak? který? od kdy? kolikrát? kdy? jak často? kam? jak dlouho? proč? kudy? co? kdo? jaký? do kdy? kolik?

1. Pes je na ulici. — 2. Pojede do Brna. — 3. Vrátil se z knihovny. — 4. Dělal to výborně. — 5. Chodí do kina dvakrát za týden. — 6. Půjdeme přes park. — 7. Vlak přijede z Plzně. — 8. Pracoval celou hodinu. — 9. Dělá to, protože musí. — 10. Vzal papíry ze stolu. — 11. Zůstanu tam do září. — 12. Čekám tady už od rána. — 13. Auto jede pomalu. — 14. Bylo tam mnoho lidí. — 15. Půjdeš tímto parkem. — 16. Teď půjde na fakultu. — 17. Kurz trvá do příštího týdne. — 18. Nepřišel, protože nemá čas. — 19. Jezdí sem třikrát za rok. — 20. Viděl jsem Ivu na poště. — 21. Jdeme na koncert. — 22. Byl na procházce. — 23. „Přišel“ do pokoje oknem.

24. Sie besuchen mit Ihren Freunden ein Restaurant. Co si dáte?

JÍDELNÍ LÍSTEK

teplé a studené předkrmy		
100g	Krevetový koktejl	30,-Kč
200g	Pražská šunka, okurka, máslo	45,-Kč
50g	Bratislavský hemenex (špek, vejce)	35,-Kč
2ks	Karibský toast se šunkou a Nivou	50,-Kč
polévky		
Staročeská česnečka		36,-Kč
Brokolicová		30,-Kč
hlavní jídla		
150g	Steak Neapol (vepřové maso, olivy, okurky, víno, kečup, kapari)	199.-Kč
200g	Staročeská pečeně, knedlík, zelí	120,-Kč
200g	Talíř Karla IV. (kuřecí, vepřové, hovězí maso, exotická zelenina)	180,-Kč
přílohy		
200g	brambory	22,-Kč
150g	hranolky	25,-Kč
3ks	bramboráčky	30,-Kč
150g	rýže	21,-Kč
saláty		
zeleninový míchaný		30,-Kč
šopský (rajčata, okurky, Niva)		35,-Kč
dezerty		
60g	jablečný závin	22,-Kč
1ks	zmrzlinová palačinka	56,-Kč
200g	banány v čokoládě	40,-Kč
zmrzlinový pohár Stracciatella		75,-Kč

Dobrou chuť!

Restaurace **Žlutý pes**
Otvírací doba: po – pá 11.00 – 22.00

NÁPOJOVÝ LÍSTEK

nealkoholické nápoje		
Pepsi cola	0,33l	22,-Kč
Mirinda orange	0,33l	22,-Kč
Aqua Maria	0,33l	22,-Kč
Schweppes tonic	0,33l	22,-Kč
Grepový džus	0,22l	19,-Kč
Minerálka	0,22l	18,-Kč
piva		
Plzeňský PRAZDROJ	0,3l	30,-Kč
Budějovický Budvar	0,4l	25,-Kč
Pito	0,5l	21,-Kč
káva		
Espreso Alfred		25,-Kč
Káva černá (turecká)		19,-Kč
Horká čokoláda		30,-Kč
Cappuccino		30,-Kč
Káva vídeňská		30,-Kč
Káva alžírská		45,-Kč

➲ **Co si asi objednají? — vegetarián/ka, dítě, přítelkyně, která drží dietu, abstinent, Ital, vaše babička, gurmán**

25. Ergänzen Sie die fehlenden Wörter in den tschechischen Redewendungen und Sprichwörtern:

Bez práce nejsou . . . .
Co Čech, to. . . . .
Děkuji . . . . informaci.
. . . . nejlepší k narozeninám.
Můj. . . . . , můj hrad.
. . . . je nejlepší kuchař.
To. . . . . smůla.
. . . . , abych se představil/a.
Ranní. . . . . dál doskáče.
Mám hlad jako . . . .
. . . . zdraví!
Kam nechodí . . . . , tam chodí lékař.

26. Nennen Sie die Antonyme zu den folgenden Adjektiven:

teplé nápoje — mladý muž — černá barva — krásný den — drahá kniha — optimistický student — smutná dívka — moderní divadlo — malý byt — aktivní politik — nová univerzita — silný vítr — maximální teploty — horká noc — světlé pivo — výborný diktát — rychlé auto — příští týden — komplikovaný problém

27. Unterhalten Sie sich über die Wettervorhersage:

Předpověď počasí na dnešní den

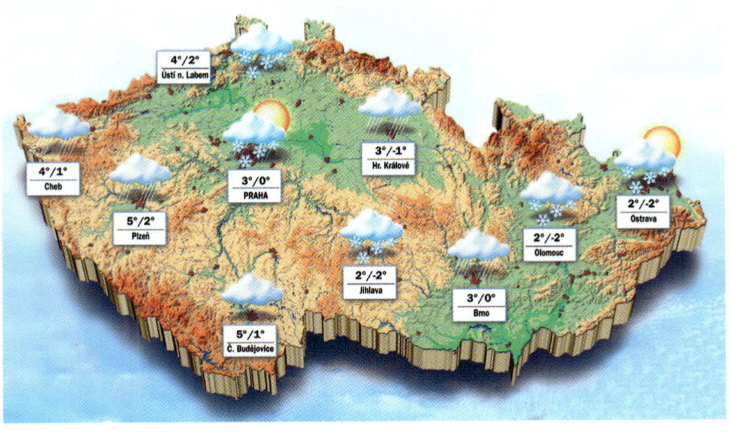

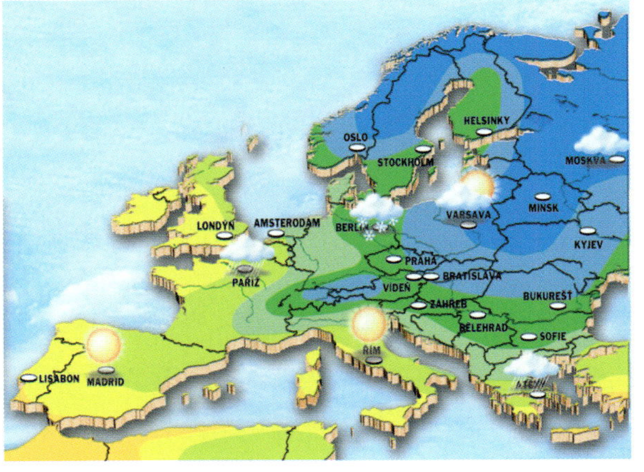

Předpověď počasí na sobotu 25.1.
Polojasno až oblačno, ojediněle sněhové přeháňky. Nejvyšší teploty -1 až 3°C. Teplota na horách -2°C. Slabý západní vítr 2–4 m/s.

Předpověď počasí na neděli 26.1.
V neděli bude oblačno, místy sněžení s deštěm, na horách sněžení. Noční teploty 1 až -3°C. Denní teploty 0 až 4°C. Slabý proměnlivý vítr 1–4 m/s. V západních Čechách ráno mlhy.

28. Welche zwei Jahreszeiten sind auf den Bildern von Josef Lada dargestellt? Beschreiben Sie die Bilder:

29. Setzen Sie ins Futur. Verwenden Sie perfektive Verben:

Končíme odpoledne.
Navštěvuje Karla.
Uklízím pokoj.
Petr opakuje gramatiku.
Platím za večeři.
Ptám se na cestu.
Berete si chléb.
Píšeš dopis.
Překládáme nový text.
Dívám se na ten obraz.
Děláš večeři?
Kupují nový svetr.
Vaříš oběd.
Dávají mi to.

30. Ergänzen Sie Häckchen, Striche und Kringel:

Irena je velmi mlada. Je vdana a nema deti. Pracuje jako sekretarka v zahranicni firme a ma velky plat. Jeji manzel – sef teto firmy – ma samozrejme velmi vysoky plat. Maji krasny jednopatrovy dum s velkou terasou a zahradou. Jsou v nem ctyri velke pokoje, dve koupelny a WC. Maji take moderni silne auto a krasnou chatu na Morave. Na dovolenou jezdi po celem svete. Irena ma vsechno. Ma penize, nema starosti. Ale neni spokojena. A proc je porad smutna? Protoze nema dite.

Schreiben Sie nach Diktat:

Zuzana . . . .

. . . .

. . . .

. . . .

31. Jízdní řád. Fahrplan.

Praha - Kolín

km	OPŘ Pr Vlak	IC 121	R 1461 2.		R 709 R	9307 1		9347	Ex 141	9309	R 10707 R	R 675 R		5801	IC 123
	Ze stanice														
0	**Praha**-Holešovice 090,091														
	Praha-Smíchov 171,173,■ 122											9 58			
0	**Praha** hl. n.	7 05			7 50				9 05		53 10 07	10 16			11 05
0	**Praha** Masarykovo nádraží		42 7 15			⊙8 00		⊙9 00		⊙10 00				⊙11 00	
5	**Praha**-Libeň ○	7 14	7 22		7 59	8 07		9 07	9 14	10 07				11 07	11 14
	Praha-Libeň	7 15	7 23		8 01	8 08		9 08	9 15	10 08				11 08	11 15
9	Praha-Kyje					8 11		9 11		10 11				11 11	
11	Praha-Dolní Počernice					8 14		9 14		10 14				11 14	
13	Praha-Běchovice					8 17		9 17		10 17				11 17	
18	Praha-Klánovice 1					8 21		9 21		10 21				11 21	
23	Úvaly 1					8 26		9 26		10 26				11 26	
27	Tuklaty					8 31		9 31		10 31				11 31	
29	Rostoklaty					8 34		9 34		10 34				11 34	
34	Český Brod					8 39		9 39		10 39				11 39	
38	Klučov					8 42		9 42		10 42				11 42	
40	**Poříčany** 060 ○					8 45		9 45		10 45				11 45	
	Poříčany 060		42			8 46		9 46		10 46				11 46	
45	Tatce					8 50		9 50		10 50					
48	**Pečky** 012 ○					8 53		9 53		10 53					
	Pečky 012					8 54		9 54		10 54					
52	Cerhenice					8 58		9 58		10 58					
55	Velim					9 02		10 02		11 02					
57	Nová Ves u Kolína					9 05		10 05		11 05					
61	Kolín zastávka					9 09		10 09		11 09					
62	**Kolín** 010,014,230,231 ○	7 47			8 35	9 11		10 11	9 47	11 11	53 10 50	11 00			11 47
	Do stanice	Košice	Turnov		Břeclav	Pardubice			Zvolen	Pardubice	Přerov	Brno hl.n.		Nymburk hl.n.	Košice

Praha-Holešovice - Praha hl.n. 3 km

42 jede v ⑥ a 5.VII.

53 jede 1.VII., 2.IX., 28.X., 1.I., 14.IV.

53 jede v ⑥

Kam jede vlak *IC* 123?
Ve které dny jezdí rychlík R 10707?
Odkud jede vlak *IC* 121 a v kolik hodin?
Kdy přijede do Kolína osobní vlak 9307?
Jezdí vlak R 1461 v sobotu/každý den?
Do kterého slovenského města jede rychlík Ex 141 a v kolik hodin odjíždí z Prahy?
Jak dlouho trvá cesta z Prahy do Kolína rychlíkem a osobním vlakem?
Který vlak jede do stanice Brno hlavní nádraží?

osobní vlak Personenzug
rychlík Schnellzug

32. Ergänzen Sie die fehlenden Wörter:

ŽIVOTOPIS

Jmenuji se Helena Jíšová. . . . . 22.7.1977 v Plzni. Otec pracuje . . . . vedoucí marketingového oddělení ve . . . . Transit. Matka je žena v . . . . Nemám . . . . Jsem ještě . . . .

V letech 1983-92 jsem navštěvovala . . . . školu. Maturitu jsem . . . . na gymnáziu v Plzni v roce 1996. Bakalářské . . . . němčiny a historie jsem absolvovala na Pedagogické . . . . v Plzni. Od . . . . 1999 jsem studovala v Praze na Fakultě sociálních věd Karlovy univerzity. Magisterský titul jsem . . . . v roce 2002. V . . . . 2001 jsem byla na půlročním stipendijním . . . . na Svobodné univerzitě v Berlíně.

V . . . . 2000 až 2001 jsem vždy 2 letní měsíce . . . . jako překladatelka v česko-německé firmě SOFO. V roce 2002 jsem . . . . pracovat jako asistentka na katedře germanistiky na Pedagogické fakultě v Plzni.

Mám velmi dobré . . . . němčiny a angličtiny, ale jen . . . . znalosti ruštiny a . . . . Umím dobře pracovat . . . . PC a mám . . . . průkaz.

Helena Jíšová
Máchova ulice 23
Plzeň

V . . . . dne 3. 02. 2003

33. Ergänzen Sie die fehlenden Wörter:

vdát se za + A — ženatý — vzít si + A — svobodný/á — oženit se s/se ... — vdaná — vzít se

SVATBA

Milena a Daniel slavili 13.8.2003 . . . . Milena . . . . Daniela a je šťastná, že už je . . . . Její rodiče ale nejsou moc rádi, že se Milena . . . . Daniela. Starší sestra Mileny je ještě . . . ., ale doufá, že se taky brzy . . . . Daniel se . . . . Milenou, protože ji moc miluje. Jeho rodiče jsou rádi, že už je Daniel konečně . . . . a že . . . . právě Milenu. Já jsem taky rád/a, že se Milena a Daniel . . . .

34. Erinnern Sie sich noch?

T. G. Masaryk
Vladimír Renčín
Božena Němcová
Jaromír Jágr
Bedřich Smetana
Josef Lada
Václav Havel

KDO JE KDO?

sportovec autor spisovatelka karikaturista politik prezident malíř hokejista dramaturg sociolog filozof humorista skladatel ilustrátor

➲ **Co o nich víte?**

P 2

ČESKÉ PŘÍSLOVÍ
Kdo pozdě chodí, sám sobě škodí.

Schlüssel zu den Übungen:

Ü 2
Půjde dolů. Auto jede z garáže. Televizor stojí vlevo. Už přišel? Máme starou učitelku. Pracoval celý den, až do večera. Mám málo času. Napsal to dobře.
Kdy snídáte? Večeřím každý den pomalu. Příští týden bude v Praze. Budeme psát test potom. Kdy začíná divadlo? Vstává pozdě. Odjedeš odpoledne? Ta židle stojí před stolem.

Ü 8
doprava — vzadu — doma — tam — doprostřed — vlevo, nalevo — dopředu

Ü 11
Celá naše rodina moc ráda jí, ale jen maminka ráda vaří. Maminka má ráda tradiční česká jídla jako je vepřová pečeně s knedlíkem a zelím nebo svíčková pečeně s knedlíkem. Ale maminka vůbec nemá ráda čínskou kuchyni. Tu má rád zase bratr Adam, a proto chodí často do čínské restaurace Šanghaj. Bratr Kamil je vegetarián, a tak jí jen vegetariánská jídla, zeleninu a ovoce. Nejí maso, nepije alkohol a je maratonec. Tatínek má rád sladká jídla, moc rád jí ovocné knedlíky nebo palačinky, ale bez šlehačky. Nejraději má jablečný závin. Když jí štrúdl od maminky, poslouchá vždycky klasickou hudbu. Já jím všechno, co je na stole, ale nejvíc ze všeho mi chutná zmrzlina. Se sestrou Žofií jsou trochu problémy. Její idol je Claudia Schifferová. A proto momentálně nejí, má dietu. Bohužel má moc ráda čokoládu. Naštěstí ráda sportuje – hraje squash a tenis.

Ü 12
Zeptala se našeho učitele, jich, její sestry, pana Marka, Jirky, toho malého dítěte, ho, přítelkyně.
Nerozumím tomu cizinci, ti, jeho kolegyni, tvojí/tvé sestře, té studii, vám, naší učitelce, panu docentu Havelkovi, paní Horové, jí, vaší přednášce.
Viděli jste jeho nové auto, nás, ten anglický film, tvého přítele, novou učitelku, jejího bratra, je, jejich atraktivní sestřenici, Václavské náměstí, moji/mou novou skříň, ho.
Haló – Evo, pane doktore, Petře, paní Vlková, Žofie, pane profesore Mareši, Jiřino, Honzo.
Mluvili o německém románu, politické situaci, naší univerzitě, jejich dítěti, jednom městě, jejím malém synovi, zajímavé přednášce, moderním městském divadle, tobě.
Byl jsem v kině, v Americe, na výstavě, na semináři, ve Francii, v restauraci, v Německu, na koncertu/ě, na parkovišti, na procházce, v divadle, v Berlíně, na Moravě, v České republice.
Stojí před Viktorem, velkým stolem, kolegyní Petrou, hlavním nádražím, jejím bytem, tou ženou, mnou.
To jsou tvoji/tví přátelé, tihle lidé, anglické studentky, jeho kolegové, krásná města, zajímavé výlety, naše učitelky, bratři a sestry, malé děti, čeští a němečtí dělníci.
Těším se na tvoje/tvé přátele, tyhle lidi, anglické studentky, jeho kolegy, krásná města, zajímavé výlety, naše učitelky, bratry a sestry, malé děti, české a německé dělníky.

Ü 13
špatný den — s Honzou — na procházku — do parku — do kina — na zajímavý francouzský film — na Honzu — v jednu hodinu — před stanicí autobusu — před univerzitou — po hodině — do restaurace — hlad a žízeň — palačinku — s ovocem a šlehačkou — skleničku červeného vína — černou kávu — u stolu — sympatický mladý muž — o literatuře, politice, studiu — Ivanu — do kina — na nový francouzský film — ve dvacet hodin — mezi Honzou a Janem

Ü 14
Genitiv:	bez, blízko, u, od, vedle, z/ze, do, okolo, během, kromě
Dativ:	k/ke, naproti, kvůli, díky, proti
Akkusativ:	na — kam?, před — kam?, mezi — kam?, za — kam?, pro, nad — kam?, pod — kam?, přes, o (um)
Lokativ:	na — kde?, při, po — kdy? (po obědě), po — kde? (po ulici), v/ve, o (über)
Instrumental:	před — kde? kdy?, s/se, mezi — kde?, za — kde?, nad — kde?, pod — kde?

Ü 15

na výstavu, do divadla — na náměstí, proti poště — v pondělí — před hotelem — na výlet, do Brna — s mlékem, bez cukru — v listopadu — o ČR (České republice) pro kamaráda z Německa — ve městě na náměstí vedle/u školy ve velkém domě v malém bytě — na procházku do parku — na stole, pod stolem — o víkendu, na Moravě u Jany — od středy do pátku — před obědem — od rána do večera — 11. ledna — kromě/bez Petra — mezi skříní a postelí — k Petrovi, po hodině

Ü 18

dělat, dělám, dělají, dělal/udělal, bude dělat/udělá — číst, čtou, četl/přečetl, bude číst/přečte, přečíst — slavit, slavím, slavil/oslavil, bude slavit/oslaví, oslavit — piju, pijou, pil/napil se/vypil, bude pít/napije se/vypije, napít se/ vypít — začínat, začínám, začínají, bude začínat/začne, začít — odpovídat, odpovídám, odpovídají, odpovídal/odpověděl, odpovědět — překládat, překládají, překládal/přeložil, bude překládat/přeloží — telefonovat, telefonuji/u, telefonoval/zatelefonoval, bude telefonovat / zatelefonuje, zatelefonovat — zvát, zvu, zvou, zval/pozval, budou zvát/pozvou — platit, platím, platí, bude platit/zaplatí, zaplatit — brát, beru, berou, bral/vzal, vzít — přicházet, přicházím, přicházejí, přicházel/přišel, přijít — vstávám, vstávají, vstával/vstal, bude vstávat/vstane, vstát — psát, píšu, píšou, psal/napsal, bude psát/napíše — být, jsou, byl, bude — dávat, dávám, dávají, bude dávat/dá, dát

Ü 20

pojedu — jezdíme — jezdíme — jet — jezdíme — jezdit — jezdit — nepojedeš

Ü 22

jeho — Jeho — svého — jeho — svého — jeho — svého — jeho — jeho — jeho — jeho

Ü 23

1. kde — 2. kam — 3. odkud — 4. jak — 5. jak často — 6. kudy — 7. odkud — 8. jak dlouho — 9. proč — 10. odkud — 11. do kdy — 12. od kdy — 13. jak — 14. kolik — 15. kudy — 16. kam — 17. do kdy/jak dlouho — 18. proč — 19. jak často — 20. kde — 21. kam — 22. kde — 23. kudy

Ü 25

koláče — je — muzikant — dovolte — za — ptáče — všechno — vlk — dům — na — hlad — slunce

Ü 26

studené — starý — bílá — ošklivý/špatný — laciná — pesimistický — veselá — staré/nemoderní — velký — pasivní — stará — slabý — minimální — studená — tmavé/černé — špatný — pomalé — minulý — jednoduchý

Ü 29

skončíme — navštíví — uklidím — zopakuje — zaplatím — zeptám se — vezmete si — napíšeš — přeložíme — podívám se — uděláš — koupí — uvaříš — dají

Ü 30

Irena je velmi mladá. Je vdaná a nemá děti. Pracuje jako sekretářka v zahraniční firmě a má velký plat. Její manžel – šéf této firmy – má samozřejmě velmi vysoký plat. Mají krásný jednopatrový dům s velkou terasou a zahradou. Jsou v něm čtyři velké pokoje, dvě koupelny a WC. Mají také moderní silné auto a krásnou chatu na Moravě. Na dovolenou jezdí po celém světě. Irena má všechno. Má peníze, nemá starosti. Ale není spokojená. A proč je pořád smutná? Protože nemá dítě.

➲ **Zuzana** už není mladá. Je vdaná a má hodného muže. Děti má už velké. Syn studuje na gymnáziu a dcera chodí do osmé třídy základní školy. Oba mají dobrou práci a docela dobrý plat. Mají malý třípokojový byt s balkonem a starou škodovku. Chatu nemají, na prázdniny jezdí na venkov k babičce nebo cestují po České republice. Ale mají velkou zahradu a tam mají ovocné stromy a zeleninu. Zuzana má často starosti, ale je vždycky veselá a optimistická.

Ü 32

Narodila jsem se — jako — firmě — domácnosti — sourozence — svobodná — základní — složila/udělala — studium — fakultě — roku — získala — roce — pobytu — letech — pracovala — začala — znalosti — základní — francouzštiny/ italštiny/španělštiny... — na — řidičský — Plzni

Ü 33

svatbu/sňatek — si vzala — vdaná — vdala za — svobodná — vdá — oženil s — ženatý — si vzal — vzali

Kdo pozdě chodí, sám sobě škodí. Wer zu spät kommt, den bestraft das Leben.

Vokabelindex tschechisch-deutsch

a tak Konj.	und so	2.1
a také, i Konj.	und auch	1.1
adresa,-y f	Adresse	2.1
ale Konj.	aber	1.1
alespoň, aspoň	wenigstens	6.1
Amerika,-y f, Američan,-a m; -ka,-y f	Amerika, Amerikaner, -in	1.1
anglicky Adv.	englisch	1.1
Anglie,-e f, Angličan,-a m; -ka, -y f	England, Engländer, -in	1.1
ani, ani-ani Konj.	nicht einmal, weder – noch	2.1
ano	ja	1.1
Antarktida,-y f	Antarktis	5.1
asi	etwa, ungefähr, vielleicht	3.1
autobus,-u m	Bus	4.1
autobusový,á,é	Bus-	8.1
až Adv.	bis	8.1
babička,-y f	Großmutter	2.1
balík,-u m; balíček,-čku m	Packung, Paket	7.1
barevný,á,é	bunt, farbig	2.1
barva,-y f	Farbe	2.1
bát se, bojím se (i.)	sich fürchten	7.1
bavit (se), -ím (i.)	(sich) unterhalten	6.1
běh,-u m	Lauf, Rennen	5.1
běhat,-ám/běžet,-ím	laufen, rennen	5.1
bez Präp.+ G	ohne	1.2; 6.1
béžový,á,é	beige	2.1
bílý,á,é	weiß	2.1
blesk,-u m	Blitz	9.1
blízko Präp.+ G	in der Nähe von	3.2
blízký,á,é; blízko Adv.	nahe	8.1
bohužel	leider	2.1
bouřka,-y f	Gewitter	9.1
bramborák,-u m; bramboráček,-čku m	Kartoffelpuffer	7.1
brambory, brambor f Pl.	Kartoffeln	7.1
bratr,-a m	Bruder	1.1
bratranec,-nce m	Cousin	2.1
Brno,-a n	Brünn	1.1
brokolice,-e f	Brokkoli	7.1
brusinky, brusinek f Pl.	Preiselbeeren	7.1
bruslení,-í n	Schlittschuhlaufen	5.1
bruslit, -ím (i.)	S. laufen	5.1; 9.1
brýle,-í f Pl.	Brille	2.1
brzy, brzo Adv.	bald	5.1
brzy ahoj	bis bald	8.1
březen,-zna m	März	8.1
bufet,-u m	Büffet	7.1
bydlet, -ím (i.)	wohnen	1.1
bydliště,-ě n	Wohnort	2.1; 9.1
byt,-u m	Wohnung	2.1
být, jsem, byl, buď	sein	1.1
celý,á,é	ganz	3.1
cesta,-y f	Reise, Fahrt, Weg	3.1
cestování,-í n	Reisen	5.1
cestovat, -uji/u (i.)	reisen	1.1
cibule,-e f	Zwiebel	7.1
cigareta,-y f	Zigarette	4.1
cíl,-e m	Ziel	6.1
císař,-e m	Kaiser	3.2
cizí Adj.	fremd	6.1
cvičení,-í n	Übung, Üben, Turnen	6.1
cvičit, -ím (i.)	üben, turnen	5.1
cyklist/a,-y m; -ka,-y f	Radfahrer/in	5.1
cyklistika,-y f	Radsport	5.1
čaj,-e m	Tee	4.1
čas,-u m	Zeit	3.1
časopis,-u m	Zeitschrift, Journal	4.1
časový,á,é	Zeit-	6.1
často Adv.	oft	1.1
Čech,-a m, Češka,-y f	Tscheche, -in	1.1
Čechy, Čech f Pl.	Böhmen	1.2
černý,á,é	schwarz	2.1
červen,-vna m	Juni	8.1
červenec,-nce m	Juli	8.1
červený,á,é	rot	2.1
Českomoravská vysočina,-y f	Böhmisch-mährische Höhe	9.1
československý,á,é	tschechoslowakisch	1.2
česky Adv.	tschechisch	1.1
český,á,é	tschechisch	1.1
česnek,-u m	Knoblauch	7.1
čeština,-y f	Tschechisch	1.2
čí?	wessen?	1.1
číst, čtu/přečíst	lesen	3.1; 7.1
článek,-nku m	Artikel	5.1
člověk,-a m	Mensch	1.1
čtrnáctý,á,é	r,e,s vierzehnte	3.2
čtvrtek,-tka m	Donnerstag	3.1
dál(e) Komparativ Adv.	weiter	8.1
daleký,á,é Adj. daleko Adv.	weit	4.1; 8.1
dálnice,-e f	Autobahn	8.1
další Adj.	weitere, nächste	9.1
dárek,-rku m	Geschenk	7.1
dávat si,-ám/dát si,-ám (p.); dávat,-ám/dát,-ám pozor	nehmen (zum Essen); aufpassen	6.1; 7.1
dcera,-y f	Tochter	2.1
dědeček,-čka m	Großvater	2.1
děj,-e m	Handlung	7.2
děkovat,-uji/-u/poděkovat	danken	1.1
dělat,-ám/udělat	machen	3.1
déle Komparativ Adv.	länger	8.1
delfín,-a m	Delphin	5.1
děl/ník,-a m; -nice,-e f	Arbeiter, -in	1.1
den, dne m; přes den	Tag; tagsüber	1.1; 8.1
denní Adj.; denní režim,-u m	täglich, Tag(es)-; Tagesablauf	3.1; 8.1
déšť, deště m	Regen	8.1
dieta,-y f	Diät	7.1
díky	danke	1.1
dítě,-ěte n děti Pl.	Kind, Kinder	1.1
divadlo,-a n	Theater	1.2; 4.1
dívat se,-ám/podívat se na + A	schauen, sich etwas ansehen	5.1
dlouho Adv.	lange	3.1
dlouhý,á,é	lang	5.1
dnes Adv.	heute	3.1
do Präp.+ G	nach, in, bis	3.1
doba,-y f	Zeit	8.1
dobře Adv.	gut	1.1
dobrý,á,é	gut	1.1
docela Adv.	ganz	1.1
dohromady Adv.	zusammen	7.1
dole Adv.	unten	4.1
doleva Adv.	nach links	4.1
dolní Adj.	r,e,s untere, Unter-	4.1
dolů Adv.	nach unten	4.1
doma Adv.	zu Hause	5.1
domácí úkol,-u m	Hausaufgabe	6.1
domů Adv.	nach Hause	5.1
dopis,-u m	Brief	6.1
dopisní papír,-u m	Briefpapier	4.1
dopoledne,-e n, auch Adv.	Vormittag, am Vormittag	3.1
doporučovat,-uji/u/ doporučit,-ím	empfehlen	6.1; 8.1

doprava Adv.	nach rechts	4.1
dopředu Adv.	nach vorn	4.1
doprostřed Adv.	in die Mitte	4.1
dospělý,á,é	r,e Erwachsene, erwachsen	9.2
dostat se, dostanu se (p.)	kommen	4.1
dostávat,-ám/dostat, dostanu	bekommen, kriegen, erhalten	4.1
doufat,-ám (i.)	hoffen	8.1
dovolovat,-uji/u/dovolit,-ím	gestatten, erlauben	2.1
dozadu Adv.	nach hinten	4.1
drahý,á,é	teuer	2.1
dramat/ik,-a m; -ička,-y f	Dramatiker, -in	1.1
držet,-ím/podržet	halten	7.1
duben,-bna m	April	8.1
důležitý,á,é	wichtig	4.1
dvakrát	zweimal	6.1
dvoupokojový,á,é	Zweizimmer-	2.1
Evropa,-y f	Europa	1.2
fialový,á,é	violett	2.1
filozof,-a m	Philosoph	1.2
firma,-y f	Firma	1.1
fotografování,-í n	Fotografieren	5.1
foukat,-á (i.)	blasen, wehen	8.1
Francie,-e f; Francouz,-e m; -ka,-y f	Frankreich, Franzose, -in	1.1
francouzský,á,é francouzsky Adv.	französisch	1.1
francouzština,-y f	Französisch	3.1
gauč,-e m	Couch	2.1
gymnast/a,-y m; -ka,-y f	Gymnast/in	5.1
gymnastika,-y f	Gymnastik	5.1
gymnázium, gymnázia n	Gymnasium	1.1
hezký,á,é	schön	1.1
hlad,-u m	Hunger	7.1
hlavně Adv.	vor allem, hauptsächlich	5.1
hlavní město,-a n	Hauptstadt	1.2
hledat,-ám (i.)	suchen	4.1
hned Adv.	gleich, sofort	4.1
hnědý,á,é	braun	2.1
hobby n (nicht dekl.)	Hobby	6.1
hodina,-y f	Stunde, Uhr	3.1
hokejista,-y m	Hockeyspieler	5.2
holka,-y f	Mädel	9.1
hořčice,-e f	Senf	7.1
horní Adj.	r,e,s untere, Unter-	4.1
horolez/ec,-e m; -kyně,-ě f	Bergsteiger,-in	5.1
horolezectví,-í n	Bergsteigen	5.1
horský,á,é	Berg-	5.1
hospoda,-y f	Kneipe	6.1
hotový,á,é	fertig	5.1
houba,-y f	Pilz, Schwamm	7.1
houska,-y f	Semmel	4.1
hovězí vývar,-u m	Rindbrühe	7.1
hovořit,-ím (i.) o + L	sprechen, reden	1.1
hrad,-u m	Burg	2.2; 3.2
hranolky, hranolků m Pl.	Pommes	7.1
hrát, hraji/u/zahrát	spielen	3.1
hrom,-u m	Donner	9.1
hudba,-y f	Musik	5.1
chalupa,-y f	Wochenendhaus	4.1
chata,-y f	Hütte	4.1
chemický,á,é	chemisch	1.2
chléb/chleba, chleba (umg.) m	Brot	4.1
chlebíček,-čku m	belegtes Brot	7.1
chodba,-y f	Flur	2.1
chodit,-ím/jít, jdu	gehen	5.1
chtít, chci	wollen	4.1
chuť,-i f	Lust, Appetit	6.1; 7.1
chutnat,-ám (chutná) *(i.)*	schmecken (es schmeckt)	7.1
chvíle,-e f	Weile, Moment	5.1
chyba,-y f	Fehler	6.1
informace,-e f	Information	4.1
inženýr,-a m; -ka,-y f	Ingenieur, -in	1.1
Itálie,-e f; Ital,-a m; -ka,-y f	Italien,Italiener, -in	1.1
italsky Adv.	italienisch	1.1
jablko,-a n	Apfel	7.1
jablkový, jablečný,á,é	Apfel-	7.1
jahoda,-y f	Erdbeere	7.1
jak	wie	1.1
jaký,á,é	wie, was für ein	2.1
jaro,-a n	Frühling, Frühjahr	9.1
jasno Adv.	klares Wetter	8.1
játrové knedlíčky, knedlíčků m Pl.	Leberknödel	7.1
jazyk,-a m	Sprache, Zunge	1.1
jazykový,á,é	Sprach(en)-	6.1
jednoduchý,á,é	einfach	8.1
jednou, jedenkrát Adv.	einmal	4.1
jeho	sein	2.1
její	ihr (3. Sg.)	2.1
jejich	ihr (3. Pl.)	2.1
jen, jenom	nur, bloß	1.1
ještě, ještě ne-	noch, noch nicht	1.1
jestli (umgs.) Konj.	ob	4.1
jezdit,-ím/jet, jedu; jezdit,-ím/jet, jedu na kole; jezdit,-ím/jet, jedu na koni	fahren; radfahren; reiten	3.1, 5.1
jezero,-a n	r See	9.1
jídelní lístek,-tku m	Speisekarte	7.1
jídlo,-a n	Essen, Speise	7.1
jihoslovanský,á,é	südslawisch	2.2
jinak Adv., Konj.	anders, sonst	6.1
jiný,á,é	r,e,s andere	8.1
jíst, jím/najíst se	essen	3.1; 7.1
jít, jdu/chodit,-ím	gehen	1.1; 3.1; 5.1
jižní Adj.	Süd-, südlich	6.2
jméno,-a n	Name	1.1
jmenovat se,-uji/u (i.)	heißen	1.1
kadeřn/ík,-a m; -ice,-e f	Friseur, Friseuse	7.1
kalendář,-e m	Kalender	3.1
kapr,-a m	Karpfen	7.1
kartička,-y f	Kärtchen	6.1
kartotéka,-y f	Kartei	6.1
káva,-y f	Kaffee	4.1
kavárna,-y f	Café	4.1
každý,á,é	jeder,e,s	3.1
kde	wo	1.1
kdo	wer	1.1
kdy	wann	3.1
když Konj.	als, wenn	5.1
kluk,-a m	Bube, Junge	9.1
knedlík,-u m	Knödel	7.1
kněžna,-y f	Fürstin	7.2
kniha,-y f	Buch	4.1
knihkupectví,-í n	Buchhandlung	4.1
knihovna,-y f	Bücherregal, -schrank, Bibliothek	2.1
koberec,-rce m	Teppich	2.1
koláč,-e m	Kuchen	1.2
koleg/a,-y m; -yně,-ě f	Kollege, -in	1.1
kolem Präp. + G	um ... herum, an ... vorbei	5.1
kolik	wieviel	3.1
koncert,-u m	Konzert	3.1

končit,-ím/skončit	enden	3.1; 7.1
konečně Adv.	endlich	9.1
koníček,-čka m	Steckenpferd	5.1
konkrétně Adv.	konkret	1.1
kopec,-pce m	Hügel	9.1
koruna,-y f	Krone	4.1
kost,-i f	Knochen	1.1
kostel,-a m	Kirche	4.1
koupat,-u/vykoupat se	baden	9.1
koupelna,-y f	Badezimmer	2.1
kouřit,-ím (i.)	rauchen	4.1
kousek,-sku m	Stück (chen)	7.1
krajina,-y f	Landschaft	9.1
král,-e m; -ovna,-y f	König, -in	1.1
krásný,á,é	schön, hübsch	5.1
krátký,á,é	kurz	6.1
kreslený vtip,-u m	Karikatur	4.2
kreslíř,-e m	Zeichner	4.2
kreslit,-ím/nakreslit	zeichnen	6.1
křeslo,-a n	Sessel	2.1
křižovatka,-y f	Kreuzung	4.1
který,á,é	welcher	2.1
kuchyň,-ě; kuchyně,-ě f	Küche	2.1
kůň, koně m	Pferd,e	5.1
kupovat,-uji/u/koupit,-ím	kaufen	7.1
kuře,-ete n	Huhn	7.1
kus,-u m	Stück	7.1
květen,-tna m	Mai	8.1
květina,-y f	Blume	4.1
květinářství,-í n	Blumengeschäft	4.1
kytara,-y f	Gitarre	5.1
lacinější Komparativ	billiger	8.1
láhev, lahve f	Flasche	7.1
laskavý,á,é	liebenswürdig	4.2
leden,-dna m	Januar	8.1
lední hokej,-e m	Eishockey	5.1
legrace,-e f	Spaß	6.1
lehká atletika,-y f	Leichtathletik	5.1
lenošit,-ím (i.)	faulenzen	5.1
létat,-ám/letět,-ím	fliegen	5.1
letní Adj.	Sommer-	9.1
léto,-a n	Sommer	9.1
letopočet,-čtu m	Zeitrechnung, Jahreszahl	9.1
levý,á,é	r,e,s linke	4.1
ležet,-ím (i.)	liegen	1.2; 4.1
líbit se,-ím se (i.)	gefallen	2.1
lidový,á,é	Volks-	5.1, 7.2
listopad,-u m	November	8.1
líto Adv.	leid	2.1
loď,-i/-ě f	Schiff	8.1
louka,-y f	Wiese	9.1
ložnice,-e f	Schlafzimmer	2.1
lyžař,-e m; -ka,-y f	Skifahrer,-in	5.1
lyžování,-í n	Skifahren, Skilaufen	5.1
lyžovat,-uji/u (i.)	Ski laufen, -fahren	5.1
Má vlast,-i f	Mein Vaterland	8.2
Maďarsko,-a n; Maďar,-a m; -ka,-y f	Ungarn, Ungar, -in	1.1
maďarský,á,é	ungarisch	1.1
malíř,-e m; -ka,-y f	Maler,-in	2.2
málo Adv.	wenig	1.1
malý,á,é	klein	2.1
maminka,-y; matka,-y f	Mutti, Mama, Mutter	2.1
manžel,-a m; -ka,-y f	Ehemann, Ehefrau	1.1
mapa,-y f	Landkarte	4.1
máslo,-a n	Butter	4.1
maso,-a n	Fleisch	4.1

mateřská dovolená f (adj. Dekl.)	Mutterschaftsurlaub	9.1
maturita,-y f	Abitur	9.1
menza,-y f	Mensa	3.1
měsíc,-e m	Monat, Mond	3.1
město,-a n	Stadt	2.1
míchaný,á,é	gemischt	7.1
milion,-u m	Million	1.2
milovat,-uji/u (i.)	lieben	4.1
milý,á,é	lieb	6.1
ministerstvo,-a n	Ministerium	9.1
ministr,-a m; -yně,-ě f	Minister	1.1
minulý,á,é	r,e,s letzte, vergangene	3.1
minuta,-y f	Minute	3.1
místo,-a n	Ort, Platz, Stelle	7.2
mít, mám; měl, měj (i.)	haben	1.1
mít, mám + inf.	sollen	4.1
mladší Komparativ	jünger	2.1
mladý,á,é	jung	1.1
mléko,-a n	Milch	4.1
mlha,-y f	Nebel	8.1
mluvit,-ím (i.)	sprechen, reden	1.1
mnohokrát Adv.	vielmals	4.1
moc, mnoho Adv.	sehr, viel	1.1
moci/moct, můžu; mohl	können	4.1
modelka,-y f	Modell	1.1
modrý,á,é	blau	2.1
momentálně Adv.	zur Zeit, momentan	1.1
Morava,-y f	Mähren	1.2
moře,-e n	Meer, See	1.1
most,-u m	Brücke	1.1
moučník,-u m	Nachspeise, Mehlspeise	7.1
možný,á,é	möglich	3.1
můj, moje	mein, -e	2.1
muset,-ím	müssen	4.1
muž,-e m	Mann	1.1
mýdlo,-a n	Seife	4.1
myslet,-ím (i.)	denken, meinen, glauben	6.1
na Präp.+ A, L	auf (in, ...)	1.1
nabízet,-ím/nabídnout,-nu	anbieten	6.1; 7.1
náboženský,á,é	Religions-, religiös	6.2
nábřeží,-í n	Ufer, Kai	2.2
nádraží,-í n	Bahnhof	1.1
nahlas Adv.	laut	6.1
nahoře Adv.	oben	4.1
nahoru Adv.	nach oben	4.1
najednou Adv.	auf einmal	6.1
nakonec adv	zum Schluss, schließlich	5.1
nákup,-u m	Einkauf	4.1
nakupovat,-uji/u/nakoupit, -ím	einkaufen	7.1
náměstí,-í n	Platz, Markt, Ring	1.1
nápad,-u m	Idee, Einfall	7.1
nápoj,-e m	Getränk	7.1
naproti Adv.	gegenüber	4.1
například, např. Adv.	zum Beispiel, z. B.	6.1; 8.2
napsat, napíšu (p.)/psát	schreiben	7.1
národ,-a m	Nation	6.2; 9.2
narodit se,-ím (p.)	geboren werden	6.2
národní Adj.	national	8.2
národnost,-i f	Nationalität	2.1
narození,-í n	Geburt	9.1
narozeniny, narozenin f Pl.	Geburtstag	7.1
náš, naše	unser, -e	2.1
naštěstí Adv.	zum Glück	2.1
návštěva,-y f	Besuch	3.1

navštěvovat,-uji/u/navštívit, -ím	besuchen	6.1
nazývaný,á,é	genannt	2.2
nazývat,-ám/nazvat,-zvu + A, + I	nennen	6.2
ne	nein	1.1
nebo Konj.	oder	2.2
něco	etwas	4.1
nedaleko Adv.	nicht weit	9.2
neděle,-e f	Sonntag	3.1
nechat,-ám (i.)	lassen	3.2
nejen Adv.	nicht nur	6.1
nejlépe Superlativ Adv.	am besten	8.1
nejlepší Superlativ Adj.	r,e,s beste	7.1
nejprve	zuerst	5.1
nejvíc(e) Superlativ Adv.	am meisten	7.1
němčina,-y f	Deutsch	3.1
Německo,-a n; Něm/ec, -ce m; -ka,-y f	Deutschland, r Deutsche, e ~	1.1
německý,á,é německy Adv.	deutsch	1.1
nepříjemný,á,é	unangenehm	8.1
nevadí (i.) (3. Sg. von «vadit»)	macht nichts	4.1
než Konj.	als	5.1
nízký,á,é Adj. nízko Adv.	niedrig	8.1
noc,-i f	Nacht	1.1
noční Adj.	Nachts-, nächtlich	8.1
normálně Adv.	normalerweise	1.1
nosit, -ím/nést, nesu	tragen	5.1
novinář,-e m; -ka,-y f	Journalist, -in	2.1
noviny, novin f Pl.	Zeitung	3.1
novověký,á,é	neuzeitlich	6.2
nový,á,é	neu	1.1
nuda,-y f	Langweile	5.1
nudný,á,é	langweilig	4.1
nutně Adv.	dringend	6.1
nutný,á,é	notwendig, nötig	3.1
obálka,-y f	Briefumschlag	4.1
oběd,-a m	Mittagessen	3.1
obědvat,-ám/naobědvat se	mittagessen	3.1; 7.1
obchod,-u m	Geschäft	4.1
obchodní Adj.; obchodní dům, domu m	Handels-, Geschäfts-; Kaufhaus	4.1; 9.1
objednávat,-ám/objednat, -ám	bestellen	7.1
oblačno Adv.	bewölkt	8.1
oblíbený,á,é	beliebt	5.1
obrázek,-zku m	Bild (chen) (im Buch, Zeitschrift, ...)	6.1
obsluhovat (se),-uji/u/ obsloužit (se),-ím	(sich) bedienen	7.1
obývací pokoj,-e m	Wohnzimmer	2.1
obyvatel,-e m	Einwohner	1.2
od roku	seit dem Jahr	2.2; 5.2
odbočovat,-uji/u/ odbočit,-ím	abbiegen	8.1
oddělení,-í n	Abteilung, Abteil	9.1
odehrávat se,-á (i.) (3.Ps.Sg.)	spielen	7.2
odjezd,-u m	Abfahrt	8.1
odkud	woher	1.1
odlet,-u m	Abflug	8.1
odpočívat,-ám/odpočinout si, -nu	sich ausruhen, erholen	5.1; 7.1
odpoledne,-e n, auch Adv.	Nachmittag, am Nachmittag	3.1
odpověď,-i f	Antwort	5.1
odpovídat,-ám/odpovědět, -vím	antworten	5.1; 7.1
odtud Adv.	von da, von hier	2.1; 8.1
ochutnávat,-ám/ ochutnat,-ám	kosten, probieren	7.1
ojediněle Adv.	vereinzelt	8.1
okolí,-í n	Umgebung	8.1
okres,-u m	Kreis, Landkreis	8.1
okurka,-y f	Gurke	7.1
omáčka,-y f	Soße	7.1
omeleta,-y f	Eierkuchen, Omelette	7.1
opakovat, -uji/u/zopakovat	wiederholen	4.1; 7.1
opravdu Adv.	wirklich	6.1
oranžový,á,é	orange	2.1
oříšek,-šku m; ořech,-u m	eine kleine Nuss	6.1
oslavit,-ím (p.)/slavit	feiern	7.1
otázka,-y f	Frage	5.1
otec, otce m	Vater	2.1
otevření,-í n	Eröffnung	8.2
otvírací doba,-y f	Öffnungszeit	7.1
ovoce,-e n	Obst	4.1
ovocný,á,é	Obst-	7.1
oženit se,-ím (p.)/ ženit se s/se + I	heiraten (eine Frau)	9.1
padat,-ám (i.)	fallen	9.1
palačinka,-y f	Palatschinke	7.1
památka,-y f	Denkmal, Sehenswürdigkeit	8.2
pán,-a m; paní, paní f	Herr, Frau	1.1
papež,-e m	Papst	1.1
papírnictví,-í n	Schreibwaren-geschäft	4.1
pár,-u m	Paar	2.2; 6.1
párek,-rku m	Würstchen	7.1
parník,-u m	Dampfschiff	8.1
paštika,-y f	Pastete	4.1
pátek,-tku m	Freitag	3.1
pečený,á,é	gebraten	7.1
pekárna,-y f	Bäckerei	4.1
pero,-a n	Füller	4.1
pes, psa m	Hund	2.1
pěší turistika,-y f	Wandern	5.1
pěšky Adv.	zu Fuß	4.1
pětiletý,á,é	fünfjährig	6.1
píseň, písně f; písnička,-y f	Lied	5.1
pít, piju/napít se	trinken	3.1; 7.1
pití,-í n	Trinken	7.1
pivnice,-e f	Bierstube	4.1
pivovar,-u m	Brauerei	5.2
platit,-ím/zaplatit (p.)	zahlen, bezahlen	7.1
plav/ec,-ce m; -kyně,-ě f	Schwimmer/in	5.1
plavání,-í n	Schwimmen	5.1
plavat, plavu (i.)	schwimmen	5.1
plný,á,é	voll	3.1
plynně Adv.	fließend	6.1
pobyt,-u m	Aufenthalt	9.1
počasí,-í n	Wetter	8.1
počítač,-e m	Rechner	2.1
podpis,-u m	Unterschrift	9.1
podzim,-u m	Herbst	9.1
pohádka,-y f	Märchen	7.2
pohár,-u m	Becher	7.1
pohlednice,-e f	Ansichtskarte	4.1
pokoj,-e m	Zimmer	1.1
pokročilý,á m, f (adj. Dekl.)	fortgeschritten, Fortgeschr.	6.1
poledne,-e n; v poledne	Mittag/am Mittag, mittags	3.1
polévka,-y f	Suppe	7.1
politik,-a m; -čka,-y f	Politiker, -in	1.1
polojasno Adv.	leicht bewölkt	8.1

sestřenice,-e f	Cousine	2.1
setkání,-í n	Treffen	5.1
setkávat se,-ám/ setkat se,-ám	sich treffen	5.1; 7.1
severní	nördlich	8.1
seznam,-u m	Liste, Verzeichnis	8.2
sice – ale Konj.	zwar – aber	5.2; 6.1
silnice,-e f	Landstraße	8.1
silný,á,é	stark	8.1
skládat,-ám maturitu/ složit,-ím	Abitur ablegen	9.1
sklenička,-y f	Glas	7.1
skříň,-ě f	Schrank	2.1
skvělý,á,é	toll, glänzend	5.1
slabý,á,é	schwach	8.1
sladký,á,é	süß	7.1
slavit,-ím/oslavit	feiern	7.1
slavný,á,é	berühmt	1.1
slepičí Adj.	Hühner-	7.1
Slezsko,-a n	Schlesien	1.2
slohová práce,-e f	Aufsatz	9.1
Slovensko,-a n; Slov/ák, -a m; -enka,-y f	Slowakei, Slowake, -in	1.1
slovenský,á,é; slovensky Adv.	slowakisch	1.1
slovíčko,-a n	Vokabel	5.1
slovník,-u m	Wörterbuch	4.1
slunce,-e n	Sonne	8.1
sluneční krém,-u m	Sonnencreme	4.1
slunit se, -ím (i.)	sich sonnen	5.1
smažený,á,é	paniert	7.1
smět, smím	dürfen	4.1
smetana,-y f	Sahne	7.1
smůla,-y f	Pech	3.1
smutný,á,é	traurig	8.1
sňatek,-tku m	Heirat	9.1
snídat,-ám/nasnídat se	frühstücken	3.1; 7.1
sníh, sněhu m	Schnee	2.1; 9.1
sobota,-y f	Samstag	3.1
sourozenci, sourozenců m Pl.	Geschwister	9.1
soused,-a m; -ka,-y f	Nachbar, -in	1.1
spát, spím (i.)	schlafen	3.1
spisovatel,-e m; -ka,-y f	Schriftsteller,-in	1.2; 7.2
spojení,-í n	Verbindung	8.1
spolu Adv.	zusammen, gemeinsam	7.1
sportov/ec,-ce m; -kyně,-ě f	Sportler, -in	1.1
sportovat,-uji/u (i.)	Sport treiben	3.1
sprchovat se,-uji/u/vy-, osprchovat se	duschen	3.1
sprchový gel,-u m	Duschbad	4.1
srdce,-e n	Herz	2.1
srdečně Adv.	herzlich	6.1
srpen,-pna m	August	8.1
stačit, -ím (i.)	reichen, genügen	5.1
starší Komparativ	älter	2.1
starý,á,é	alt	1.1
stát, stojím (i.)	stehen, kosten	2.2; 4.1
stavět,-ím/postavit,-ím	bauen, erbauen	3.2
století,-í n	Jahrhundert	3.2
stolní tenis,-u m	Tischtennis	5.1
strašný,á,é	schrecklich, furchtbar	3.1
strávit, -ím (p.)/trávit	verbringen	4.1; 7.1
stroj,-e m	Maschine	1.1
strýc,-e m	Onkel	2.1
středa,-y f	Mittwoch	3.1
střední škola,-y f	Mittelschule	9.1
stříbrný,á,é	silbern	2.1

student,-a m; -ka,-y f	Student, -in	1.1
studený,á,é	kalt, kühl	7.1
studovat, -uji/u (i.)	studieren	1.1
stůl, stolu m	Tisch	2.1
stupeň,-pně m	Grad	8.1
suchý,á,é	trocken	9.1
svět,-a m	Welt	5.1
světlemodrý,á,é	hellblau	2.1
světlý,á,é	hell	2.1
svíčková pečeně,-ě f	Sauerbraten	7.1
svítit,-í (i.), 3. Sg.	scheinen, es scheint	8.1
svobodný,á,é	ledig	9.1
syn,-a m	Sohn	2.1
sýr,-a m	Käse	4.1
šampaňské n (adj. Dekl.)	Champagner	7.1
šedý,á,é	grau	2.1
široko daleko Adv.	weit und breit	9.1
škoda Adv., škoda,-y f	schade, Schaden	2.1
škola,-y f	Schule	3.1
školení,-í n	Schulung	9.1
šlehačka,-y f	Schlagsahne	7.1
špagety, špaget f Pl.	Spaghetti	7.1
špatný,á,é; špatně Adv.	schlecht, falsch	1.1
špenát,-u m	Spinat	7.1
štěstí,-í n	Glück	6.1
Šumava,-y f	Böhmerwald	5.1
Švýcarsko,-a n; Švýcar, -a m; -ka,-y f	Schweiz, Schweizer, -in	1.1
švýcarský,á,é	schweizerisch	1.1
tady Adv.	hier	1.1
také, taky	auch	1.1
talíř,-e m	Teller	7.1
tam Adv.	dort, dorthin	1.1
tamten, tamta, tamto	der, die, das dort	1.1
tančící Adj.	tanzend	2.2
tancovat,-uji/u, tančit, -ím (i.)	tanzen	5.1
tatínek,-nka m	Vati, Papa	2.1
taxikář,-e m	Taxifahrer	1.2
teď Adv.	jetzt, nun	2.1
televize,-e f	Fernseher, Fernsehen	5.1
ten, ta, to	der, die, das	1.1
tenist/a,-y m; -ka,-y f	Tennisspieler, -in	1.1
tento, tato, toto	dieser, diese, dieses	1.1
teplota,-y f	Temperatur	8.1
teplý,á,é	warm	7.1
teprve	erst	3.1
těšit se,-ím (i.) na + A	sich freuen auf	7.1
teta,-y f	Tante	2.1
těžký,á,é	schwer, schwierig	6.1
tlumoč/ník,-a m; -nice,-e f	Dolmetscher, -in	1.1
tmavozelený,á,é	dunkelgrün	2.1
tmavý,á,é	dunkel	2.1
topinka,-y f	Toast	7.1
trávit,-ím/strávit	verbringen	4.1; 7.1
trefný,á,é	treffend	4.2
trochu Adv.	ein bisschen	1.1
trvat,-á (i.), 3. Sg.	dauern	7.1
třída,-y f	Klasse	9.1
tulipán,-u m	Tulpe	4.1
túra,-y f	Tour	8.1
tužka,-y f	Bleistift	4.1
tvořit,-ím/vytvořit	bilden, schöpfen, schaffen	1.2
tvůj, tvoje	dein, -e	2.1
týden,-dne m	Woche	3.1
učebnice,-e f	Lehrbuch	6.1
učení,-í n	Lernen	6.1
učit se,-ím/naučit se	lernen	1.1; 7.1

Vokabelindex tschechisch-deutsch

učit,-ím/naučit	lehren, unterrichten	3.1; 7.1
učitel,-e m; -ka,-y f	Lehrer, -in	1.1
udělat,-ám (p.)/dělat	machen, tun	7.1
uklízet,-ím/uklidit,-ím	aufräumen, saubermachen	5.1; 7.1
ulice,-e f	Straße	2.1
umění,-í n	Kunst	5.1
umět, umím	können	4.1
unavený,á,é	müde	1.1
univerzita,-y f	Universität	3.1
únor,-a m	Februar	8.1
uprostřed Adv.	in der Mitte	4.1
určitě Adv.	bestimmt, sicher, gewiss	5.1
úroda,-y f	Ernte	9.1
úředn/ík,-a m; -nice,-e f	r Beamte	1.1
úřední Adj.	Amts-	1.2
usazovat se,-uji/u/usadit se, -ím	sich niederlassen	9.2
úspěšný,á,é	erfolgreich	5.2
úterý,-ý n	Dienstag	3.1
uvařit,-ím (p.)/vařit	kochen	7.1
už Adv.	schon	1.1
uznávaný,á,é	anerkannt	3.2
v/ve Präp. + L	in, auf	1.1; 3.1
Vánoce, Vánoc f Pl.	Weihnachten	9.1
vaření,-í n	Kochen	5.1
vařit,-ím/uvařit	kochen	7.1
vážný,á,é	ernst, ernsthaft, klassisch	5.1
včera Adv.	gestern	5.1
vdaná f Adj.	verheiratet	9.1
vdávat se,-ám za + A/ vdát se,-ám	heiraten (einen Mann)	3.1; 9.1
věc,-i f	Sache	7.1
večer,-a m, Adv.	Abend, am Abend, abends	3.1
večeře,-e f	Abendessen, Abendbrot	3.1
večeřet,-ím/navečeřet se	zu Abend essen	3.1
večírek,-rku m	Party	5.1; 7.1
věda,-y f	Wissenschaft	9.1
vědět, vím (i.)	wissen	3.1
vedoucí m, f (adj. Dekl.)	Leiter/in	9.1
vedro,-a n	Hitze	9.1
vejce,-e n	Ei	4.1
Velikonoce, Velikonoc f Pl.	Ostern	8.1
velkoměsto,-a n	Großstadt	4.1
velký,á,é	groß	2.1
velmi	sehr	1.1; 5.2
ven Adv.	raus, hinaus	9.1
venkov,-a m	Land, Provinz	4.1
vepřová pečeně,-ě f	Schweinebraten	7.1
veselý,á,é	lustig, fröhlich	2.1; 8.1
vesnice,-e f	Dorf	8.1
většinou Adv.	meistens	6.1
věž,-e f	Turm	2.2
vidět,-ím/uvidět	sehen	4.1; 7.1
víkend,-u m	Wochenende	3.1
víno,-a n	Wein	4.1
viset,-ím (i.)	hängen	4.1
vítěz,-e m	Sieger	5.2
vítr, větru m	Wind	8.1
vlak,-u m	Zug	8.1
vlakový,á,é	Zug(s)-	8.1
vlevo Adv.	links	4.1
vodit,-ím, vést, vedu	führen	5.1
volat,-ám/zavolat + D	anrufen	7.1
volný,á,é	frei	5.1
vozit,-ím/vézt, vezu	jemanden fahren	5.1
vpravo Adv.	rechts	4.1
vpředu, vepředu Adv.	vorne	4.1
vracet se,-ím/vrátit se,-ím	zurückkehren	6.1; 7.1
vrchní m (adj. Dekl.)	Ober	7.1
vstávat,-ám/vstát, vstanu	aufstehen	3.1
všechno	alles	4.1
všude Adv.	überall	9.1
vtip,-u m	Witz	4.2
vůbec Adv.	überhaupt	2.1
výborně Adv.	ausgezeichnet	1.1
vybírat (si),-ám/ vybrat si,-beru	(aus)wählen	7.1
východní Adj.	östlich	8.2
vydavatel,-e m; -ka,-y f	Herausgeber,-in	7.2
výhled,-u m	Aussicht	2.1
vypravovat,-uji/u/ vyprávět,-ím (i.)	erzählen	3.1
vysoká škola,-y f	Hochschule	9.1
vysoký,á,é Adj.; vysoko Adv.	hoch	8.1
výstava,-y f	Ausstellung	4.1
vysvětlovat,-uji/u/vysvětlit, -ím	erklären	6.1
vytvořit,-ím (p.)/tvořit	bilden, schöpfen, schaffen	1.2
výtah,-u m	Aufzug	8.1
vyučování,-í n	Unterricht	3.1; 6.1
významný,á,é	bedeutend	9.2
vzadu Adv.	hinten	4.1
vzdělání,-í n	Ausbildung, Bildung	9.1
vzít se, vezmeme se (p.) (1. Pl.)/brát se, beru	heiraten	9.1
vzít si, vezmu (p.)/brát si, beru + A	(jemanden) heiraten	9.1
vždy, vždycky Adv.	immer	4.1
webová stránka,-y f	Webseite	9.1
z/ze Präp. + G	aus	1.1
z roku	aus dem Jahr	5.2
zácpa,-y f	Stau	8.1
začátečn/ík,-a m; -ice,-e f	Anfänger/in	6.1
začínat,-ám/začít, začnu	beginnen, anfangen	3.1; 7.1
zahajovat,-uji/u/zahájit,-ím	eröffnen	8.2
zahrada,-y f	Garten	5.1
zájem,-jmu m	Interesse	5.1
zajímat se,-ám (i.) o + A	sich interessieren für	5.1
zajímavý,á,é	interessant	4.1
zakladatel,-e m; -ka,-y f	Gründer,-in	7.2
základní Adj.	Grund-	9.1
základní vojenská služba,-y f	Wehrdienst	9.1
zámek,-mku m	Schloss	7.2
západ,-u m	Westen	9.1
září,-í n	September	8.1
zase Adv.	wieder, wiederum	2.1
zataženo Adv.	bedeckt	8.1
závist,-i f	Neid	2.1
zavolat,-ám (p.)/volat + D	anrufen	7.1
zdraví,-í n	Gesundheit	7.1
zdravit,-ím/pozdravit	grüßen	6.1; 7.1
zeleninový,á,é	Gemüse-	7.1
zelený,á,é	grün	2.1
zelí,-í n	Kraut	7.1
zem,-ě, země,-ě f	Land, Boden, Erde	1.1
zemřít,-u, umřít (p.)/ umírat,-ám	sterben	6.2
zima Adv.	kalt	8.1
zima,-y f	Winter	9.1
zítra Adv.	morgen	5.1

zjišťovat,-uji/u/zjistit,-ím	feststellen, ermitteln	8.1
zkoušet,-ím/zkusit,-ím	probieren, versuchen	7.1
zlatý,á,é	golden	2.1
zmrzlina,-y f	Eis	7.1
znalost,-i f	Kenntnis	9.1
známka,-y f	Briefmarke	4.1
známý,á,é	bekannt	4.2
znát,-ám (i.)	kennen	4.1; 6.1
zpátky Adv.	zurück	8.1
zpěv/ák,-a m; -ačka,-y f	Sänger/in	5.1
zpívat,-ám/zazpívat	singen	5.1; 7.1
zubní kartáček,-čku m	Zahnbürste	4.1
zubní pasta,-y f	Zahnpaste	4.1
zvát, zvu/pozvat	einladen	7.1
zvlášť Adv.	extra, besonders	7.1
žádost,-i f	Gesuch, Bewerbung	9.1
žák,-a m; -yně,-ě f	Schüler/in	9.1
žena,-y f	Frau	1.1
ženatý m Adj.	verheiratet	9.1
ženit se,-ím/oženit se s/se + I	heiraten (eine Frau)	9.1
židle,-e f	Stuhl	2.1
žít, žiji/u (i.)	leben	3.1
život,-a m	Leben	5.1
životopis,-u m	Lebenslauf	9.1
žízeň,-zně f	Durst	7.1
žlutý,á,é	gelb	2.1
žurnalist/a,-y m; -ka,-y f	Journalist, -in	1.1

Vokabelindex deutsch-tschechisch

abbiegen	odbočovat,-uji/u/odbočit,-ím	8.1
Abend, am Abend, abends	večer,-a m, auch Adv.	1.1; 3.1
Abendessen, Abendbrot	večeře,-e f	3.1
aber	ale	1.1
Abfahrt	odjezd,-u m	8.1
Abflug	odlet,-u m	8.1
Abitur	maturita,-y f	9.1
Abitur ablegen	skládat,-ám/složit,-ím maturitu	9.1
Abteilung	oddělení,-í n	9.1
Adresse	adresa,-y f	2.1
alles	všechno	4.1
als	než Konj.; když Konj.	5.1; 7.1
alt, älter	starý,á,é, starší Komparativ	1.1; 2.1
Amerika, Amerikaner, -in	Amerika,-y f, Američan, -a m; -ka,-y f	1.1
Amts-	úřední	1.2
anbieten	nabízet,-ím/nabídnout,-nu	6.1
andere r,e,s	jiný,á,é	8.1
anders	jinak Adv. (Konj.)	6.1
anerkannt	uznávaný,á,é	3.2
anfangen	začínat,-ám/začít, začnu	3.1; 7.1
Anfänger/in	začátečn/ík,-a m; -ice,-e f	6.1
Anflug	přílet,-u m	8.1
angeblich	prý Adv.	8.1
ankommen	přijíždět,-ím/přijet,-jedu	8.1
Ankunft	příjezd,-u m	8.1
anrufen	volat,-ám/zavolat, telefonovat,-uji/u + D	7.1
ansehen sich etwas	prohlížet (si),-ím/ prohlédnout si,-nu; dívat se,-ám/ podívat se na + A	3.1; 5.1; 7.1
Ansichtskarte	pohlednice,-e f	4.1
Antarktis	Antarktida,-y f	5.1
Antwort	odpověď,-i f	5.1
antworten	odpovídat,-ám/zodpovědět, odpovím	5.1; 7.1
Apfel	jablko,-a n	7.1
Apfel-	jablkový, jablečný,á,é	7.1
Appetit	chuť,-i f	7.1
April	duben,-bna m	8.1
Arbeit	práce,-e f	1.2
arbeiten	pracovat, -uji/u (i.)	1.1
Arbeiter, -in	děln/ík,-a m; -nice/-e f	1.1
Arbeitszimmer	pracovna,-y f	2.1
Artikel	článek,-nku m	5.1
auch	také, taky Adv.	1.1
auf	na Präp. + A, L	1.1
auf einmal	najednou Adv.	6.1
Aufenthalt	pobyt,-u m	9.1
aufpassen	dávat,-ám/dát,-ám pozor	6.1
aufräumen	uklízet,-ím/uklidit,-ím	5.1; 7.1
Aufsatz	slohová práce,-e f	9.1
aufstehen	vstávat, -ám/vstát, vstanu	3.1; 7.1
Aufzug	výtah,-u m	8.1
August	srpen,-pna m	8.1
aus	z/ze Präp. + G	1.1
Ausbildung	vzdělání,-í n	9.1
ausgezeichnet	výborně Adv.	1.1
ausruhen sich	odpočívat,-ám/odpočinout si, -nu	5.1; 7.1
Aussicht	výhled,-u m	2.1
Ausstellung	výstava,-y f	4.1
auswählen	vybírat (si),-ám/ vybrat (si), -beru	7.1
Autobahn	dálnice,-e f	8.1
Bäckerei	pekárna,-y f	4.1
baden	koupat se,-u/ vykoupat se	9.1

Badezimmer	koupelna,-y f	2.1
Bahnhof	nádraží,-í n	1.1
bald	brzy, brzo Adv.	5.1
bauen	stavět,-ím/postavit,-ím	3.2
Beamte	úředn/ík,-a m; -nice,-e f	1.1
Becher	pohár,-u m	7.1
bedeckt	zataženo Adv.	8.1
bedeutend	významný,á,é	9.2
bedienen (sich)	obsluhovat (se),-uji/u/ obsloužit(se),-ím	7.1
beeilen sich	pospíchat, -ám, spěchat,-ám (i.)	3.1
beginnen	začínat,-ám/začít, začnu	3.1; 7.1
beige	béžový,á,é	2.1
Beilage	příloha,-y f	7.1
Beispiel; zum Beispiel	příklad,-u m; například, např. Adv.	2.2; 6.1; 8.2
bekannt	známý,á,é	4.2
bekommen	dostávat,-ám/dostat, dostanu	4.1; 7.1
belegtes Brot	chlebíček,-čku m	7.1
beliebt	oblíbený,á,é	5.1
benutzen	používat,-ám/použít,-žiju	6.1
Beratung	porada,-y f	7.1
Berg-	horský,á,é	5.1
Bergsteigen	horolezectví,-í n	5.1
Bergsteiger,-in	horolez/ec,-zce m;-kyně,-ě f	5.1
Beruf	povolání,-í n	1.1
berühmt	slavný,á,é	1.1
besichtigen	prohlížet (si),-ím/ prohlédnout si,-nu	7.1
besonders	zvlášť Adv.	7.1
beste r,e,s; am besten	nejlepší Superlativ; nejlépe Superlativ Adv.	7.1; 8.1
bestellen	objednávat,-ám/objednat, -ám	7.1
bestimmt	určitě Adv.	5.1
Besuch	návštěva,-y f	3.1
besuchen	navštěvovat, -uji/u/navštívit,-ím	6.1
Bett	postel,-e f	2.1
Bewerbung	žádost,-i f	9.1
bewölkt	oblačno Adv.	8.1
bezahlen	platit,-ím/zaplatit za + A	7.1
Bibliothek	knihovna,-y f	2.1
Bierstube	pivnice,-e f	4.1
Bild (im Buch, Zeitschrift, ...)	obrázek,-zku m	6.1
bilden	tvořit,-ím/vytvořit	1.2
Bildung	vzdělání,-í n	9.1
billiger	levnější Adj. Komparativ	8.1
bis, bis bald	až do + G, až; brzy ahoj	8.1
bisschen, ein bisschen	trochu Adv.	1.1
bitten	prosit,-ím/poprosit	3.1
blasen	foukat,-ám (i.)	8.1
blau	modrý,á,é	2.1
Bleistift	tužka,-y f	4.1
Blitz	blesk,-u m	9.1
bloß	jen, jenom	1.1
Blume	květina,-y f	4.1
Blumengeschäft	květinářství,-n	4.1
Boden	země,-ě; zem,-ě f	1.1
Böhmen	Čechy, Čech f Pl.	1.2
Böhmerwald	Šumava,-y f	5.1
Böhmisch-mährische Höhe	Českomoravská vysočina,-y f	9.1
brauchen	potřebovat,-uji/u (i.)	4.1
Brauerei	pivovar,-u m	5.2
braun	hnědý,á,é	2.1

Braut, Die verkaufte Braut	Prodaná nevěsta,-y f	8.2
Brief	dopis,-u m	6.1
Briefmarke	známka,-y f	4.1
Briefpapier	dopisní papír,-u m	4.1
Briefumschlag	obálka,-y f	4.1
Brille	brýle,brýlí f Pl.	2.1
bringen	přinášet,-ím/přinést,-nesu; přivádět,-ím/přivést,-vedu	7.1; 9.2
Brokkoli	brokolice,-e f	7.1
Brot	chléb, chleba; chleba,-a (umg.) m	4.1
Brücke	most,-u m	1.1
Bruder	bratr,-a m	1.1
Brünn	Brno,-a n	1.1
Bube	kluk,-a m	9.1
Buch	kniha,-y f	4.1
Bücherregal, -schrank	knihovna,-y f	2.1
Buchhandlung	knihkupectví,-í n	4.1
Büffet	bufet,-u m	7.1
bunt	barevný,á,é	2.1
Burg	hrad,-u m	2.2
Bus, Bus-	autobus,-u m; autobusový,á,é	4.1; 8.1
Butter	máslo,-a n	4.1
Café	kavárna,-y f	4.1
Champagner	šampaňské,-ého n	7.1
chemisch	chemický,á,é	1.2
Couch	gauč,-e m	2.1
Cousin	bratranec,-nce m	2.1
Cousine	sestřenice,-e f	2.1
dafür	pro to	5.1
Dampfschiff	parník,-u m	8.1
danke	díky Adv.	1.1
danken	děkovat,-uji/-u/poděkovat	1.1
dann	potom, pak Adv.	3.1
dauern	trvat,-ám/potrvat	7.1
dein, -e	tvůj, tvoje	2.1
Delphin	delfín,-a m	5.1
denken	myslet,-ím (i.)	6.1
Denkmal	památka,-y f	8.2
der, die, das	ten, ta, to	1.1
der, die, das ... dort	tamten, tamta, tamto	1.1
deutsch	německý,á,é; německy Adv.	1.1
Deutsch	němčina,-y f	3.1
Deutschland; r,e Deutsche	Německo,-a n; Němec,-mce m; -ka,-y f	1.1
Dezember	prosinec,-nce m	8.1
Diät	dieta,-y f	7.1
Dienstag	úterý,-ý n	3.1
dieser, diese, dieses	tento, tato, toto	1.1
Dolmetscher, -in	tlumoč/ník,-a m; -nice,-e f	1.1
Donner	hrom,-u m	9.1
Donnerstag	čtvrtek,-tka m	3.1
Dorf	vesnice,-e f	8.1
dort, dorthin	tam Adv.	1.1
Drachen	rogalo,-a n	5.1
Dramatiker, -in	dramat/ik,-a m; -ička,-y f	1.1
dringend	nutně Adv.	6.1
dunkel	tmavý,á,é	2.1
dunkelgrün	tmavozelený,á,é	2.1
dürfen	smět, smím	4.1
Durst	žízeň,-zně f	7.1
Duschgel	sprchový gel,-u m	4.1
duschen	sprchovat se,-uji/u/o-, vysprchovat se	3.1; 7.1
eben	právě Adv.	7.1
Ehemann, Ehefrau	manžel,-a m; -ka,-y f	1.1

Ei	vejce,-e n	4.1
Eierkuchen	omeleta,-y f	7.1
einfach	jednoduchý,á,é	8.1
Einfall	nápad,-u m	7.1
einhalb	půl + G	7.1
Einkauf	nákup,-u m	4.1
einkaufen	nakupovat,-uji/u/ nakoupit,-ím	7.1
einladen	zvát,zvu/pozvat	7.1
Einladung	pozvánka,-y f, pozvání,-í n	7.1; 8.1
einmal	jednou, jedenkrát	4.1
Einwohner,-in	obyvatel,-e m; -ka,-y f	1.2
Eis	zmrzlina,-y f	7.1
Eishockey	lední hokej,-e m	5.1
Eltern	rodiče, rodičů m Pl.	2.1
empfehlen	doporučovat,-uji/u/doporučit	6.1; 8.1
enden	končit,-ím/skončit	3.1
endlich	konečně Adv.	9.1
England, Engländer, -in	Anglie,-e f; Angličan,-a m; -ka,-y f	1.1
englisch	anglicky Adv.	1.1
entschuldigen	promíjet,-ím/prominout, -minu	4.1; 7.1
erbauen	stavět,-ím/postavit, -ím	3.2
Erde	země,-ě; zem,-ě f	1.1
Erdbeere	jahoda,-y f	7.1
erfolgreich	úspěšný,á,é	5.2
erhalten	dostávat,-ám/dostat, dostanu	4.1; 7.1
erholen sich	odpočívat,-ám/ odpočinout si,-nu	5.1; 7.1
erklären	vysvětlovat,-uji/u/vysvětlit, -ím	6.1; 7.1
erlauben	dovolovat,-uji/u/dovolit,-ím	2.1
ermitteln	zjišťovat,-uji/u/ zjistit,-ím	8.1
ernst, ernsthaft	vážný,á,é	5.1
Ernte	úroda,-y f	9.1
eröffnen	zahajovat,-uji/u/ zahájit,-ím	8.2
Eröffnung	otevření,-í n	8.2
erst;	teprve	3.1
der, die, das erste	první	1.2
Erwachsene, erwachsen	dospělý,á,é	9.2
erzählen	vypravovat,-uji/u, vyprávět,-ím (i.)	3.1
Erzählung	povídka,-y f	7.2
essen; zu Abend essen	jíst, jím/najíst se; večeřet,-ím/ navečeřet se	3.1; 7.1
Essen	jídlo,-a n	7.1
etwa	asi	3.1
etwas	něco	4.1
Europa	Evropa,-y f	1.2
extra	zvlášť Adv.	7.1
fahren; fahren j-n	jezdit,-ím/jet, jedu; vozit,-ím/vézt, vezu	3.1; 5.1
Fahrt	cesta,-y f; jízda,-y f	3.1
fallen	padat,-ám (i.)	9.1
Familie	rodina,-y f	1.1
Familienstand	rodinný stav,-u m	9.1
Farbe	barva,-y f	2.1
farbig	barevný,á,é	2.1
faulenzen	lenošit,-ím (i.)	5.1
Februar	únor,-a m	8.1
Fehler	chyba,-y f	6.1
feiern	slavit,-ím/oslavit	7.1
Ferien	prázdniny, prázdnin f Pl.	9.1
Fernseher, Fernsehen	televize,-e f	5.1
fertig	hotový,á,é	5.1
feststellen	zjišťovat,-uji/u/zjistit,-ím	8.1
Figur	postava,-y f	7.2

Vokabelindex deutsch-tschechisch

Firma	firma,-y f	1.1
Flasche	láhev, lahve f	7.1
Fleisch	maso,-a n	4.1
fliegen	létat,-ám/letět,-ím	5.1
fließend	plynně Adv.	6.1
Flur	chodba,-y f	2.1
Fluss	řeka,-y f	9.1
Forelle	pstruh,-a m	7.1
fortgeschritten, Fortgeschrittene/r	pokročilý,á m, f	6.1
Fotografieren	fotografování,-í n	5.1
Frage	otázka,-y f	5.1
Frankreich, Franzose, -in	Francie,-e f; Francouz,-e m; -ka,-y f	1.1
französisch	francouzský,á,é; francouzsky Adv.	1.1
Französisch	francouzština,-y f	3.1
Frau	žena,-y f; paní,-í f	1.1
frei	volný,á,é	5.1
Freitag	pátek,-tku m	3.1
fremd	cizí	6.1
freuen sich auf, über	těšit se,-ím (i.) na + A, z/ze + G	1.1; 7.1
Freund, -in	přítel,-e m; -kyně,-ě f	1.1
freundlich	laskavý,á,é; přátelský,á,é	4.2
Friseur, Friseuse	kadeřn/ík,-a m; -ice,-e f	7.1
Frühling, Frühjahr	jaro,-a n	9.1
frühstücken	snídat,-ám/nasnídat se	3.1; 7.1
führen	vodit,-ím/vést, vedu	5.1
Führerschein	řidičský průkaz,-u m	9.1
Füller	pero,-a n	4.1
fünfjährig	pětiletý,á,é	6.1
für	pro Präp.+ A	4.1
furchtbar	strašný,á,é	3.1
fürchten sich	bát se, bojím se (i.)	7.1
Fürstin	kněžna,-y f	7.2
Fuß; zu Fuß	pěšky Adv.	4.1
ganz	celý,á,é; docela Adv.	1.1; 3.1
Garten	zahrada,-y f	5.1
geboren	rozená f Adj.	9.1
geboren werden	rodit se,-ím/narodit se	6.2
gebraten	pečený,á,é	7.1
Geburt	narození,-í n	9.1
Geburtstag	narozeniny, narozenin f Pl.	7.1
gefallen	líbit se,-ím (i.)	2.1
gegenüber	naproti Adv.	4.1
gehen	chodit, -ím/jít, jdu	1.1; 3.1; 5.1
gelb	žlutý,á,é	2.1
gemeinsam	spolu Adv.; dohromady Adv.	7.1
gemischt	míchaný,á,é	7.1
Gemüse-	zeleninový,á,é	7.1
genannt	nazývaný,á,é; zvaný,á,é	2.2
genügen	stačit,-ím (i.)	5.1
gerade	právě Adv.	7.1
geradeaus	rovně Adv.	4.1
gern, froh	rád,-a m, f	2.1
Geschäft	obchod,-u m	4.1
Geschäfts-	obchodní Adj.	9.1
Geschenk	dárek,-rku m	7.1
Geschwister	sourozenci, sourozenců m Pl.	9.1
Gespräch	rozhovor,-u m	6.1
Gestalt	postava,-y f	7.2
gestatten	dovolovat,-uji/u/dovolit,-ím	2.1
gestern	včera Adv.	5.1
Gesuch	žádost,-i f	9.1
Gesundheit	zdraví,-í n	7.1
Getränk	nápoj,-e m	7.1
gewiss	určitě Adv.	5.1
Gewitter	bouřka,-y f	9.1
Gitarre	kytara,-y f	5.1
Glas	sklenička,-y f	7.1
glauben	myslet,-ím (i.)	6.1
gleich	hned Adv.	4.1
Glück; zum Glück	štěstí,-í n; naštěstí Adv.	6.1; 2.1
GmbH	s.r.o.	9.1
golden	zlatý,á,é	2.1
Grad	stupeň,-pně m	8.1
grau	šedý,á,é	2.1
groß	velký,á,é	2.1
Großmutter	babička,-y f	2.1
Großstadt	velkoměsto,-a n	4.1
Großvater	dědeček,-čka m	2.1
grün	zelený,á,é	2.1
Grund-	základní Adj.	9.1
Gründer,-in	zakladatel,-e m; -ka,-y f	7.2
Grundlagen schaffen	položit (p.) základy	6.2
grüßen	zdravit,-ím/pozdravit	6.1; 7.1
Gurke	okurka,-y f	7.1
gut	dobrý,á,é; dobře Adv.	1.1
Gymnasium	gymnázium,-zia n	1.1
Gymnast/in	gymnast/a,-y m; -ka,-y f	5.1
Gymnastik	gymnastika,-y f	5.1
haben	mít, mám (i.)	1.1
halb	půl + G	7.1
halten	držet,-ím/podržet	7.1
Handels-	obchodní Adj.	9.1
Handlung	děj,-e m	7.2
hängen	viset,-ím (i.)	4.1
hauptsächlich	hlavně Adv.	5.1
Hauptstadt	hlavní město,-a n	1.2
Haus, zu Hause, nach Hause	dům, domu m; doma, domů Adv.	5.1
Hausaufgabe	domácí úkol,-u m	6.1
Heft	sešit,-u m	4.1
Heirat	sňatek,-tku m	9.1
heiraten	brát si/se, beru/vzít si/se, vezmu si (1.Ps.Sg.), vezmeme se (1.Ps.Pl.)	9.1
heiraten (eine Frau, einen Mann)	ženit se,-ím/oženit se s/se + I; vdávat se,-ám/vdát se,-ám za + A	9.1
heiraten jemanden	brát si, beru/vzít si, vezmu + A	9.1
heißen	jmenovat se,-uji/u (i.)	1.1
helfen	pomáhat,-ám/ pomoci/pomoct, pomůžu	9.1
hell	světlý,á,é	2.1
hellblau	světlemodrý,á,é	2.1
Herausgeber,-in	vydavatel,-e m; -ka,-y f	7.2
Herbst	podzim,-u m	9.1
Herkunft	původ,-u m	2.2
Herr	pán,-a m	1.1
Herz	srdce,-e n	2.1
herzlich	srdečně Adv.	6.1
heute	dnes Adv.	3.1
hier, da	tady,zde Adv.	1.1
hierher	sem Adv.	9.2
hinaus	ven Adv.	9.1
hinten, nach hinten	vzadu, dozadu Adv.	4.1
Hitze	vedro,-a n	9.1
Hobby	hobby (nicht dekl.) n	6.1
hoch	vysoký,á,é; vysoko Adv.	8.1
Hochschule	vysoká škola,-y f	9.1
Hockeyspieler	hokejista,-y m	5.2
hoffen	doufat,-ám (i.)	8.1

Vokabelindex deutsch-tschechisch

holen	přinášet,-ím/přinést,-nesu; přivádět,-ím/přivést,-vedu	7.1; 9.2
hören	poslouchat,-ám/ poslechnout si,-nu	4.1; 7.1
Hörnchen	rohlík,-u m	4.1
hübsch	krásný,á,é	5.1
Hügel	kopec,-pce m	9.1
Huhn	kuře,-ete n	7.1
Hühner-	slepičí Adj.	7.1
Hund	pes, psa m	2.1
Hunger	hlad,-u m	7.1
Hütte	chata,-y f	4.1
Idee	nápad,-u m	7.1
ihr (3.Pl.)	jejich	2.1
ihr (3.Sg.)	její	2.1
immer, immerwährend	vždy, vždycky, pořád Adv.	3.1; 4.1
in	v/ve Präp.+ L, do + G	1.1; 3.1
Information	informace,-e f	4.1
Ingenieur, -in	inženýr,-a m; -ka,-y f	1.1
interessant	zajímavý,á,é	4.1
Interesse	zájem,-jmu m	5.1
interessieren sich für	zajímat se, -ám (i.) o + A	5.1
Italien; Italiener, -in	Itálie,-e f; Ital,-a m; -ka,-y f	1.1
italienisch	italsky Adv.	1.1
ja	ano	1.1
Jahr, seit dem Jahr, aus dem Jahr	rok m; od roku, z roku	2.2; 3.1; 5.2
Jahreszahl	letopočet,-čtu m	9.1
Jahreszeit	roční období,-í n	9.1
Jahrhundert	století,-í n	3.2
Januar	leden,-dna m	8.1
jeder,e,s	každý,á,é	3.1
jetzt, nun	teď Adv.	2.1
Journal	časopis,-u m	4.1
Journalist, -in	žurnalist/a,-y m; -ka,-y f; novinář,-e m; -ka,-y f	1.1; 2.1
Juli	červenec,-nce m	8.1
jung	mladý,á,é	1.1
jünger	mladší Adj. Komparativ	2.1
Juni	červen,-vna m	8.1
Kaffee	káva,-y f	4.1
Kaiser	císař,-e m	3.2
Kalender	kalendář,-e m	3.1
kalt	studený,á,é; zima Adv.	7.1; 8.1
Karikatur	kreslený vtip,-u m	4.2
Karpfen	kapr,-a m	7.1
Kärtchen	kartička,-y f	6.1
Kartei	kartotéka,-y f	6.1
Kartoffeln	brambory, brambor f Pl.	7.1
Kartoffelpuffer	bramborák,-u; bramboráček,-čku m	7.1
Käse	sýr,-a m	4.1
kaufen	kupovat,-uji/u/koupit,-ím	7.1
Kaufhaus	obchodní dům, domu m	4.1
kennen/ kennenlernen	znát,-ám/poznat,-ám	4.1; 6.1
Kenntnis	znalost,-i f	9.1
Kind	dítě,-ete n	1.1
Kirche	kostel,-a m	4.1
klares Wetter	jasno Adv.	8.1
Klasse	třída,-y f	9.1
klein	malý,á,é	2.1
Kneipe	hospoda,-y f	6.1
Knoblauch	česnek,-u m	7.1
Knödel	knedlík,-u m	7.1
kochen	vařit,-ím/uvařit	7.1
Kochen	vaření,-í n	5.1

Kollege, -in	kolega,-y m; -yně,-ě f	1.1
kommen	dostávat se,-ám/dostat se, dostanu; přicházet,-ím/ přijít,-jdu (pěšky); přijíždět,-ím/přijet,-jedu	4.1; 7.1; 8.1
König, -in	král,-e m; -ovna,-y f	1.1
konkret	konkrétně Adv.	1.1
können (Fähigkeit/ Möglichkeit)	umět, umím; moci/moct, můžu	4.1
Konzert	koncert,-u m	3.1
kosten	stát, stojí to (i.) (3. Sg.); ochutnávat,-ám/ochutnat,-ám	4.1; 7.1
Kraut	zelí,-í n	7.1
Kreis	okres,-u m	8.1
Kreuzung	křižovatka,-y f	4.1
kriegen	dostávat,-ám/dostat, dostanu	4.1; 7.1
Krone	koruna,-y f	4.1
Küche	kuchyně,-ě; kuchyň,-ě f	2.1
Kuchen	koláč,-e m	1.2
kühl	studený,á,é	7.1
Kunst	umění,-í n	5.1
kurz	krátký,á,é; krátce Adv.	6.1; 9.1
Land	země,-ě; zem,-ě f; venkov,-a m	1.1; 4.1
Landkarte	mapa,-y f	4.1
Landkreis	okres,-u m	8.1
Landschaft	krajina,-y f	9.1
Landstraße	silnice,-e f	8.1
lang	dlouhý,á,é	5.1
lange	dlouho Adv.	3.1
länger	déle Komparativ Adv.	8.1
langsam	pomalý,á,é; pomalu Adv.	3.1; 8.1
Langweile	nuda,-y f	5.1
langweilig	nudný,á,é	4.1
lassen	nechat,-ám (i.)	3.2
Lauf	běh,-u m	5.1
laufen	běhat,-ám/běžet,-ím	5.1
laut	nahlas; hlasitě Adv.	6.1
leben	žít, žiju (i.)	3.1
Leben	život,-a m	5.1
Lebenslauf	životopis,-u m	9.1
Lebensmittel	potraviny, potravin f Pl.	4.1
Leberknödel	játrové knedlíčky,-čků m Pl.	7.1
ledig	svobodný,á,é	9.1
Lehrbuch	učebnice,-e f	6.1
lehren, unterrichten	učit,-ím/naučit	3.1; 7.1
Lehrer, -in	učitel,-e m; -ka,-y f	1.1
leicht bewölkt	polojasno Adv.	8.1
Leichtathletik	lehká atletika,-y f	5.1
leid	líto Adv.	2.1
leider	bohužel Adv.	2.1
Leiter/in	vedoucí m, f (adj. Dekl.)	9.1
lernen	učit se,-ím se/naučit se	1.1; 7.1
Lernen	učení,-í n	6.1
lesen	číst, čtu/ přečíst	3.1; 7.1
letzte der, die das	poslední; minulý,á,é	1.2; 3.1
lieb	milý,á,é	6.1
lieben	milovat,-uji/u (i.)	4.1
lieber, am liebsten	raději Komparativ; nejraději Superlativ Adv.	4.1
Lied	píseň, písně f; písnička,-y f	5.1
liegen	ležet,-ím (i.)	1.1; 4.1
linke r,e,s	levý,á,é	4.1
links, nach links	vlevo; nalevo Adv.	4.1
Liste	seznam,-u m	8.2
Lust	chuť,-i f	6.1
lustig, fröhlich	veselý,á,é	2.1; 8.1
machen	pracovat, -uji/u (i.); dělat,-ám/udělat	1.1; 3.1; 7.1

macht nichts	nevadí (i.) (3. Sg. von «vadit»)	4.1
Mädel	holka,-y f	9.1
Mähren	Morava,-y f	1.2
Mai	květen,-tna m	8.1
Maler,-in	malíř,-e m; -ka,-y f	2.2
Mann	muž,-e m	1.1
Märchen	pohádka,-y f	7.2
Markt	náměstí,-í n	1.1
März	březen,-zna m	8.1
Meer	moře,-e n	1.1
Mehlspeise	moučník,-u m	7.1
Mein Vaterland	Má vlast,-i f	8.2
mein, -e	můj, moje	2.1
meinen	myslet,-ím (i.)	6.1
meistens, am meisten	většinou Adv.; nejvíc(e) Superlativ Adv.	6.1; 7.1
Mensa	menza,-y f	3.1
Mensch	člověk,-a m	1.1
Metzgerei	řeznictví,-í n	4.1
Milch	mléko,-a n	4.1
Million	milion,-u m	1.2
Minister	ministr,-a m; -yně,-ě f	1.1
Ministerium	ministerstvo,-a n	9.1
Minute	minuta,-y f	3.1
mit	s/se + I	3.1
Mittag/am Mittag, mittags	poledne,-e n; v poledne	3.1
Mittagessen	oběd,-a m	3.1
mittagessen	obědvat,-ám/naobědvat se	3.1; 7.1
Mitte, in die Mitte, in der Mitte	doprostřed, uprostřed Adv.	4.1
Mittelschule	střední škola,-y f	9.1
Mitternacht, um Mitternacht	půlnoc,-i f; o půlnoci	3.1
Mittwoch	středa,-y f	3.1
Modell	modelka,-y f	1.1
möglich	možný,á,é	3.1
Moment	chvíle,-e f	5.1
momentan	momentálně Adv.	1.1
Monat, Mond	měsíc,-e m	3.1
Montag	pondělí,-í n	3.1
morgen	zítra Adv.	5.1
Morgen, am Morgen	ráno,-a n, auch Adv.	1.1; 3.1
müde	unavený,á,é	1.1
Musik	hudba,-y f	5.1
müssen	muset,-ím	4.1
Mutterschaftsurlaub	mateřská dovolená f (adj. Dekl.)	9.1
Mutti, Mama, Mutter	maminka,-y; matka,-y f	2.1
nach, in, bis	do Präp. + G	3.1
Nachbar, -in	soused,-ka m; -ka,-y f	1.1
Nachmittag, am Nachmittag	odpoledne,-e n, auch Adv.	3.1
Nachspeise	moučník,-u m	7.1
nächste r,e,s	příští Adj.	3.1; 9.1
Nacht	noc,-i f	1.1
Nachts-, nächtlich	noční Adj.	8.1
nah(e)	blízký,á,é; blízko Adv.	8.1
Nähe, in der Nähe von	blízko Präp. + G	3.2
Name	jméno,-a n	1.1
Nation	národ,-a m	6.2
national	národní Adj.	8.2
Nationalität	národnost,-i f	2.1
Natur	příroda,-y f	4.1
Nebel	mlha,-y f	8.1

nehmen	dávat si,-ám/dát si,-ám (jídlo)	7.1
Neid	závist,-i f	2.1
nein	ne	1.1
nennen	nazývat,-ám/nazvat,-zvu + A, + I	6.2
nett	laskavý,á,é; přátelský,á,é	4.2
neu	nový,á,é	1.1
neuzeitlich	novověký,á,é	6.2
nicht nur	nejen	6.1
nicht weit	nedaleko Adv.	9.2
niederlassen sich	usazovat se,-uji/u/usadit se,-ím	9.2
niedrig	nízký,á,é; nízko Adv.	8.1
noch, noch nicht	ještě, ještě ne-	1.1
nördlich	severní Adj.	8.1
normalerweise	normálně Adv.	1.1
notwendig, nötig	nutný,á,é	3.1
November	listopad,-u m	8.1
nur	jen, jenom	1.1; 2.1
Nuss, eine kleine Nuss	ořech,-u m; oříšek,-šku m	6.1
nutzen	používat,-ám/použít,-žiju	6.1
ob	jestli (umgs.) Konj.	4.1
oben, nach oben	nahoře; nahoru Adv.	4.1
Ober	vrchní,-ího m (adj. Dekl.)	7.1
obere r,e,s, Ober-	horní Adj.	4.1
Obst	ovoce,-e n	4.1
Obst-	ovocný,á,é	7.1
oder	nebo Konj.	2.2
Öffnungszeit	otvírací doba,-y f	7.1
oft	často Adv.	1.1
ohne	bez Präp.+ G	1.2; 6.1
Oktober	říjen,-jna m	8.1
Omelette	omeleta,-y f	7.1
Onkel	strýc,-e m	2.1
orange	oranžový,á,é	2.1
Ort	místo,-a n	7.2
Ostern	Velikonoce, Velikonoc f Pl.	8.1
Österreich, Österreicher, -in	Rakousko,-a n; Rakušan,-a m; -ka,-y f	1.1
östlich	východní Adj.	8.2
Paar	pár,-u m	2.2; 6.1
Packung, Paket	balíček,-čku; balík,-u m	7.1
Palatschinke	palačinka,-y f	7.1
paniert	smažený,á,é	7.1
Papa	tatínek,-nka m	2.1
Papst	papež,-e m	1.1
Party	večírek,-rku m	5.1; 7.1
Pastete	paštika,-y f	4.1
Pause	přestávka,-y f	6.1
Pech	smůla,-y f	3.1
Pferd,-e	kůň, koně m	5.1
Philosoph	filozof,-a m	1.2
Pilz	houba,-y f	7.1; 9.1
Platz	náměstí,-í n; místo,-a n	1.1; 7.2
Polen, Pole, -in	Polsko,-a n, Pol/ák,-a m; -ka,-y f	1.1
Politik, Politiker, -in	politika,-y; politik,-a m; -čka,-y f	1.1
polnisch	polský,á,é; polsky Adv.	1.1
Pommes	hranolky, hranolků m Pl.	7.1
Post	pošta,-y f	4.1
Prag	Praha,-y f	1.1
Prager; Prager Frühling	pražský,á,é; Pražské jaro,-a n	5.2; 8.2
Preiselbeeren	brusinky, brusinek f Pl.	7.1
Prinz, -essin	princ,-e m; -ezna,-y f	1.1
probieren	zkoušet,-ím/zkusit,-ím; ochutnávat,-ám/ochutnat,-ám	7.1

Provinz	venkov,-a m	4.1
radfahren	jezdit,-ím/jet, jedu na kole	5.1
Radfahrer/in	cyklist/a,-y m; -ka,-y f	5.1
Radsport	cyklistika,-y f	5.1
raften	raftovat,-uji/u (i.)	5.1
rauchen	kouřit,-ím (i.)	4.1
rechte r,e,s	pravý,á,é	4.1
rechts, nach rechts	vpravo; napravo Adv.	4.1
reden	mluvit, -ím (i.); hovořit,-ím (i.) o + L	1.1
Regen	déšť, deště m	8.1
Regensburg	Řezno,-a n	2.1
regnen	pršet,-í (i.) (3. Sg.)	8.1
reichen	stačit,-ím (i.)	5.1
Reis	rýže,-e f	7.1
Reise	cesta,-y f	3.1
reisen	cestovat,-uji/u (i.)	1.1
Reisen	cestování,-í n	5.1
reiten	jezdit,-ím/jet, jedu na koni	5.1
Religions-, religiös	náboženský,á,é	6.2
rennen	běhat,-ám/běžet,-ím	5.1
Rennen	běh,-u m	5.1
reproduziert	reprodukovaný,á,é	9.2
Republik	republika,-y f	1,1
Restaurant	restaurace,-e f	1,1
Rindbrühe	hovězí vývar,-u m	7,1
Ring	náměstí,-í n	1,1
rodeln	sáňkovat,-uji/u (i.)	9,1
Rom	Řím,-a m	5,1
römisch	římský,á,é	3,2
rosa, rosenfarbig	růžový,á,é	2,1
Rose	růže,-e f	4,1
rot	červený,á,é; zrzavý,á,é	2,1
Sache	věc,-i f	7,1
sagen	říkat,-ám/ říci/říct, řeknu	6,1
Sahne	smetana,-y f	7,1
Samstag	sobota,-y f	3,1
Sänger/in	zpěv/ák,-a m; -ačka,-y f	5,1
saubermachen	uklízet,-ím/uklidit,-ím	5.1; 7.1
Sauerbraten	svíčková pečeně,-ě f	7,1
schade, Schaden	škoda Adv.; škoda,-y f	2,1
schaffen	tvořit,-ím/vytvořit	1,2
schauen	dívat se,-ám/podívat se na + A	5.1; 7.1
scheinen	svítit,-ím (i.)	8,1
schicken	posílat,-ám/poslat, pošlu	7,1
Schiff	loď,-i/ě f	8,1
schlafen	spát, spím (i.)	3,1
Schlafzimmer	ložnice,-e f	2,1
Schlagsahne	šlehačka,-y f	7,1
schlecht, falsch	špatný,á,é; špatně Adv.	1,1
Schlesien	Slezsko,-a n	1,2
schließlich	nakonec Adv.	5,1
Schlittschuh laufen	bruslit, -ím (i.)	5.1; 9.1
Schlittschuhlaufen	bruslení,-í n	5.1
Schloss	zámek,-mku m	7.2
Schluss, zum Schluss	nakonec Adv.	5.1
schmecken	chutnat,-ám (i.)	7.1
Schnee	sníh, sněhu m	2.1; 9.1
schnell	rychle Adv.	3.1
Schnellzug	rychlík,-u m	8.1
Schnitzel	řízek,-zku m	7.1
schon	už	1.1
schön	hezký,á,é; krásný,á,é	1.1, 5.1
schöpfen	tvořit,-ím/vytvořit	1.2
Schrank	skříň,-ě f	2.1
schrecklich	strašný,á,é	3.1
Schreiben	psaní,-í n	9.1
schreiben	psát, píšu/napsat	3.1; 7.1

Schreibwaren-geschäft	papírnictví,-í n	4.1
Schriftsteller,-in	spisovatel,-e m; -ka,-y f	1.2; 7.2
Schule	škola,-y f	3.1
Schüler/in	žák,-a m; -yně,-ě f	9.1
Schulung	školení,-í n	9.1
schwach	slabý,á,é	8.1
Schwamm	houba,-y f	7.1; 9.1
schwarz	černý,á,é	2.1
Schweinebraten	vepřová pečeně,-ě f	7.1
Schweiz, Schweizer,-in	Švýcarsko,-a n; Švýcar,-a m; -ka,-y f	1.1
schweizerisch	švýcarský,á,é	1.1
schwer, schwierig	těžký,á,é	6.1
Schwester	sestra,-y f	1.1
schwimmen	plavat, plavu (i.)	5.1
Schwimmen	plavání,-í n	5.1
Schwimmer/in	plav/ec,-vce m; -kyně,-ě f	5.1
See	jezero,-a n, moře,-e n	1.1; 9.1
sehen	vidět,-ím/uvidět	4.1
sehr	velmi, moc (mnoho)	1.1; 5.2
Seife	mýdlo,-a n	4.1
sein (Verb)	být, jsem	1.1
sein (Pronomen)	jeho	2.1
seit, seit dem Jahr	od, od roku	2.2; 5.2
Sekretär, -in	sekretář,-e m; -ka,-y f	1.1
selbst, allein	sám m, sam/a f, samo n	7.1
selbstverständlich	samozřejmě Adv.	2.1
Semmel	houska,-y f	4.1
senden	posílat,-ám/poslat, pošlu	7.1
Senf	hořčice,-e f	7.1
September	září,-í n	8.1
Sessel	křeslo,-a n	2.1
sicher	určitě Adv.	5.1
Sieger	vítěz,-e m	5.2
silbern	stříbrný,á,é	2.1
singen	zpívat,-ám/zazpívat	5.1; 7.1
sitzen	sedět,-ím (i.)	4.1
Ski laufen, Ski fahren	lyžovat,-uji/u (i.)	5.1
Skifahren, Skilaufen	lyžování,-í n	5.1
Skifahrer/in	lyžař,-e m; -ka,-y f	5.1
Slowakei, Slowake, -in	Slovensko,-a n; Slov/ák,-a m; -enka,-y f	1.1
slowakisch	slovenský,á,é; slovensky Adv.	1.1
sofort	hned Adv.	4.1
Sohn	syn,-a m	2.1
sollen	mít, mám + Inf.	4.1
Sommer	léto,-a n	9.1
Sommer-	letní	9.1
Sonne	slunce,-e n	8.1
sonnen sich	slunit se,-ím (i.)	5.1
Sonnencreme	sluneční krém,-u m	4.1
Sonntag	neděle,-e f	3.1
Soße	omáčka,-y f	7.1
Spaghetti	špagety, špaget f Pl.	7.1
Spaß	legrace,-e f	6.1
Speise	jídlo,-a n	7.1
Speisekarte	jídelní lístek,-tku m	7.1
spielen	hrát, hraji/u/zahrát; odehrávat se,-ám (i.)	3.1; 7.1; 7.2
Spinat	špenát,-u m	7.1
Sport treiben	sportovat,-uji/u (i.)	3.1
Sportler, -in	sportov/ec,-vce m; -kyně,-y f	1.1
Sprach(en)-	jazykový,á,é	6.1
Sprache	jazyk,-a m	1.1
sprechen	mluvit,-ím (i.); hovořit,-ím (i.) o + L	1.1

Vokabelindex deutsch-tschechisch

Stadt	město,-a n	2.1
ständig	pořád Adv.	3.1; 4.1
stark	silný,á,é	8.1
Stau	zácpa,-y f	8.1
Steckenpferd	koníček,-čka m	5.1
stehen	stát, stojím (i.)	2.2; 4.1
Stelle	místo,-a n	7.2
sterben	umírat,-ám/umřít, zemřít,-u	6.2
Straße	ulice,-e f	2.1
Stück	kousek,-sku; kus,-u m	7.1
Student, -in	student,-a m; -ka,-y f	1.1
studieren	studovat,-uji/u (i.)	1.1
Stuhl	židle,-e f	2.1
Stunde	hodina,-y f	3.1
suchen	hledat,-ám (i.)	4.1
Süd-, südlich	jižní Adj.	6.1
südslawisch	jihoslovanský,á,é	2.2
Suppe	polévka,-y f	7.1
süß	sladký,á,é	7.1
Tag	den, dne m	1.1
Tage(s)-	denní Adj.	8.1
Tagesablauf	denní režim,-u m	3.1
tagsüber	přes den	8.1
Talsperre	přehrada,-y f	8.1
Tante	teta,-y f	2.1
tanzen	tancovat,-uji/u/ tančit,-ím	5.1
tanzend	tančící Adj.	2.2
Taxifahrer	taxikář,-e m	1.2
Tee	čaj,-e m	4.1
Teich	rybník,-u m	9.1
Teller	talíř,-e m	7.1
Temperatur	teplota,-y f	8.1
Tennisspieler, -in	tenist/a,-y m; -ka,-y f	1.1
Teppich	koberec,-rce m	2.1
teuer	drahý,á,é	2.1
Theater	divadlo,-a n	1.2; 4.1
Tisch	stůl, stolu m	2.1
Tischtennis	stolní tenis,-u m	5.1
Toast	topinka,-y f	7.1
Tochter	dcera,-y f	2.1
toll	skvělý,á,é	5.1
Tomate	rajče,-ete n	7.1
Tour	túra,-y f	8.1
tragen	nosit,-ím/nést, nesu	5.1
Traum	sen, snu m	5.1
traurig	smutný,á,é	8.1
Treffen	setkání,-í n	5.1
treffen sich	setkávat se,-ám/setkat se, -ám	5.1; 7.1
treffend	trefný,á,é	4.2
trinken	pít, piju/napít se	3.1
Trinken	pití,-í n	7.1
trocken	suchý,á,é	9.1
Tscheche, -in	Čech,-a m; Češka,-y f	1.1
tschechisch	český,á,é; česky Adv.	1.1
Tschechisch	čeština,-y f	1.2
tschechoslowakisch	československý,á,é	1.2
Tulpe	tulipán,-u m	4.1
tun	pracovat,-uji/u (i.); dělat,-ám/udělat	1.1; 3.1; 7.1
Turm	věž,-e f	2.2
turnen, Turnen	cvičit,-ím (i.); cvičení,-í	5.1; 6.1
üben, Üben, Übung	cvičit,-ím (i.); cvičení,-í	5.1; 6.1
überall	všude Adv.	9.1
überhaupt	vůbec Adv.	2.1
übersetzen	překládat,-ám/přeložit,-ím	6.1
Uhr	hodina,-y f	3.1
um ... herum, an ... vorbei	kolem Präp.+G	5.1
Umgebung	okolí,-í n	8.1
umsteigen	přestupovat,-uji/u/přestoupit, -ím	8.1
unangenehm	nepříjemný,á,é	8.1
und; und auch; und so	a Konj.; a také, i Konj.; a tak Konj.	1.1; 2.1
ungarisch	maďarský,á,é; maďarsky Adv.	1.1
Ungarn, Ungar,-in	Maďarsko,-a n; Maďar,-a m; -ka,-y f	1.1
ungefähr	asi	3.1
Universität	univerzita,-y f	3.1
unser, -e	náš, naše	2.1
unten, nach unten	dole; dolů Adv.	4.1
untere r,e,s, Unter-	dolní	4.1
unterhalten (sich)	bavit (se),-ím/pobavit (se)	6.1
Unterricht	vyučování,-í n	3.1; 6.1
Unterschrift	podpis,-u m	9.1
Vater	otec,-tce m	2.1
Vaterland, Mein Vaterland	Má vlast,-i f	8.2
Vati	tatínek,-nka m	2.1
Verbindung	spojení,-í n	8.1
verbringen	trávit,-ím/strávit	4.1
vereinzelt	ojediněle Adv.	8.1
vergangen; r,e,s vergangene	minulý,á,é	3.1
verheiratet	ženatý m vdaná f Adj.	9.1
verschieden	různý,á,é	6.1
versuchen	zkoušet,-ím/zkusit,-ím	7.1
verwenden	používat,-ám/použít,-žiju	6.1
Verzeichnis	seznam,-u m	8.2
verzeihen	promíjet,-ím/prominout,-minu	4.1; 7.1
vielleicht	asi	3.1
vielmals	mnohokrát Adv.	4.1
vierzehn, r,e,s vierzehnte	čtrnáctý,á,é	3.2
violett	fialový,á,é	2.1
Vokabel	slovíčko,-a n	5.1
Volk	národ,-a m	9.2
Volks-	lidový,á,é	5.1; 7.2
voll	plný,á,é	3.1
von da, von hier	odtud Adv.	2.1; 8.1
vor allem	hlavně Adv.	5.1
Vorhersage	předpověď,-i f	8.1
Vorlesung	přednáška,-y f	3.1
Vormittag, am Vormittag	dopoledne,-e f, auch Adv.	3.1
vorne, nach vorn	vpředu, vepředu; dopředu Adv.	4.1
Vorspeise	předkrm,-u m	7.1
vorstellen sich	představovat se,-uji/u/ představit se,-ím	2.1
vorstellen sich etwas	představovat si,-uji/u/ představit si,-ím něco	5.1
Vortrag	přednáška,-y f	3.1
wählen	vybírat (si),-ám/vybrat (si),-beru	7.1
Wahrheit	pravda,-y f	3.1
Wandern	pěší turistika,-y f	5.1
wann	kdy	3.1
warm	teplý,á,é	7.1
warum	proč	6.1
was für ein	jaký,á,é	2.1
Webseite	webová stránka,-y f	9.1
weder – noch	ani – ani Konj.	2.1
Weg	cesta,-y f	3.1
wehen	foukat,-ám (i.)	8.1
Wehrdienst	základní vojenská služba,-y f	9.1
Weihnachten	Vánoce, Vánoc f Pl.	9.1

weil	protože Konj.	4.1; 6.1
Weile	chvíle,-e f	5.1
Wein	víno,-a n	4.1
weiß	bílý,á,é	2.1
weit	daleký,á,é; daleko Adv.	4.1; 8.1
weit und breit	široko daleko	9.1
weiter	dál(e) Komparativ Adv.	8.1
weitere/r	další	9.1
welcher	který,á,é	2.1
Welt	svět,-a m	5.1
wenig	málo Adv.	1.1
wenigstens	alespoň, aspoň Adv.	6.1
wenn	když Konj.	5.1; 7.1
wer	kdo	1.1
Westen	západ,-u m	9.1
Wetter	počasí,-í n	8.1
wichtig	důležitý,á,é	4.1
wie	jak Adv.; jaký,á,é	1.1; 2.1
wieder, wiederum	zase Adv.	2.1
wiederholen	opakovat,-uji/u/zopakovat	4.1; 7.1
Wiese	louka,-y f	9.1
wieviel	kolik	3.1
Wind	vítr,větru m	8.1
Winter	zima,-y f	9.1
wirklich	opravdu Adv.	6.1
wissen	vědět, vím (i.)	3.1
Wissenschaft	věda,-y f	9.1
Witz	vtip,-u m	4.2
wo	kde	1.1
Woche	týden,-dne m	3.1
Wochenende	víkend,-u m	3.1
Wochenendhaus	chalupa,-y f	4.1
woher	odkud	1.1
wohnen	bydlet, -ím (i.)	1.1
Wohnort	bydliště,-ě n	2.1; 9.1
Wohnung	byt,-u m	2.1
Wohnzimmer	obývací pokoj,-e m	2.1
wollen	chtít, chci	4.1
Wörterbuch	slovník,-u m	4.1
wünschen (sich)	přát (si), přeju (i.)	4.1
Wurst	salám,-u m	4.1
Würstchen	párek,-rku m	7.1
zahlen	platit,-ím/zaplatit za + A	7.1
Zahnbürste	zubní kartáček,-čku m	4.1
Zahnpaste	zubní pasta,-y f	4.1
zeichnen	kreslit,-ím (i.)	6.1
Zeichner	kreslíř,-e m	4.2
Zeit, zur Zeit	čas,-u m; doba,-y f; momentálně Adv.	3.1; 8.1; 1.1
Zeit-	časový,á,é	6.1
Zeitrechnung	letopočet,-čtu m	9.1
Zeitschrift	časopis,-u m	4.1
Zeitung	noviny, novin f Pl.	3.1
Ziel	cíl,-e m	6.1
Zigarette	cigareta,-y f	4.1
Zimmer	pokoj,-e m	1.1
zuerst	nejprve	5.1
Zug	vlak,-u m	8.1
Zug(s)-	vlakový,á,é	8.1
zuhören	poslouchat,-ám/ poslechnout si,-nu	4.1; 7.1
Zunge	jazyk,-a m	1.1
zurück	zpátky Adv.	8.1
zurückkehren	vracet se,-ím/vrátit se, -ím	6.1; 7.1
zusammen	spolu Adv., dohromady Adv.	7.1
zwar – aber	sice – ale Konj.	5.2; 6.1
zweimal	dvakrát	6.1
Zweizimmer-	dvoupokojový,á,é	2.1
Zwiebel	cibule,-e f	7.1

Tschechisch Übungsbuch

Jana Maidlová / Eva Trnková
Tschechisch kommunikativ Übungsbuch
3-89657-862-6, broschiert, 248 Seiten, 26.80 EUR

Tschechisch kommunikativ Übungsbuch ist die Ergänzung zum bewährten zweibändigen Lehrwerk Tschechisch kommunikativ.

Das Übungsbuch erweitert das Themenspektrum der Übungen, vertieft die Grammatik und verwendet dabei konsequent den neu erlernten Wortschatz. Der Lösungsschlüssel in Form von Marginalien ermöglicht eine unmittelbare und rasche Kontrolle.

Tschechische Lektüren

Jana Maidlová
Český kaleidoskop
Tschechische Lektüren
3-89657-866-9, broschiert, 72 Seiten, ca. 12 EUR

Der neue Band mit didaktisierten tschechischen Lektüren schließt eine Lücke auf dem deutschen Buchmarkt. Das Buch ist in acht Themenbereiche aufgeteilt. Unter anderem:

- Interessante Orte in der Tschechischen Republik,
- Persönlichkeiten,
- Kapitel der tschechischen Geschichte,
- Sitten und Traditionen,
- Sagen und Legenden,
- Junge Menschen sowie
- Literarische Wanderungen.

Der Band erspart dem Unterrichtenden die Suche nach Originaltexten und Didaktisierung, bietet Material speziell zum Üben des Leseverständnisses und vermittelt nachhaltige Kenntnisse zu Geschichte, Kultur, Politik etc. Tschechiens.

Jeder Themenbereich enthält mindestens einen Text jeden Niveaus von A1 bis C1 des Gemeinsamen Europäischen Referenzrahmens. Bei den Lektüren handelt es sich sowohl um von der Autorin verfasste Texte (A1), adaptierte Zeitungsartikel oder belletristische Texte (A1–B2) als auch Originaltexte aus Literatur, Zeitung, Zeitschrift, Radio u. v. m. (B1–C1).

Zu jeder Lektüre wird ein Wortschatz angeboten sowie ein Übungsteil mit inhaltlichen Fragen zum Text sowie kurzen grammatikalischen, syntaktischen oder lexikalischen Aufgaben zu im Text auftretenden Phänomenen.

www.schmetterling-verlag.de